새롭게 다시 쓰는
중국 禪의 역사

ZEN NO REKISHI by IBUKI Atsushi
Copyright 2001 by IBUKI Atsushi
All rights reserved.
Originally published in Japan by Hozokan Publishing Co.
Korean translation rights arranged with Hozokan Publishing Co.
through BESTUN KOREA AGENCY
Korean translation rights 2011 CIR Books

이 책의 한국어판 저작권은 베스툰 코리아 에이전시를 통해
일본 저작권자와 독점 계약한 '도서출판 씨·아이·알'에 있습니다.
저작권법에 의해 한국 내에서 보호를 받는 저작물이므로
무단전재나 복제, 광전자 매체 수록 등을 금합니다.

새롭게 다시 쓰는
중국 禪의 역사

이부키 아츠시 지음 · 최연식 옮김

씨아이알

한국어판 서문

본서의 원본이 되는 《선의 역사禪の歷史》가 세상에 나온 지 벌써 4년 가까이 흘렀다. 그 사이 일본 내에서는 일정한 평가를 얻었고, 작년에는 판을 거듭하기까지 했다. 저자로서 내용에는 나름대로 자신감을 갖고 있었지만 이렇게 '진지한' 책이 이 정도로까지 많은 독자들을 얻으리라고는 솔직히 생각하지 못했다. 그런데 이번에는 한국어 번역본까지 출판하게 되었다. 정말 '즐거운 계산 착오'라고 하지 않을 수 없다.

《선의 역사》는 출판되고 나서 얼마 지나지 않아 '녹음 도서'로 만들어졌다. 즉 시각장애를 가진 사람들이 읽을 수 있도록 자원봉사자들에 의해 전체 내용이 23개의 카세트 테이프에 수록되었다. 그 사실을 알고서 독자들이 여러 층으로 확대되는 것을 즐거워했는데, 이제 한국어 번역본까지 출간됨으로써 독자는 국경을 넘어 더욱 늘어나게 되었다. 저자로서 이렇게 즐거운 일은 없을 것이다. 그것이 이웃 나라이면서 또한 선종이 사회에 살아 숨쉬는 한국이라는 점에서 특히 더 그러하다. 한국 독자들의 눈에 이 책이 어떻게 비쳐질지 저자로서는 적지 않게 신경이 쓰인다.

《선의 역사》는 '제Ⅰ편 선의 흐름[중국]' '제Ⅱ편 선의 흐름[일본]' '제Ⅲ편 선의 현재' 등 3부분으로 구성되었지만, 본서는 그 중 제Ⅰ편만을 발췌하여 한국어로 번역했다. 형태상으로는 부분 번역이지만 그렇다고 해서 불완전한 것이라고는 결코 말할 수 없다. 이 점에 관해 나의 생각을 아래에 간단히 이야기하고자 한다.

《선의 역사》에 대해서는 출판되던 당시부터 한국의 선종사를 다루지 않은 것에 대해 비판이 있었다. 그렇지만 책의 서문에도 썼던 것처럼 나의 의도는 일본인에게 있어서의 '선의 역사'를 서술하는 것이었다. 일본의 선은 그것 자체로서는 대단히 독자적인 의의를 갖고 있지만 근원을 찾아가면 중국에서 전해진 것이다. 따라서 일본인에게 있어서 중국의 선은 커다란 관심사가 되지 않을 수 없다. 하지만 역사적으로 살펴볼 때 한국의 선과의 관계는 극히 희박하여, 일본인이 스스로의 '선'에 대해 생각할 때 반드시 한국의 선에 대해 언급할 필요는 없게 된다.

한국의 선에 대해서도 이와 마찬가지라고 말할 수 있을 것이다. 한국인도 중국에서 직접 선을 받아들이고, 그것을 독자적으로 발전시켜 오늘에 이르렀다. 따라서 일본인에게 일본인의 '선의 역사'가 있는 것처럼, 한국인에게는 한국인의 '선의 역사'가 있으며 그것은 당연히 중국의 선종사와 한국의 선종사로 구성되지 않을 수 없을 것이다.

　내가 한국어 번역본을 출판하면서 바라는 것은 한국인이 자신들의 '선의 역사'를 서술할 때 이 책이 그 '제Ⅰ편'으로서의 기능을 조금이라도 담당해주었으면 하는 것이다. 그리고 장래 한국의 학자에 의해 그것을 기초로 하여 보다 충실한 내용을 가진 '제Ⅱ편 선의 흐름[한국]' '제Ⅲ편 선의 현재'가 쓰여지기를 마음속으로 빌어 마지 않는다. 분명히 이 책은 본래 일본인을 위해 쓰여진 《선의 역사》의 일부였다. 하지만 그것이 한국어로 번역됨으로써 이미 독자적인 의의를 갖기 시작했다.

　다만 '제Ⅱ편'과 '제Ⅲ편'이 번역에서 제외된 것에 대해서는 아쉬움이 전혀 없는 것은 아니다. 그것은 이 부분들에는 역사적으로 선이 일본 사회에서 일정한 역할을 담당한 사실과 현재 담당하고 있는 모습이 이야기되고 있어서 외국인이 일본을 이해하는 데 대단히 큰 도움이 될 수 있다고 생각하기 때문이다. 한국과 일본의 관계는 언제나 순풍에 돛을 단 것처럼 진행되지는 않았다. 우리들은 그러한 과거를 의식하면서 동시에 미래를 지향하여 나아가지 않으면 안 되고, 그러기 위해서는 서로에 대한 이해가 절대적으로 필요하다고 할 수 있다. 그러한 의미에서 언젠가 이들 부분도 포함한 형태로서 《선의 역사》가 온전하게 번역되었으면 하는 바람을 가지고 있다.

　이 책이 출판될 수 있었던 것은 오로지 최연식 선생의 노력의 결과물이라고 할 수 있다. 최연식 선생은 나의 책을 한국에 소개하는 것이 갖는 의의를 확신하고서 스스로 번역을 해주었을 뿐만 아니라 여러 가지 사무적인 문제들까지 해결해서 이처럼 책이 출판될 수 있게 했다. 나의 책을 위해 최연식 선생이 들인 노력은 보통 할 수 있는 정도 이상이었다. 선생의 노력에 대해 나는 이 자리를 빌려 마음속으로부터 깊은 감사의 뜻을 표하는 바이다.

2005년 10월
이부키 아츠시

서문

'선禪'이라는 용어는 본래 산스크리트어의 디야나(dhyāna: 중국어로는 '선나禪那'로 음사함)를 어원으로 하고 있다. 이 용어는 명상을 의미하며, 불교에서는 예로부터 요가(yoga: '유가瑜伽'로 음사함. 원래 브라만교 등에서 정신 통일을 의미하는 것이었는데 나중에 불교에도 도입하게 되었다)나 사마디(samādhi: '삼매三昧'로 음사함. 마음에 동요가 없는 것) 등과 구별되지 않고 거의 같은 뜻으로 사용되어 왔다. 그리고 이 단어의 의역어인 '정定'과 합쳐서 '선정禪定'이라고 불리기도 했다.

이와 같이 '선' 혹은 '정'이라는 용어는 인도에서 비롯된 것이며, 이 용어가 가리키는 명상 체험은 불교가 성립되던 때부터 대단히 중요한 의미를 부여받았다. 예를 들어 고타마 붓다도 선정에 의해 깨달음을 얻었다고 하며, 부파불교에서는 3학(三學: 계戒śīla · 정定samādhi · 혜慧prajñā)의 하나로서, 또한 대승불교에서는 6바라밀(보시dāna · 지계śīla · 인욕kśānti · 정진vīrya · 선정dhyāna · 지혜prajñā)의 하나로서 수행에 불가결한 것으로 생각되어 왔던 것이다.

그러나 여기에서 내가 대상으로 삼고 있는 '선'은 그와 같은 인도 이래의 선은 결코 아니다. 물론 그것과 관계가 없을 수는 없겠지만, 인도에서 근원했으면서도 중국에 들어와서는 중국의 민족성에서 비롯된 독자적인 발상을 대담하게 도입하여 전혀 새롭게 조직되고, 동아시아 전역에 커다란 영향을 미친 하나의 사상운동으로서의 '선'을 이야기하고자 하는 것이다.

이러한 의미에서의 '선'은 구체적으로는 '선종'에 속한 사람들, 즉 남북조시대에 중국에 건너왔다고 하는 보리달마의 후예로 자임하는 사람들의 활동 전체를 가리키는 것이라고 할 수 있다. 이것은 '디야나'라고 하는 용어의 본래 의미에서 본다면 대단히 부적절한 용법이라고 하지 않을 수 없을 것이다. 하지만 실제로는 그들 자신이 대단히 이른 시기부터 '선'이라는 용어를 불교의 전통과 달리 '깨달음' 그 자체와 생활 규범을 포함하는 자신들의 수행체계 전체를 표현하기 위해 사용했었다.

'선'이라는 용어의 의미가 이렇게 변화된 배경에는 커다란 사상적 발전이 일어났기 때문일 것이다. 실제로 '선'에는 독자적인 수행법과 선 문답, 돈오 사상 등처럼 인도 불교에서는 전혀 보이지 않았던 다양한 요소들이 포함되어 있으며, 이러한 요소들이야말로 '선'이 오늘날까지도 지속되는 매력의 원천이라고 할 수 있다.

'선'은 중국의 당나라 시기에 하나의 완성된 모습을 드러냈다. 그것은 흔히 이야기되는 것처럼 '가장 중국적인 불교'의 탄생을 의미하는 것이었다. 또한 동시에 다른 사상과 비교되지 않는 불교의 적응성을 보여주는 것이기도 했다. 그러나 '선'의 역사는 거기에서 끝나지 않았다. 그후에도 사회의 변화에 적응하여 다양한 사상적 변화를 보이면서 계속하여 사회에 영향을 미쳤다. 그리고 티벳과 베트남, 한국, 일본 등의 주변 국가들에도 전파되어 각기 독자적인 '선'을 형성했던 것이다.

더욱이 '선'은 단순히 '선승'들만의 것이 아니었다. '선'은 그것이 지닌 능동적인 성격에 의해 사회와 적극적으로 교섭하려 했으므로 교단의 범위를 넘어서 (주자학이나 양명학 등의) 철학을 비롯하여 (한시漢詩나 렌가[連歌: 두 사람이 서로 이어가는 형식의 일본의 노래]·하이카이[誹諧: 익살과 유머를 주로 하는 일본의 짧은 노래] 등과 같은) 문학, (수묵화나 정원 등의) 미술, (노오가쿠[能樂: 일본의 가면음악극]이나 다도茶道·무도武道 등과 같은) 기예에 이르기까지 여러 종류의 문화적 현상에 커다란 영향을 미쳤던 것이다. 또한 근대에 들어와서도 스즈키 다이세츠[鈴木大拙] 등의 활동에 의해 세계적으로 선에 대한 관심이 고조되면서 철학, 신학, 종교학, 심리학, 정신의학, 생리학 등 다양한 분야와의 교류를 촉진했고, 정도의 차이는 있지만 이들 각 분야에 적지 않은 영향을 미치고 있다.

내가 애초에 이 책에서 다루고 싶었던 것은 이렇게 독특하면서 풍요로운 내용을 가지고 있는 '선'을 가능한 한 객관적이고도 총체적으로 서술하려는 것이었다. 이런 작업은 물론 용이한 것은 아니다. 그렇게 하기 위해서는 '선'에 대한 깊은 이해뿐 아니라 동아시아의 사상·역사·문화 전반에 걸치는 폭넓은 지식을 갖춰야 하고, 나아가 현대의 사회 상황을 인식하고 그 문제점을 해결할 수 있는 철학적 시야까지도 준비되어 있어야 하기 때문이다.

물론 나처럼 젊은 사람이 이러한 능력을 갖추는 것은 도저히 불가능한 일이며, 그런 것을 쓰기에 나보다 더 적합한 사람을 나 자신 여러 명 알고 있다. 하지만 그럼에도 불구하고 나는 감히 이 책을 쓰겠다고 결심했다. 그것은 일반적인 지식인들이 선을 이해하는 데 필요한 참고할 만한 적절한 책이 없다고 하는 현실 때문이었다.

분명히 서점의 서가에 늘어서 있는 '선' 관계의 책은 적지 않다. 그러나 그 대부분은 흥미 본위의 것이거나 아주 기초적인 것에 불과하며, 그 내용도 선에 대한 상식적인 생각을 그대로 인정하는 것뿐이다. 이러한 상황에서는 현대 지식인들이 지닌 '선'에 대한 관심을 넓혀주기가 어렵다고 생각했다.

이러한 현실이 있는 한편으로 학계의 연구는 점점 세밀하고 전문적인 내용으로만 들어가고 있고, 따라서 일반인들을 대상으로 한 책과 연구시 사이에는 너무나 큰 간격이 존재하고 있다. 때문에

'선'에 관심을 가진 사람들이 보다 깊은 이해를 하고자 할 때 많은 어려움에 부딪치지 않을 수 없는 상황이다. 이러한 현실을 고려할 때, 지금 '선'과 관련하여 무엇보다도 필요한 것은 전문적인 연구들에 기초하면서도 일반인들에게 알기 쉽게 해설해 주는 책이라고 할 수 있다.

처음에는 선의 역사·사상·문화를 세 기둥으로 삼아서 선을 포괄적으로 다루는 책으로 묶을 생각이었다. 하지만 실제로 착수해보니 작업이 조금밖에 진행되지 않았는데도 원고의 양이 많아져서 원래의 계획대로 하려면 700페이지가 넘는 두꺼운 책이 될 것이 분명해져 갔다. 이에 계획을 바꿔 우선은 '선의 역사'만을 따로 출판하는 것이 낫겠다 싶어 이 책을 간행하게 되었다.

이 책은 '선의 역사'라고 이름했지만, 그 내용은 사상사다. 집필하는 동안 나의 관심은 언제나 개개의 선승이나 선종 교단이 사회와 교섭하는 가운데서 어떻게 사상을 형성하고 또한 어떻게 사회에 영향을 미쳤는가 하는 점에 있었다. 이 책의 서술이 '선'을 언급하기 전에 먼저 사회 상황에 대해 설명하는 형식을 취한 것도 그 때문이다. 이러한 점에서 선승이나 특정 종파에 속한 학자가 자기의 신념을 확인하기 위해 선의 역사를 다루는 것과는 완전히 다를 뿐 아니라, 역사학자가 교단사를 중심으로 '선종사'를 쓰는 것과도 성격을 달리하고 있다. 일본에서는 선을 완전히 사상사적으로 다루고 있는 책 자체가 많지 않은 편이다. 특히 중국과 일본에서의 역사적 흐름을 현대까지 포함하여 포괄적으로 다룬 것으로는 아마도 이 책이 최초가 될 것이다.

이처럼 이 책은 대단히 독특한 내용을 담고 있다. 하지만 서술적인 면에서는 최대한 독자의 이해를 돕기 위해 여러 가지 아이디어들을 생각해냈다. 본문에서 다루는 중요한 사항들에 대해서는 항목별로 자세하게 해설했고, 등장하는 인물들의 계통을 정리하고 지명을 확인할 수 있도록 각 장별로 '선의 계보'와 '선 관계 지도'를 두었다. 또한 가능한 많은 참고 문헌을 제시하려고 노력했다. 이러한 아이디어들을 동원함으로써 선종사에 관한 기초적인 지식을 거의 망라했고, 동시에 보다 깊은 이해를 원하는 독자들에게도 충분히 도움이 될 수 있도록 배려했다.

마지막으로 이 책의 구성에 대해 조금 언급하고자 한다. 이 책은 한눈에 분명하게 알 수 있듯, 3편으로 구성되어 있다.

제Ⅰ편 선의 흐름 [중국]
제Ⅱ편 선의 흐름 [일본]
제Ⅲ편 선의 현재

이런 구성은 다른 곳에서는 그다지 볼 수 없을 테지만, 선종사는 본래 이 책에서 제시하는 구조로 파악하는 것이 타당하다고 나는 생각한다.

일본의 선은 처음부터 중국 선의 절대적인 영향하에 있었다. 가마쿠라와 무로마치시대의 선승들은 일본에 건너온 (중국) 승려나 중국에 유학했던 (일본) 승려들에 의해 전해진 중국 총림의 생활을 모방하려고 노력했고, 그후에도 중국으로부터의 자극을 지속적으로 받았다. 무엇보다도 선승들이 평소에 배우고 있는 것은 주로 중국에서 찬술된 여러 종류의 선종 문헌들이며, 자신들의 사상을 표명하는 경우에도 대부분 한문으로 하고 있다.

'선'이라고 하는 사상운동 자체가 중국에서 불교에다 중국의 독자적인 요소를 더함으로써 성립되었다는 사실을 생각하면, 이러한 현상은 당연한 것이라고 말하지 않을 수 없을 것이다. 하지만 이것은 동시에 일본의 선이 그만큼 자체적으로 완결적이지 않음을 보여주는 것이라고도 할 수 있다. 즉 일본의 선종사를 이해하기 위해서는 중국 선종에 대한 이해가 전제되어야 한다는 뜻이다.

한편 중국의 선종사는 일본과는 달리 그 자체로 완결될 수 있다. 따라서 그것만을 주제로 해서 서술하는 것도 가능하다. 나 자신이 이제까지 주로 중국의 선종사를 연구해왔으므로 당연히 그렇게 하는 것도 선택지의 하나로 생각해보았다. 하지만 나는 그렇게 하지 않았다. 왜인가.

애초에 사람이 역사를 문제로 삼는 경우는 언제나 과거를 기초로 하여 현재를 이해하고 그것을 보다 좋게 바꿔 나가기 위해서이다. 그것은 '선'에 대해서도 마찬가지이다. 과거의 '선'을 이해하려고 하는 행위에는 항상 그 전제로서 현재 살아 있는 '선'을 이해하고, 그것의 현대적인 의의를 묻는 문제 의식이 존재하지 않으면 안 된다. 그리고 우리가 일본인이므로—일본의 '젠ZEN'을 수용한 서양인들의 경우에도—당연히 일본의 '선'을 여러 가지 문제들을 생각하기 위한 출발점으로 삼아야 할 것이다. 이 책이 일본의 선종사를 포함하고, 또한 그 귀결로서의 현재의 선종 교단에 대해서까지 서술한 것은 바로 그 때문이다. 우리는 오늘의 '선'이 어떻게 형성되었는지를 잘 이해한 다음에 앞으로 어떻게 전개될 것인지에 대해 생각하지 않으면 안 된다.

이제 이 책이 완성될 수 있도록 큰 도움을 주신 타키가와 노리[瀧川 紀]와 나카지마 히로시[中嶋 廣] 두 분을 여기에 특별히 기록하여 감사의 뜻을 표하고 싶다. 또한 이 책을 집필하면서 '참고 문헌'에 제시한 자료들을 비롯하여 수많은 저서와 논문들을 참고했다. 그러나 앞에서 말한 것처럼 이 책에서 다루고자 하는 대상은 필자의 능력을 크게 뛰어넘는 것이다. 그래서 이해가 충분하지 못하고 커다란 잘못을 범한 곳이 많지 않을까 걱정된다. 독자들의 꾸짖음과 가르침을 구하는 바이다.

2001년 9월 1일

이부키 아츠시

재판에서 확인된 범위의 잘못들을 정정했고 빠뜨릴 수 없다고 생각되는 사항들을 보충했다. 초판의 부족함에 대해 가르쳐주신 여러분들께 마음으로나마 깊은 감사의 뜻을 표한다.

2004년 7월 31일

저자

차 례

한국어판 서문 5
서문 9

제1장 선의 형성
동산법문에의 길

1. 달마 이전의 동향
　1_불교의 전래와 습선의 정착 27
　2_선종 성립의 역사적 의의 29

2. 달마와 혜가
　1_달마·혜가와 후대 선종의 관계 32
　2_달마·혜가에 관한 문제들 35
　3_달마와 혜가의 시대 37
　4_달마와 혜가에 관한 역사적 사실 40
　5_달마=혜가 계통의 사람들과 그 다양성 44
　6_혜가의 존재 의의와 선의 기원 48

3. 동산법문의 형성
　1_동산법문의 출현 50
　2_동산법문 출현의 의의 53
　3_동산법문에 미친 반향 57
　4_동산법문의 사상 59

　참고 문헌 63
　선의 계보 1 64
　선 관계 지도 1 65

제2장 선의 확대와 분파
북종, 남종, 우두종

1. 동산법문의 전개
    1_중원에의 진출 69
    2_북종선에 대한 반향 71
    3_신수=보적계 북종선의 사상 77
    4_북종선의 다양성 80

2. 하택 신회의 등장
    1_하택 신회 85
    2_신회의 사상 89
    3_신회 이후의 하택종 94

3. 하택 신회의 영향
    1_우두종의 형성 97
    2_보당종의 형성과 정중종의 하택화 100
    3_신회 이후 북종선의 동향 103
    4_북종 · 남종 · 우두종의 정립 106

    참고 문헌 109
    선의 계보 2 111
    선 관계 지도 2 113

차 례

제3장 선 사상의 완성과 백가쟁명
마조선의 융성

1. 마조 도일의 등장과 선종 각파의 도태
   1_북종과 하택종의 상황 117
   2_마조와 석두 119
   3_우두종의 동향과 규봉 종밀 124

2. 선의 발전과 사회에의 침투
   1_선장의 배출 128
   2_어록의 완성 133
   3_문인들에의 영향력 확대 136
   4_5대 10국에서의 선의 전개 141
   5_5대 10국에서 송으로 147

   참고 문헌 151
   선의 계보 3 153
   선 관계 지도 3 155

제4장 선의 보급과 변질
북송시대의 선

1. 송의 성립과 선
   1_송 왕조의 성격 159
   2_선종 각파의 동향 162
   3_사대부에의 침투와 다른 종파와의 관계 167
   4_국가에의 의존과 3교일치 사상 169
   5_권위의 성립과 등사 173
   6_'5가' 관념의 확립 175

2. 북송 후반기 선의 전개
   1_정치 혼란과 북송의 멸망 180
   2_선종 각파의 동향 183
   3_총림 생활의 확립 188
   4_공안 비평의 유행 193
   5_선의 세속화와 제종의 융합 196

   참고 문헌 200
   선의 계보 4 202
   선 관계 지도 4 204

차례

제5장 선의 계승과 유지
남송 · 금 · 원 시대의 선

1. 남송에서의 선의 전개
1_남송의 사회 정세 207
2_선종 각파의 동향 209
3_선적의 입장과 출판 214
4_공안선의 형성 220
5_공안선의 영향: 무문관과 10우도 224
6_3교일치론의 성행과 주자학의 성립 227
7_관사제도와 선 문화 230
8_선종 사원의 경제와 규율의 이완 234

2. 금 · 원에서 선의 전개
1_금에서 원으로 237
2_선종 각파의 동향 240
3_금 · 원 시대의 저작들 245
4_선 문화의 전개 247
5_신도교의 성립과 불도 논쟁 251

참고 문헌 254
선의 계보 5 256
선 관계 지도 5 260

제6장 선의 종언
명·청 시대의 선

1. 명대 선의 전개
1_명의 성립과 선 263
2_양명학의 성립과 만력 연간의 세 고승 267
3_선승의 배출과 쟁론의 발생 273
4_명말 선 사상의 특징 278

2. 청대 이후의 선
1_청의 불교 정책과 선 283
2_선의 종언 288
3_전쟁 이후의 동향 292

참고 문헌 296
선의 계보 6 298
선 관계 지도 6 300

옮긴이 글 301
사항 해설 목록 312
찾아보기 314

제1장 선의 형성
동산법문에의 길

1. 달마 이전의 동향

1 _ 불교의 전래와 습선의 정착

중국에 불교가 전래된 시기는, 정확하지는 않지만 대체로 서력 기원을 전후한 무렵으로 보고 있다. 불교가 중국의 전통 사상과는 전혀 다른 이질적인 것이었음에도 불구하고 널리 받아들여지게 된 것은 중국적인 문맥으로 이해되었기 때문이었다. 즉 당시 상층 계급을 중심으로 노자를 신격화하여 신앙하는 '황로黃老 사상'이라고 불리는 신비주의적인 사상이 유포되고 있었는데, 부처를 노자와 마찬가지로 일종의 신처럼 여겼기 때문에 중국 사회에 정착할 수 있는 발판을 마련할 수 있었던 것이다. 그로 인해 최초로 불교를 받아들인 중국인은 황실과 왕족 및 귀족들이었던 것으로 보이며, 중국의 불교는 처음부터 위정자와의 관계 속에서 성장하게 되었다.

그러나 이윽고 후한(A.D. 25~220)의 안세고(安世高, 2세기 중엽)와 지루가참(支婁迦讖, 2세기 중엽) 등에 의해 경전이 번역되기 시작하면서 불교의 고유한 가르침에 대한 관심도 서서히 높아져 갔다. 특히 사람들의 주목을 끈 것은 인도 불교에서 수행의 기반이 되었던 선정禪定이었다. 소승불교를 전한 안세고는 아함 경전과 아비다르마 문헌 등을 번역했고, 대승불교를 전파한 지루가참은 《도행반야경道行般若經》 등의 반야계 경전을 번역했다. 그런데 이런 경전들과 함께 두 사람 모두 선정에 관한 경전들도 번역했는데, 이 책들이 후대에 커다란 영향을 미쳤다. 즉 안세고가 번역한 《안반수의경安般守意經》과 지루가참이 번역한 《반주삼매경般舟三昧經》이 바로 그 책들이다.

《안반수의경》에 대해서는 오吳나라(229~280) 때 진혜(陳慧, 생몰년 미상)와 강승회(康僧會, ?~280) 같은 연구자들이 있었고, 나아가 5호16국시대(316~439)에도 전진(前秦, 351~394)의 도안(道安, 312~385) 등에 의해 주석되었다[《안반수의경》에 설해진 '수식관數息觀'이나 '수식관隨息觀'은 후대 천태 지의(天台智顗, 538~597)에 의해서도 수행법으로 채택되었고, 선종에서도 오늘날까지 실천되고 있다]. 또한 도안의 제자로서 동진(東晉, 317~419)시대에 여산廬山에서 활약했던 혜원(慧遠, 334~416)은 《반주삼매경》에 기초한 종교 결사를 구성한 것으로 유명하다[이 때문에 혜원은 연종蓮宗(=정토종)의 시조로 여겨지고 있다].

이렇게 선정이 주목받은 배경에는 전통 사상의 영향이 있었음도 무시할 수 없다. 《포박자抱朴子》(317년)에 보이는 것처럼 중국에는 옛날부터 조기법調氣法의 전통이 있었을 뿐만 아니라, 《장자莊

子》에 '좌망坐忘'이 이야기되고 있는 것도 이미 선진先秦시대부터 신비 체험을 얻기 위한 모종의 정신 수양법이 존재했었음을 보여주는 것으로 생각되기 때문이다.

이후에도 선정에의 관심은 높았다. 후진(後秦, 384~417)의 구마라집(344~413)에 의해 《선비요법경禪秘要法經》과 《좌선삼매경坐禪三昧經》이 번역되었고, 동진東晋의 불타발타라(覺賢, 350~429)에 의해 《달마다라선경達摩多羅禪經》이 번역(여산 혜원의 부탁에 의함)되었다. 또한 남북조시대(420~589)의 초기에는 송(宋, 420~479)에서 《관불삼매해경觀佛三昧海經》《관보현보살행법경觀普賢菩薩行法經》《관허공장보살경觀虛空藏菩薩經》《관미륵보살상생도솔천경觀彌勒菩薩上生兜率天經》《관무량수경觀無量壽經》 등의 번역이 이어졌다. 이들 관불觀佛경전들은 산스크리트어본의 존재가 확인되지 않고 있고, 일부는 중국에서 만들어진 위경僞經일 것으로 추측되고 있다. 이런 경전들이 필요했던 배경에는 선정에 대한 지대한 관심이 있었던 것으로 봐도 무방할 것이다.

이와 같이 선정이라고 하는 인도 특유의 수행 형태는 불교가 전래된 이후 곧바로 중국인들의 주목을 받게 되었으며, 시간이 흐르면서 중국 사회에 정착하게 되었던 것이다. 이런 전통 속에서 나중에 '선종'이라고 불리게 되는 흐름이 등장할 수 있었다.

2 _ 선종 성립의 역사적 의의

'불교 사상'이라고 불리는 것은 실로 다양하지만, 그 중에서도 선 사상이 특히 독창적이라고 할 수 있다. 이는 몹시 난해한 선 문답 하나를 생각해봐도 알 수 있을 것이다. 물론 이런 경향은 선종이 확립된 이후의 현상이라 옛날에는 훨씬 평이했을 터이지만, 그렇게 될 수 있는 맹아는 극히 이른 시기부터 찾아볼 수 있다. 이런 독창적인 사상이 성립될 수 있었던 데는 중국적인 사고방식이 크게 영향을 미쳤음을 어렵지 않게 생각할 수 있다.

중국인의 출가가 공인된 것은 4세기 전반경으로, 특히 불도징(佛圖澄, 232~348)이 335년에 후조(後趙, 319~352)의 왕 석호(石虎, 334~349)에게 이를 인정하도록 한 것은 유명하다. 이런 조치에 의해 중국인을 주체로 하는 불교 교단이 성립되었으므로, 한역 경전을 지도 원리로 하는 교단 안에 점차적으로 전통 사상이 영향을 미치게 된 것은 당연한 것이었다.

아마도 그 이후 중국의 불교인들에게 인도 전래의 불교 사상과 중국 고래의 전통 사상이 어느 정도의 균형을 맞추면서 병존했을 것이고, 그러한 것이 바로 중국인들에게는 불교 사상이었을 것이다. 물론 이와 함께 북방 기마 민족의 성쇠와 서역 경영의 흥쇠 등 그 당시의 사회 상황에 의한 영향도 불교 사상의 내용에 적지 않은 영향을 미쳤을 것이다. 선 사상에 있어서도 마찬가지로, 남북조시대에 서역에서 온 보리달마(6세기 전반)의 활동에 자극받고 그의 가르침을 받아들인 사람들이 스스로의 불교 사상을 독자적인 형태로 다시 조직한 것이 선 사상의 시작이었다고 생각된다.

그러나 그러한 사정은 물론 선 사상에만 국한된 것은 아니었다.

북조 당시의 지배적 교학이었던 지론종地論宗에서도 상황은 같았다. 지론종의 사상은 인도에서 새롭게 전해진 세친世親계 유식唯識 사상을 종래의 열반학涅槃學 및 성실학成實學과 결합하려는 과정에서 성립된 것으로, 당시 불교계의 상황 속에서만 태어날 수 있는 것이었다.

지론종에서는 독자적인 유식 교학을 실증하기 위해 선정의 실천이 중시되었고, 또한 실제로 널리 실행되었다. 초기의 선종은 그들을 중심으로 하는 북조의 불교계 안에서 성장했고, 그런 의미에서 그 사상은 당시의 선관禪觀 사상의 특수한 한 형태였다고 간주할 수도 있다. 이런 점에서 지론종 남도파南道派에 의해 제작됐을 것으로 생각되는 《대승기신론》이 초기의 선종에서 대단히 중시되었다는 사실은 주목할 필요가 있다.

그와 함께 빼놓고 생각해서는 안 되는 것이 남북조 말기부터 수隋와 당唐나라 초기에 걸쳐서 출현된 것으로 보이는 《심왕경心王經》《법왕경法王經》《법구경法句經》《능엄경楞嚴經》《원각경圓覺經》같은 위경들의 존재이다. 이 책들의 내용이 선정 체험에 기초한 것은 분명하므로 선경禪經의 일종이라고 볼 수도 있다. 하지만 이전의 관불경전 등과 비교해보면 보다 더 자유로운 발상하에 전체가 구성되어 있고, 또한 사상적으로도 여래장 사상 등과 같은 고도의 사상이 담겨 있다는 점에서 다르다. 이런 경전들이 반드시 선종 내부에서 만들어졌던 것은 아닌데도 불구하고 초기 선종의 사람들에 의해 빈번하게 사상적 근거로 이용되었다(이 점에 대해서는 본 장 제3절을 참조).

또한 뒤에서 언급하겠지만 초기 선종의 사람들과 삼론三論계, 천태天台계 사람들과의 사이에는 다양한 인적 교류가 있었다. 이런 사실은 역시 거의 같은 시기에 성립된 새로운 불교 사조들이 모두 당시 불교계의 과제를 떠맡는 형태로 나타났음을 보여주는 것이라고 말할 수 있을 것이다. 즉 선종이 성립하게 된 근본 원인 ―종래 일반적으로 생각되어온 것처럼― 을 보리달마라고 하는 한 개인이 중국에 건너왔다고 하는 우발적인 사건에서 찾을 것이 아니라, 사회가 그러한 사상을 필요로 했다는 점에서 찾아야 할 것이다.

2. 달마와 혜가

1_ 달마·혜가와 후대 선종의 관계

일반적으로는 남북조시대에 인도에서 보리달마가 건너옴으로써 중국의 '선'이 시작되었다고 알고 있다. 그러나 그것은 뒤에 확립된 선종 내부에서 그렇게 위치 설정을 한 것에 지나지 않으며, 선종에서 주장하는 아래와 같은 조사의 계보는 오늘날 사실로서 온전하게 확인되지 않는다.

물론 이런 계보는 자료의 제약에 의한 것일 수도 있으므로, 이 계보가 사실일 가능성을 완전히 배제하는 것은 결코 아니다.

위의 계보에서 문제가 되는 것은 혜가(6세기 중엽)의 제자로 되어 있는 승찬의 실재 여부이다. 《속고승전續高僧傳》(7세기 중엽)의 법충法沖 전기에는 혜가의 제자에 '찬璨 선사'라는 인물이 있었다고 기록되어 있고[《속고승전》에는 또 한 군데 변의(辯義, 541~606)의 전기에도 '승찬 선사'에 대한 언급이 있는데 같은 인물일 것으로 생각되고 있다], 후대의 선종 사서(史書: 일반적으로 '등사燈史'라고 부른다)인 《능가사자기楞伽師資記》(715년경)와 《전법보기傳法寶記》(720년경) 등에는 도신이 이 '찬 선사'(《전법보기》에는 '승찬'으로 되어 있음)의 후계자라고 기록되어 있다. 하지만 《속고승전》의 편찬자인 도선(道宣, 596~667)은 도신(580~651)의 수학에 관해 다음과 같이 기록하고 있을 뿐(승찬에 대해 언급하고 있지 않기 때문)이다.

> 두 사람의 승려가 어디에선가 나타나 완공산에서 선업禪業을 닦았다. 도신은 그 사실을 듣고서 그곳으로 가서 그들 밑에서 10년간 배웠다.

후대에 와서 그 두 사람의 승려 가운데 한 사람이 승찬이었던 것으로 받아들여지고는 있지만, 이는 계보를 단절시키지 않기 위한 필요에서 그렇게 주창되었을 가능성이 상당히 높다고 생각된다. 초기의 '등사'들에 보이는 도신과 홍인의 전기는 대부분 《속고승전》의 내용을 벗어나지 않는데, 이 또한 선종의 사람들이 독자적인 전기 자료를 가지고 있지 않았음을 보여주는 것으로서 계보의 연속성을 의심하게 만드는 내용이다[한편 현재 3조 승찬의 저작으로서 《신심명信心銘》이 전해지고 있는데, 이것이 승찬의 저작이라고 하는 전승은 백장 회해(百丈

소림사

懷海, 749~814) 이전에는 찾을 수 없는 관계로 그대로 신뢰하기는 힘들다].

그렇지만 적어도 홍인의 제자들의 시대에는 스스로를 달마의 후손으로 여기는 사고방식이 정착되어 있었으며, 이는 당연히 홍인까지 소급될 수 있을 것이다. 홍인이 도신으로부터 직접 그의 스승에 대해 들었다고 생각되므로, 도신이 사사한 두 사람의 승려가 '달마-혜가'의 흐름을 이은 인물이었을 가능성은 부정하기 힘들다고 생각된다. 다만 그 인물이 실제로 이야기되는 것처럼 '찬 선사=승찬'이었는지는 상당히 의문스럽다고 말하지 않을 수 없다.

분명히 달마와 혜가가 계보적으로 후대의 선종에 연결되는지의 여부는 중요한 문제이다. 그러나 그보다도 훨씬 중요한 것은 후대 선종의 사람들이 달마와 혜가를 자신들의 선배로 인식했다고 하는 사실이다. 따라서 그러한 계보를 그대로 신뢰할 수 있는지의 여부와 무관하게 선의 역사에 대해 생각할 때 달마와 혜가의 생애와 사상은 결코 등한시할 수 없는 중요한 문제들을 제기한다. 하지만 여기에는 큰 장애가 놓여 있다. 즉 달마와 혜가에 관한 전승에는 후대에 덧붙여진 요소들이 상당 부분 섞여 있기 때문에 그 실제의 모습을 밝혀내기가 쉽지 않다는 사실이다. 이런 사태가 발생한 데는 선종 자체적으로 특유한 사정이 있었던 것으로 봐야 할 것이다.

2_ 달마·혜가에 관한 문제들

현재 달마와 혜가가 계보적으로 후대의 선종과 연결되는지의 여부는 명확하지 않다. 가령 그것이 사실이라고 하더라도, 그것은 오늘날 '선 사상'이라고 생각되고 있는 것과 같은 것이 이미 달마에게 있었다는 것을 의미하는 것은 결코 아니다. 실제로 '달마의 저작'이라고 하는 책들이 많이 전해지고 있다(통칭하여 '달마론達摩論'이라고 부른다). 하지만 그런 책들 가운데 가장 먼저 성립되었고 달마의 진찬일 가능성이 높은 유일한 저술인 《이입사행론二入四行論》의 사상은 후대 선종의 사상과 크게 차이가 있으며, 후세에는 이 책을 달마의 것으로 인정하기를 거부하는 경향까지 낳기도 했다.

다시 말해 설사 달마에 의해 선종이 시작되었다고 하는 종래의 설을 그대로 승인한다고 해도, 오랜 기간에 걸쳐 선 사상은 커다란 비약을 이루어 왔기 때문에 그런 사실을 무시한 채 달마를 초월적인 인물로 생각해서 그의 사상을 후대 선종의 사상과 같다고 이해하는 것은 결코 용납될 수 없다.

게다가 이것은 결코 사상에만 제한된 문제가 아니다. 선종에서는 옛날부터 사상은 그대로 인격으로 드러날 수밖에 없다는 사고방식이 매우 강했던 관계로 사상의 문제가 곧바로 역사적인 사실(조사들의 사적·전기)로 변환되는 경향이 강하게 나타나기 때문이다. 더욱이 선종은 전법傳法의 계보(조통祖統)를 특별히 중요시해서 '깨달음'의 체험이 '이심전심以心傳心'으로 그대로 전승되어 왔다고 주장했기 때문에, 조사들 사이에 사상적인 차이가 있었다는 것 자체를 강하게 거부하는 경향이 있다. 이런 연유로 과거의 조사들에 대해서는, 전기라 할지라도 그 시대마다의 선 사상에 맞추기 위해 옛 전승을 부정하고 새로운 설을 추가하는 일이 종종 있어 왔다.

때문에 그러한 사상적 요청에 의한 창작으로부터 실제의 역사적 사실을 분리할 필요가 있다. 특히 달마와 혜가에 관해서는 후세에 정설로 믿어진 것들이 거의 대부분 창작이었다. 이러한 사실은 그동안에 생겨난 선 사상의 변화가 얼마나 심각한 것이었는지를 잘 보여주는 것이라고 할 수 있다. 그러나 아주 미약하기는 하지만 선종이 확립되기 이전의 전승도 전해지고 있기 때문에 그것들에 의거하여 달마와 혜가의 실제 활동 모습을 살펴보는 것은 선 사상의 전개를 알아볼 때 반드시 필요한 일일 것이다. 그런데 이를 살펴보기에 앞서 그들이 활약했던 시대에 대해 먼저 살펴볼 필요가 있다.

| 이입사행론 | 달마의 교설을 제자인 담림(曇琳, 생몰년 미상)이 기록한 책으로 생각된다. 도선의 《속고승전》에 인용되고 있으며, 돈황본과 한국본 등이 알려져 있다. 그 내용은 깨달음에의 길을 이론에 의한 '이입理入'과 실천에 의한 '행입行入' 두 가지로 총괄하고, 다시 후자를 네 종류로 나누어 설명하고 있다. '이입'은 '인간에게 내재되어 있는 진성眞性을 덮어 가리는 티끌을 관법(벽관壁觀)에 의해 제거하면 본래대로 드러나게 할 수 있다'는 신념이다. '행입'의 네 가지는 현세의 괴로움을 과거의 업보의 결과로 감내하는 '보원행報怨行', 즐거움도 과거의 인연에 의한 것으로서 문제시하지 않는 '수연행隨緣行', 모든 것에 대한 집착을 끊어 버리는 '무소구행無所求行', 그리고 청정한 이법理法 그대로 6바라밀을 실천하는 '칭법행稱法行' 등이다. 분명히 여기에 나타나는 사상은 후대의 선과는 비슷하지만 같지는 않은 것이다. 하지만 여래장 사상과 실천을 극도로 중시하는 태도 등과 같이, 거기에는 이미 후대의 선종의 기초가 되는 점이 있음을 인정하지 않을 수 없다. 후대에 달마를 스승으로 섬긴 사람들의 이야기가 부가되어 《(이입사행론)장권자長卷子》가 만들어지고, 또한 그 사상을 담은 위경인 《금강삼매경金剛三昧經》(7세기 중엽)을 만들어내는 등 그 반향은 지대했다. 그런가 하면 선종이 확립된 이후에도 《경덕전등록景德傳燈錄》에 인용되는 등 커다란 영향을 남겼다.

3 _ 달마와 혜가의 시대

보리달마가 건너옴으로써 중국 선이 시작되었다고 하는 종래의 전승이 후대의 도그마라는 것은 이미 이야기했다. 아닌 게 아니라 달마가 혜가와 도육(道育, 6세기 중엽)과 같은 진지한 제자를 얻을 수 있었던 데는 그의 가르침에 다른 곳에서는 보이지 않는 독특한 매력이 있었기 때문이었을 것이다. 하지만 그것은 일부의 사람들 사이에서의 인식에 불과했고, 불교계 전체에서 볼 때는 반드시 그의 활동이 중요한 의의를 지닌다고는 할 수 없었다. 즉 달마와 혜가의 시대에는 그들의 가르침이 결코 불교의 주요 조류의 하나로 인정되지 않았다. 그렇다면 당시 불교계의 상황은 어떠한 것이었을까.

달마가 활동한 것은 남북조시대의 북위(北魏, 386~534)에서였다. 북위에서는 그 이전에 태무제(太武帝, 423~452 재위)에 의해 불교 탄압(폐불)이 행해졌지만, 태무제 사망 이후 즉위한 문성제(文成帝, 452~465 재위) 치하에서는 불교의 부흥이 도모되었다. 효문제(孝文帝, 471~499 재위)의 시대에 수도가 대동大同에서 낙양洛陽으로 옮겨진 이후에는 선무제(宣武帝, 499~515 재위)와 효명제(孝明帝, 515~528 재위) 등 숭불 황제가 배출되었으므로 불교는 극도로 융성했다. 수도인 낙양에는 영녕사永寧寺를 비롯한 많은 사원이 줄지어 들어섰고, 교외의 용문龍門에는 국가 사업으로 석굴사원의 개착이 계속되었다.

교학적으로는 이전부터 중시되었던 《열반경涅槃經》《유마경維摩經》《화엄경華嚴經》《지도론智度論》《성실론成實論》《아비담심론阿毘曇心論》 등이 계속하여 활발하게 연구되었지만, 선무제 시대에 보리류지(菩提流支, ?~527)와 늑나마제(勒那摩提, 생몰년 미상)에 의해 《10지경론十地經論》이 번역된 후에는 이들 두 사람에게서 배운 혜광(慧光: 광통 율사光統律師, 468~537)의 활약으로 이 책에 대한 연구가 갑자기 성행하게 되었다(일반적으로 '지론종'이라고 부른다).

　그후 북위는 동위(東魏, 534~550)와 서위(西魏, 535~557)로 분열되어 각각 업鄴과 장안長安을 수도로 삼았다. 이어서 동위는 북제(北齊, 550~577)로 서위는 북주(北周, 557~581)로 교체되었는데, 특히 북제는 불교를 돈독하게 보호했기 때문에 그 수도인 업은 낙양에 대신하여 북조에서의 불교의 중심지가 되었다.

　북제에서도 많은 승려들이 활약했는데, 그 중심을 이룬 것은 혜광의 문하에서 배출된 도빙(道憑, 488~559), 담준(曇遵, 480~564?), 안름(安廩, 507~583), 법상(法上, 495~580) 등이었다. 이들로 인해 지론종은 북조에서 지배적인 교학으로서 확실한 지위를 차지하게 되었다. 그러나 북주의 뛰어난 임금인 무제(武帝, 560~578 재위)는 실력자였던 우문태(宇文泰, 505~556)를 죽이고 실권을 장악한 후, 부국강병에 힘쓰고 국론을 통일하기 위해 불교탄압정책을 단행했다. 이어서 북제를 멸망시킨 무제는 그 지역에서도 폐불정책을 단행하여 화북의 불교는 괴멸 상태에 이르게 되었다.

　한편 남조에서는 귀족계급을 중심으로 불교가 널리 받아들여졌다. 특히 송宋의 문제(文帝, 424~453 재위)와 양梁의 무제(武帝, 502~549 재위)와 같은 숭불 황제가 나왔기 때문에 불교는 표면적으로는 극도로 융성했다. '양의 3대 법사'라고 불린 광택사光宅寺 법운(法雲, 467~529), 장엄사莊嚴寺 승민(僧旻, 467~527), 개선사開善寺 지장(智藏, 458~522) 등을 중심으로 《열반경》과 《성실론》의 연구가 활발했으므로, 교리적으로는 볼 만한 것이 많았다. 하지만 강단 불교적인 성격이 강해 실천성은 빈약했다고 이야기되어진다.

진(陳, 557~589)나라 때는 진제 삼장(眞諦三藏, 499~569)이 해로로 중국에 들어와 《섭대승론攝大乘論》(《섭론》) 등의 유식계 저작을 다수 번역했지만, 당시 불교계의 풍조와 전란 등으로 인해 충분히 주목받지는 못했다. 그러나 북주의 폐불정책을 피해 많은 지론계의 학자들이 남쪽으로 옮겨오게 되면서 진제가 번역한 저술들이 그들에게 읽혀졌고, 그 결과 그 사상을 받아들인 학자들에 의해 지론종의 섭론화가 빠르게 이루어졌다.

이상이 달마와 혜가가 활동하던 6세기 전반에서 중엽에 걸친 북조에서의 불교계 동향의 개략인데, 혜가가 북주의 폐불정책과 맞닥뜨리게 된 상황 등은 그의 활동에도 커다란 그림자를 드리웠다.

4 _ 달마와 혜가에 관한 역사적 사실

역사상의 달마의 모습을 전하는 가장 신뢰할 수 있는 자료는 양현지(楊衒之, 6세기 중엽)가 지은 《낙양가람기洛陽伽藍記》(547년)다. 그런데 거기에 서술된 내용은 (달마가) 파사국波斯國에서 태어났다는 것, 영녕사의 탑(516년 건립, 534년 소실)을 찬탄했다는 것, 스스로 150세라고 자칭했다는 것 등에 지나지 않아 빈약하다. 이 자료에 이어 나타난 것이 담림이 지은 〈이입사행론서二入四行論序〉인데, 여기에는 달마가 남인도 출신이라는 것, 도육과 혜가 등의 제자가 있었다는 것, 그의 가르침이 비방받았다는 것, 그의 가르침을 기록한 책이 《이입사행론》이라는 것 등이 언급되어 있다.

설주필雪舟筆의 〈혜가단비도〉(사이넨지[靑年寺] 소장)

《속고승전》의 〈보리달마전〉의 많은 부분은 《낙양가람기》와 〈이입사행론서〉에 기초한 것으로 새로운 기술이 많지 않다. 하지

41

만 혜가의 전기를 기록한 〈승가전僧可傳〉에는 많은 사실을 전해주고 있다. 그 기록에 의하면 혜가(승가)는 희씨姬氏로 호뢰虎牢 출신이며 40세에 출가하여 중원지방을 돌아다니던 보리달마를 만나서 제자가 되었고, 그 밑에서 6년간(〈보리달마전〉에는 4, 5년간이라고 했다) 일승一乘을 배웠다. 그 사이에 달마로부터 '진법眞法'으로서 《이입사행론》을 받았고, 또한 "이에 의거하여 사람들을 가르치라"는 말과 함께 4권본 《능가경》(구나발타라求那跋陀羅 역)을 받았다고 한다. 달마가 입적한 후에는 일시 모습을 감추었다가 천평天平 연간(534~537) 초기에 북제의 수도 업에 나타나 포교에 힘써 나 선사(那禪師, 생몰년 미상)와 향 거사(向居士, 생몰년 미상) 등의 제자를 얻었다. 그러나 그를 질투하는 사람이 있어서 신변에 위협을 느끼고 업을 떠나 거짓으로 미친 척하면서 포교를 계속했다. 후에는 폐불을 만나 《승만경》의 학자로서 이름이 높았던 임 법사(林法師: 《이입사행론》을 기록했다고 하는 담림과 동일 인물로 생각되고 있다)와 함께 불법의 유지를 위해 노력했다. 하지만 그때 두 사람은 모두 도적에게 한쪽 팔을 잘리게 되는 불행을 당했다. 그후의 사적은 알려져 있지 않고, 생몰년도 분명하지 않다.

　이상의 전기는 선종 이전의 자료에 기초한 것이다. 하지만 다음에 이야기하겠지만 그 당시에 이미 그들을 선배로 존경하는 사람들의 집단이 여러 개나 존재했던 점을 감안할 때, 그러한 사람들에 의해 후대의 관점에서 이상화된 내용이 첨가되었을 가능성도 부정할 수 없다. 그러므로 여기에서 중요한 것은 달마와 혜가의 실상이 어떠했는가 하는 것보다도 오히려 그들을 선배로 존경한 사람들이 다수 존재했다는 사실 자체라고 할 수 있다. 이런 사실은 그들의 영향력이 얼마나 컸었는지를 증명해주기 때문이다.

｜달마·혜가 전기의 성장｜ 위에서 본 것처럼 비교적 오래전에 성립된 문헌에 전해지고 있는 보리달마에 대한 기술은 극히 적었다. 하지만 선 사상이 발전해 감에 따라서 그때그때마다 조사들의 이상적인 모습이 그에게 투영되어 덧붙여졌다. 그 결과 인도와 중국에서는 다양한 사적이 선종 내부에서 전승되게 되었다. 따라서 그러한 전기는 역사적 사실로서는 전혀 가치가 없지만, 그 시대마다의 선 사상을 전해주는 것으로서는 매우 중요한 의미를 갖고 있다. 여기에서 달마 전기의 성장 과정의 개요를 살펴보면, 먼저 북종계의 등사인 《능가사자기》와 《전법보기》에서 숭산嵩山 소림사(少林寺, 하남성)와의 관계가 강조되었고, 하택 신회(荷澤神會, 684~758)와 그 문하에 의해 서천西天8조설과 서천29조설, 서천28조설 등이 주창되어 인도에서의 계보(조통祖統)가 출현하게 되었다. 이와 함께 달마가 가사를 전승시켰다고 하는 전의설傳衣說과 양의 무제와의 문답 등이 창작되었다. 나아가 홍주종洪州宗 계통의 《보림전寶林傳》(801년)에는 서천28조설의 내용을 크게 변경하여 조통설을 완성시켰다. 그와 함께 달마의 인도에서의 사적 및 북위와 양나라 황실과의 많은 인연들이 덧붙여졌고, 중국에의 도래와 천화遷化 등에 관한 주요한 시기가 결정되었다. 이런 설의 대다수는 선종에 권위를 부여하기 위한 창작으로서 전혀 근거가 없는 것이었지만, 홍주종의 세력이 신장됨에 따라 공인되어 《경덕전등록》(1004년

과 《전법정종기傳法正宗記》(1061년)에 계승되어 정착되어 갔다. 이런 전기의 변화와 병행하는 형태로 달마의 이름을 붙인 저작(달마론)들도 계속 등장했다. 북종계의 《오성론悟性論》과 남종계의 《혈맥론血脈論》이 대표적인 것들로, 각기 해당 종파의 사상을 반영하는 내용으로 되어 있다. 이렇게 달마에 가탁한 책의 대부분은 사상의 진전과 함께 폐기되었고, 또한 어록의 성립에 의해 표현 수단으로서도 역사적 사명을 마치게 되었으므로 후대에는 더 이상 만들어지지 않았다. 한편 혜가에 대해서도 후대에 다양한 전기가 덧붙여졌다. 달마에게 제자로 들어갈 때의 결의를 드러내기 위해 스스로 자신의 팔을 잘랐다고 하는 '혜가단비慧可斷臂'의 설화와 승찬에게 법을 전해줘서 후계자로 삼았다고 하는 설과 같이 대부분은 법을 계승하는 문제와 관련해 창작된 것들이었다. 이로 인해 오히려 혜가 자신이 가지고 있던 독자적인 역사적 의의는 희미해진 감이 있다.

5 _ 달마=혜가 계통의 사람들과 그 다양성

달마와 혜가의 영향력이 대단히 컸고, 그 제자들이 곧 일파를 이루었다는 것이 설사 사실이라 하더라도, 그것이 후에 이름붙여진 '선종'의 사람들과 동일한 집단이었는지는 아직 명확하지 않다. 더욱이 주목해야 할 것은 어쩌면 그런 집단이 하나만 있었던 것은 아니라는 사실이다. 이는 달마=혜가계 사람들의 활동상을 전하고 있는 《속고승전》의 내용이

   (1) 달마와 혜가를 《이입사행론》과 연결시키려고 하는 부분(〈보리달마

전)과 〈혜가전〉의 오래된 부분)

(2) 4권본 《능가경》의 존숭자들로 여기는 부분(〈보리달마전〉과 〈혜가전〉의 새로운 부분 및 〈법충전〉)

이라고 하는 분명히 경향을 달리하는 두 부분으로 구성되어 있으며, 양자의 사이에 반드시 긴밀한 관계가 있었다고 생각되지 않기 때문이다. 또한 실제로 이 두 부분에 등장하는 인물들은 거의 중복되지도 않는다.

먼저 전자에 관련되는 사람들의 계보를 살펴보면 달마로부터 《이입사행론》의 가르침을 들었다고 하는 인물로는 혜가와 도육 두 사람이 있으며, 여기에 이 책을 기록했다고 전해지는 담림도 제자로 추가할 수 있을 것이다. 그밖에는 편지를 통해 혜가로부터 지도를 받았다고 하는 향 거사의 존재가 알려지고 있을 뿐이다. 한편 후자에 관해서는 〈혜가전〉에 폐불정책을 당했을 때 혜가와 함께 행동했다고 하는 임 법사(담림)와 혜가의 제자인 나 선사, 그리고 그 제자에 해당하는 혜만慧滿 등이 언급되고 있으며, 그밖에 〈법충전〉에도 《능가경》 존숭자들의 계보를 거론하면서 다음과 같이 이야기하고 있다.

달마 선사의 후계자로는 혜가와 혜육慧育 두 사람이 있었다. 혜육 선사는 가르침을 받은 후 마음으로 실천할 뿐, 그것을 말로 표현한다든지 하지는 않았다. 혜가 선사의 후계자로는 찬 선사, 성盛 선사, 나 노사那老師,

단端 선사, 장 장사長藏師, 진眞 법사, 옥玉 법사 등이 있었다. 이상의 여러 스님들은 입으로는 현리玄理를 말했지만 그것을 문장으로 기록하지는 않았다.

혜가 선사의 후계자로는 이밖에 선善 노사(《능가경초抄》 4권을 지었다), 풍豊 선사(《능가경소》 5권을 지었다), 명明 선사(《능가경소》 5권을 지었다), 호명 사(胡明師: 《능가경소》 5권을 지었다) 등이 있었다.

간접적으로 영향을 받은 사람으로는 대총 사(大聰師: 《능가경소》 5권이 있다), 도음 사(道蔭師: 《능가경초》 4권을 지었다), 충沖 법사(《능가경소》 5권을 지었다), 안岸 법사(《능가경소》 5권을 지었다), 총寵 법사(《능가경소》 8권이 있다), 대명 사(大明師: 《능가경소》 10권이 있다) 등이 있다.

나 노사의 후계자로는 실實 선사, 혜慧 선사, 광曠 법사, 홍지弘智 사가 있다. 수도의 서명사西明寺에 주석했다고 하는데 가르침은 끊어졌다. 또한 명 선사의 후계자로는 가伽 법사, 보유寶瑜 사, 보영寶迎 사, 도형道瑩 사가 있는데, 이 계통에서는 차례대로 법등을 전하여 지금도 교화가 이어지고 있다.

이 기록에 의하면 달마와 혜가를 《능가경》과의 관계에서 계승하려고 하는 사람들 사이에서도 다양한 계통이 있었으며, 각기 경향을 달리했다는 것을 알 수 있다. 또한 《이입사행론》을 중시했다고 하는 향 거사에 관한 언급도 보이지 않으며, 도육(혜육)과 담림에 대해서도 대단히 소홀하게 취급하고 있다.

이와 같이 달마와 혜가가 여러 계보의 사람들로부터 '스승'으로 존경받았다는 것은 당시 이들의 명성이 대단히 높았으며 숭고한 이미지와 연결되어 있었기 때문일 것이다. 불교사가로서 명성이 높은 도선은 《속고승전》의 습선편習禪篇에 대한 〈논論〉에서 달마의 사상적 전위성前衛性을 특별히 강조하고 있는데, 당시에 그 사상은 대단한 충격을 불러일으켰을 것이다. 그런 측면에서 생각해보면 후대에 선종을 형성시키는 사람들이 이를 이용하여 자신들에게 권위를 부여하려고 했다고 봐도 무방할 것이다.

| 능가종 | 《속고승전》의 〈혜가전〉에는 달마가 혜가에게 《능가경》(4권본)을 주었다고 하는 내용과 함께 혜가의 제자 나 선사 및 그의 제자 혜만 등 《능가경》 존숭자들의 전기가 덧붙여져 있다. 또한 〈법충전〉에는 달마와 혜가에서 시작되는 《능가경》의 존숭자·연구자의 계보가 수록되어 있다. 이들 《능가경》을 떠받든 사람들을 가리켜 일반적으로 '능가종'이라고 부른다. '능가종'의 계보에는 선종계의 사람들이 포함되어 있지 않지만, 북종선 등 초기 선종 문헌에는 《능가경》에 관한 기술이 종종 보이고 있기 때문에 '능가종'을 초기의 선종과 동일시하는 견해도 있다. 그러나 초기의 선종 문헌에 나오는 《능가경》에 대한 기록은 반드시 절대적인 것이 아니라 선종계의 사람들이 자신들에게 정통성을 부여하기 위해 권위 있는 《속고승전》의 기술을 이용했다고도 생각되기 때문에 양자(능가종과 초기의 선종)는 일단 구별하여 생각할 필요가 있다. 한편 후대의 하택 신회의 계통에서는 '지知'(반야 지혜의 작용)를 강조했기 때문에 《금강반야경》(《금강경》)을 중시했고, 그에 따라 달마가 혜가에게 전해준 것이 《능가경》이 아

니라 《금강경》이었다는 설이 출현하게 되었다.

｜혜가와 열반론｜ 달마와 혜가는 앞에서 이미 이야기한 것처럼 《이입사행론》 계통의 사람들과 능가종이라고 불린 사람들, 그리고 후에 선종을 형성시키는 동산법문의 사람들 등 실로 다양한 계통에서 받들어졌다. 그런데 이들 이외에 《열반론》을 전승한 사람들도 그 속에 포함시켜야 할지 모른다. 《속고승전》의 〈법태전法泰傳〉에 붙어 있는 지교智敎의 전기에 의하면, 진제 삼장의 제자였던 지교(?~601)는 폐불을 피해 북주에서 진나라로 옮겨온 혜가(?~582?)로부터 《열반론》의 강의를 듣고는 혜가가 죽은 이후에 자신이 직접 그 가르침을 널리 펼쳤다고 한다. 이 혜가에 대해서는 활동 시기가 겹치고, 전기에 공통점이 보이며, 그가 강의했다고 하는 《열반론》의 번역자가 북위의 '달마보리'였다고 하는 점 등 보리달마의 제자 혜가와 공통되거나 유사한 점이 매우 많아서 동일 인물일 가능성을 부정할 수 없다. 혹시 동일 인물이었다고 한다면 '달마-혜가'의 영향은 종래 생각되어온 것 이상으로 광범위했다고 할 수 있을 것이다. 또한 《열반론》은 《열반경》에 기초한 것인데, 《열반경》이 지론종 남도파에서 대단히 중시된 문헌이라는 점도 주목된다.

6 _ 혜가의 존재 의의와 선의 기원

하지만 이렇게 다양한 전승에도 불구하고 어느 그룹에서나 달마의 가르침이 혜가를 통해 전해졌다고 이야기되는 점에 주목할 필요가 있다. 이는 혜가가 결정적으로 중요한 역할을 담당했음을 보여주는 것이라고 말할 수 있을 것이다. 그렇게 볼 때 혜가가 달마로부터 모종의 영감을 받았다는 것은 부정할 수 없다 하더라도, 달마와 혜가를 받들었던 사람들의 사상적 기원은 달마보다는 오히려 혜가에게서 찾는 것이 맞지 않을까 싶다.

그렇다면 인도에서 전래되었다고 하는 점에 중점을 두고서 선종을 이해하려고 하는 생각은 대단히 위험할 수도 있다. 실제로 초기의 선종에서 중요시된 《능가경》은 혜가가 활약한 북조의 지배적 교학이었던 지론종에서도 마찬가지로 가장 핵심적인 경전이었고, 《이입사행론》과 후대 선종의 사상적 기반이 된 여래장 사상 역시 지론종 남도파의 핵심을 이루는 교설이었다. 더욱이 나라시대에 일본에 전해진 문헌 중에 '보리달마찬菩提達摩撰'으로 칭해지는 《능가경소》가 있다고 예전부터 알려져 왔었는데, 최근 그 내용이 지론종 남도파의 사상과 밀접한 관계를 가지고 있다는 사실이 밝혀지기도 했다.

지론종을 비롯한 남북조시대의 교학은 오랜 기간에 걸쳐 불교를 수용한 결과 중국인에 의해 처음으로 인도에서 유입된 불교 사상들이 주체적으로 정리된 교학이었다고 말할 수 있다. 그것은 천태종天台宗, 삼론종三論宗, 화엄종華嚴宗, 정토교淨土敎 등 후대 중국불교의 모태가 되었는데, 아마도 달마와 혜가를 자신들의 스승으로 받들었던 사람들의 사상적 원류도 그곳에서 찾아야 할 것이다.

선종의 직접적인 원류가 된 것은 다음 절에서 다루려고 하는 동산법문이라고 불리는 사람들이었는데, 그들과 달마와 혜가를 받들었던 다른 그룹들과의 관계 역시 명확하지 않다. 하지만 《이입사행론》의 발전된 형태라고 생각되는 《(이입사행론)장권자》 중에 후대 선종의 사상과 연결되는 내용들이 다수 보이는 점에 대해서는 주목해야 할 것이다.

3. 동산법문의 형성

1_동산법문의 출현

581년 북주의 정제(靜帝, 579~581 재위)로부터 제위를 넘겨받은 수(581~618)나라 문제(文帝, 581~604 재위)는 곧 남조의 진(557~589)을 정복하고 마침내 중국을 통일시켰다. 문제는 통일국가의 지도 원리로서 불교를 채용하고 그 발전에 힘썼다. 북조에서는 교학과 함께 선정의 실천도 대단히 중시되었는데, 이를 계승한 수에서도 수도인 대흥성(大興城, 장안長安)에 대선정사大禪定寺를 건립하고 각지에서 이름이 높은 습선자들을 초빙했다. 또한 문제에 이어 제위에 오른 양제(煬帝, 604~617 재위)도 천태종의 지의(智顗, 538~597)와 삼론종의 가상嘉祥(사寺) 길장(吉藏, 549~623)을 존경했기 때문에 불교는 급속하게 융성기를 맞이했다.

수나라의 불교계에서는 삼계교三階教의 신행(信行, 540~594)과 지의, 길장 등 두각을 나타내는 새로운 불교계 인물들이 나왔지만, 불교계의 중추적 위치를 담당했던 인물은 역시 정영사淨影寺 혜원

(慧遠, 523~592)과 지념(志念, 535~608) 및 담천(曇遷, 542~607)과 같은 남북조시대 이래의 주류 종파인 지론종과 섭론종 계통의 사람들이었다. 《속고승전》의 〈법충전〉 기록을 믿는다면, 이 시대에도 '능가종'이라고 불리는 달마=혜가계 사람들의 활동이 활발했던 것으로 보이지만 그 실상은 알려져 있지 않다. 달마계의 습선자들이 대선정사에 초빙되었다고 하는 기록은 보이지 않으므로 달마와 혜가 등과 마찬가지로 떠돌아다니는 유행遊行 생활을 하면서 사람들이 알지 못하는 산림 등에서 선 수행에 힘쓰고 있던 사람들이 많지 않았을까 추측된다.

그런데 수가 멸망하고 당(618~907)이 일어나면서 상황은 크게 변하게 되었다. 도신(道信, 580~651)과 홍인(弘忍, 601~674)이 등장하여 호북성湖北省의 기주蘄州를 중심으로 포교에 힘써 일약 불교계의 주목을 받기에 이르렀기 때문이다. 일반적으로 이들을 '동산법문'이라고 부르는데, 사제간의 계승과 사상의 연속성이라는 점에서 볼 때 이들이야말로 후대 선종의 직접적인 모태가 되었다고 할 수 있다.

|도신과 홍인| 《속고승전》의 〈도신전〉에 의하면 도신의 성은 사마司馬씨고, 출신지는 알 수 없다고 한다(후대에는 하내河內 출신이라고 이야기되었다). 일곱 살 때 한 사람의 스승을 따라다니며 5년 동안 같이 생활했고, 그후 어디에서 온 지는 모르지만 완공산(皖公山, 안휘성安徽省)에 나타난 두 사람의 승려로부터 10년간 선을 배웠다. 두 사람은 이후 나부산(羅浮山, 광동성

廣東省)으로 떠났지만 (도신은) 함께 가는 것을 허락받지 못했다. 이후 출가하여 길주吉州의 절에 승적을 두었다. 도적떼가 길주의 읍내를 포위했을 때, 도신이 사람들에게 모두 반야를 염송하도록 해서 별다른 일이 없었다고 한다. 그후 남악南嶽으로 가려고 했지만, 도중에 사람들의 만류로 뜻을 이루지 못하고 일단 여산의 대림사大林寺에 들어가 10년 동안 지냈다. 그런 다음 기주 황매현黃梅縣의 쌍봉사雙峰寺로 옮겨가 (후대에는 624년의 일로 이야기되었다) 30년간 학도들을 지도하고 651년 72세에 입적했다고 한다. 《능가사자기》에는 도신에게 《입도안심요방편법문入道安心要方便法門》이라고 하는 저술이 있었다고 하면서 그 일부를 인용하고 있지만, 다른 곳에는 이에 대해 언급되는 바가 없어서 신빙성이 높지는 않다. 한편 홍인의 전기는 《속고승전》의 〈도신전〉에 도신의 묘탑을 만든 제자로서 유일하게 그의 이름을 들고 있는데, 그것이 그에 관한 최초의 기록이다. 그후 《능가사자기》와 《전법보기》에 전기가 실리면서 점점 자세한 일대기가 알려지게 되었다. 《전법보기》에 의하면 홍인은 황매현 출신으로 성은 주周씨였다. 어려서 출가하여 12세(《능가사자기》에는 7세라고 함)에 도신의 제자가 되었으며 이후 스승의 부촉을 받고 황매현의 빙무산(憑茂山, 동산東山)에서 교화를 펼쳤고, 법여法如, 신수神秀, 혜능慧能 등 많은 제자들을 가르친 후 675년 74세로 입적했다고 한다(《능가사자기》 등에는 홍인의 입적한 해를 674년으로 하고 있으며 대부분 이 설이 채용되고 있다). 그의 저작으로는 《수심요론修心要論》이 전해지고 있는데, 뒤에서 살펴보겠지만 실제 그의 저술로 인정하기는 어렵다.

|동산법문| '동산'이라는 것은 홍인이 주석했던 기주(호북성) 황매현의 빙무산(오조산五祖山)을 가리키는 것으로, 같은 지역에 있는 도신이 주석했던 '서산西山' 즉 쌍봉산(사조산四祖山)에 대응한 호칭이다. 따라서 '동산법문'이라는 것은 본래 제자들의 활동에 의해 널리 세상에 알려지게 된 홍인의 가르침과 그 일파를 가리키는 말이었다. 《능가사자기》에 의하면 측천무후는 "만일 수행을 문제로 삼는다면 동산법문보다 나은 것은 없다"고 말했다고 하는데, 바로 이런 의미라고 할 수 있다. 그러나 오늘날에는 일반적으로 사제 관계가 확실하고, 활동한 지역이 매우 가까웠다는 사실 등을 고려해서 도신도 포함하여 '동산법문'이라고 부르고 있다.

2 _ 동산법문 출현의 의의

그들이 활약했던 당나라 초기의 시대(618~713)는 실로 불교의 변혁기였다. 현장(玄奘, 600~664)이 번역한 《성유식론成唯識論》 등에 기초하여 (규)기[(窺)基, 632~682]가 조직한 법상종法相宗의 성립과 그로 인한 지론종과 섭론종의 쇠퇴, 그리고 지론종과 섭론종 사람들의 법상종에 대한 반동으로 봐야 할 지엄(智儼, 602~668)과 법장(法藏, 643~712)의 화엄종 성립, 도작(道綽, 562~645)과 선도(善導, 613~681)에 의한 정토교의 융성, 도선(道宣, 596~667)에 의한 남산율종南山律宗의 집대성 등 불교계에는 다양한 움직임이 나타났다. 이로써 이 시기에는 한발 먼저 출현한 천태종 등과 함께 중국적인 불교가 모두 갖추어지게 되었다.

이런 현상은 이 시기에 이르러 불교가 완전히 중국 사람의 것으

쌍봉산 비로탑

로 자리잡음에 따라 그들의 감성에 맞는 형태로 새롭게 재정리된 데서 비롯된 것이라고 볼 수 있다. 이것을 암시하는 것으로 초기의 선종 문헌에 종종 인용되고 있는 《불설법구경佛說法句經》《불설선문경佛說禪門經》《불설법왕경佛說法王經》《불위심왕보살설두타경佛爲心王菩薩說頭陀經》《대방광원각수다라요의경大方廣圓覺修多羅了義經》(《원각경》)《대불정여래밀인수증료의제보살만행수능엄경大佛頂如來密因修證了義諸菩薩萬行首楞嚴經》(《수능엄경》) 등과 같은 중국에서 찬술된 경전인 '위경僞經'들을 들 수 있다. 이 경전들은 마지막의 두 가지를 제외하고는 모두 돈황 문서를 통해 처음으로 그 전체 모습이 알려지게 되었는데, 같은 시기의 천태종과 삼론종, 화엄종의 문헌들에서도 인용되는 것을 볼 수 있다. 아마도 익명의 선관 수행자들에 의해 만들어진 문헌들로 생각되지만, 이 책들이 당시 불교계의 과제를 배경으로 출현했기 때문에 학파를 초월하여 널리 받아들여지게 되었다고 봐야 할 것이다. 즉 '선'은 그런 과제에 대한 하나의 해답으로서 나타났던 것이다. 한편 수대에 주목을 끌었던 삼론종은 이 시대 이후 부진하게 되는데, 그것은 새로 일어난 선종에 흡수되어 버렸기 때문이라고 이야기되고 있다.

|초기의 선종에서 이용된 위경들| 《불설법구경》은 6세기 중엽 이전에 성립된 것으로 보이는 위경으로 아함경에 포함되어 있는 《법구경》(붓타니파타)과는 전혀 다른 경전이다. 전체가 14개의 품(品, 장章)으로 구성되어 있으며, 제11품에 '법구'라고 하는 5언 4구로 이루어진 게문이 24개 수록되어 있어서 경전 이름의 유래가 되고 있다. 특히 "삼라와 만상은 모두 한 존재의 드러남이다[삼라급만상森羅及萬象 일법지소인一法之所印]"라는 한 구절은 대단히 유명한 것으로 자주 인용되고 있다. 《불설선문경》은 7세기말에서 8세기초에 걸쳐 성립된 것으로 보이며, 첫부분에 혜광慧光의 서문이 붙어 있다. '돈오頓悟'를 강조하는 내용으로 보당종保唐宗의 《역대법보기》(8세기 후반)와 대주 혜해(大珠慧海, 생몰년 미상)의 《돈오입도요문론頓悟入道要門論》(8~9세기) 등에 인용되고 있다. 《불설법왕경》은 '불성佛性'을 중심 테마로 한 경전으로 성립 시기는 확실하지 않다. 백장 회해(百丈懷海, /49~814)의 《백장광록百丈廣錄》에 인용되고 있으므로 8세기에는 이미 존재했다고 생각되며, 티벳어 번역본도 있다. 《불위심왕보살설두타경》은 《심왕경》 혹은 《두타경》으로도 불린 위경인데, 7세기초 이전에 성립된 것으로 보인다. 《수심요론》과 《도범취성심결導凡趣聖心決》(모두 돈황본, 7세기말), 《조계대사전曹溪大師傳》(781년), 규봉 종밀(圭峰宗密, 780~841)의 《화엄경행원품소초華嚴經行願品疏鈔》 등에 인용 혹은 언급되고 있다. 또한 돈

황사본 중에는 '오음산실사혜변선사五陰山室寺惠辨禪師'에 의한 주석이 붙어 있는 것도 있다(《심왕경주心王經註》). '두타'를 중시하면서도 그 내용에서는 후대의 북종 문헌에 보이는 '관심석觀心釋'과 비슷한 특이한 해석 방법이 활용되는 특징이 있다. 소그드어 번역본이 존재하는 점도 주목된다. 《원각경》으로 약칭되는 《대방광원각수다라요의경》은 7세기말에서 8세기초에 성립된 것으로 보이며, '대원각심大圓覺心'의 획득을 위한 방도들이 이야기되고 있다. 가장 앞선 시기의 등사 중 하나인 《전법보기》에 일찍부터 언급되고 있으며, 후대의 규봉 종밀에 의해 대대적으로 채용되기에 이르렀다. 《대불정여래밀인수증료의제보살만행수능엄경》은 《능엄경》 혹은 《불정경佛頂經》 등으로도 불리는 10권으로 된 위경으로, 8세기에 성립되었다(구마라집이 번역한 진경眞經인 《수능엄삼매경首楞嚴三昧經》과는 완전히 다른 별개의 책이다). 이 경전은 '원각무애圓覺無礙의 이치'를 밝힘과 동시에 선병禪病을 열거하고 이로부터 벗어나는 방법을 이야기하고 있다. 이들 위경 중에는 선종의 초기단계에만 중시된 것들도 있지만, 《능엄경》과 《원각경》은 후대에 교선일치敎禪一致를 이야기하는 경전으로 간주되어 송·원·명에 이르기까지 시대가 진전되면서 더욱 중시되었다. 교선일치설에 비판적이었던 일본의 도겐[道元, 1200~1253]이 이들 두 경전의 가치를 부정했던 것은 유명하다. 한편 오늘날 선원에서 자주 독송되고 있는 〈능엄주楞嚴呪〉도 《능엄경》 권7에 나오는 것이다.

| 삼론종과 선종 | 삼론종이 수복받게 된 것은 저술을 많이 해서 그 사상적 입장을 확립한 길장이 수 양제에게 존경받게 되는 시점부터지만, 본래 삼

론종은 실천 중심의 일파로서 교학을 주로 하는 길장과 같은 사람은 사실 예외적인 존재였다. 그 실천적 성격은 달마=혜가계의 사람들과의 인적 교류를 통해서도 증명되고 있다. 예를 들어 남악 혜사(南嶽慧思)에게 사사했던 삼론종의 혜포(慧布, ?~587)는 혜가의 밑에서도 수학했고, 홍인의 제자 법여(法如, 638~689)도 처음에는 삼론종의 혜명(惠明: 청포명青布明, 생몰년 미상)에게 사사했다. 또한 길장과 함께 삼론종의 법랑(法朗, 507~581)에게 배웠던 대명大明 법사(생몰년 미상)는 《속고승전》의 〈법충전〉에는 능가종의 계보에 속하는 것으로 나오고 있다[대명 법사는 후에 선종으로 포함된 우두 법융(牛頭法融, 594~657)의 스승이기도 하다]. 삼론종의 교학은 길장에 의해 극도로 발전되었으므로 그 이후에는 이전부터 중시된 실천 중심의 노선으로 복귀하지 않을 수 없었다. 그렇지만 그때 독자적인 수행법을 확립하고서 가르침을 넓혀 가고 있던 동산법문의 사람들에 대항하여 자신들의 정체성을 주장할 수 있을 만한 것을 가지고 있지 못했기 때문에 곧 그 흐름에 합류될 수밖에 없었을 것이다.

3 _ 동산법문에 미친 반향

그들과 같은 시대를 살았던 도선은 《속고승전》에서 일찍부터 도신의 전기를 수록하고 홍인을 비롯한 500인을 넘는 많은 제자들이 있었다고 이야기하고 있다. 또한 그것과는 별도로 법현(法顯, 577~653)과 선복(善伏, ?~660), 현상(玄爽, ?~652) 등의 전기에도 그들이 도신에게 사사했음을 기록하고 있다. 이로 보아 도신의 단계에 이미 그의 활동이 불교계의 주목을 받고 있었음에 틀림없다. 그런 도신을 계승하여 더욱 발전시킨 것이 홍인이었다. 초기의 선종 문헌에 의하면 홍인 문하의 많은 제자들 중에서 부촉을 받았던 주요 제자에는 열 사람이 있었으며, 그들은 제각각 중국 각지에서 포교에 힘썼다고 하는 이야기가 전해지고 있었다. '홍인의 10대 제자'로 불린 사람들이 그들로, 이런 설이 전해졌다는 것 자체가 홍인의 명성이 대단히 높았고, 그 영향이 중국 전역에 미쳤음을 보여 주는 것이라고 할 수 있다.

홍인 및 도선과 동시대인으로 화엄종의 기초를 구축했던 지엄이 있다. 그는 불교 전체를 (1) 소승(아함경과 아비다르마 교학), (2) 대승 초교(初敎, 유식 사상), (3) 대승 종교(終敎, 여래장 사상), (4) 돈교頓敎, (5) 일승(一乘, 화엄 사상)의 다섯 가지로 구분하는 이른바 '5교교판五敎敎判' 이론을 수립했다. 이 중에서 '돈교'라고 하는 개념이 당시 융성하고 있던 동산법문을 염두에 두었던 것이 아니냐는 설도 제기되고 있다. 지엄은 신흥 종파인 삼계교에 대해서도 호의적인 평가를 보이는 등 상당히 진취적인 성격의 소유자였다. 그는 도선과 마찬가지로 종남산終南山에 주석하고 있었는데 동산법문 사람들의 활동이 장안 남쪽 교외의 이곳에도 전해지고 있었으므로 그들의 존재가 지엄의 사상 형성에 영향을 미쳤다고 하는 것은 충분히 가능한 일로 생각된다.

┃홍인의 10대 제자┃ 뒤에 언급하는 《능가사자기》에 의하면 홍인은 입멸에 다다르자 자기의 가르침을 후세에 전하는 사람은 열 명뿐으로, 신수

(神秀, ?~706)를 비롯한 그들의 이름을 들고 특히 신수와 현색(玄賾, 7~8세기) 두 사람에게 장래를 부탁했다고 한다. 홍인에게 '10대 제자'가 있었다고 하는 전승은 보당종의 등사인 《역대법보기》와 하택종荷澤宗을 표방한 규봉 종밀의 《원각경대소초》(822년경)에도 보이지만, 어떤 사람들이 그 열 명에 포함되는지에 대해서는 차이가 있다. 이는 아마도 먼저 '홍인에게 10대 제자가 있다'는 이야기가 성립된 이후 거기에 사람들을 맞춰넣은 결과일 것이다. 그러나 법여(638~689), 신수, 혜안(慧安: 노안老安, 582~709), 혜능(638~713), 지선(智詵, 639~718) 등의 인물은 어느 쪽 전승에도 나타나므로 그들이 가장 대표적인 제자들이었다고 하는 인식은 각파에 공통적이었음을 알 수 있다. 특히 《능가사자기》가 혜능의 이름을 들고 있다는 것은 이른바 '북종선'에서도 영남嶺南이라고 하는 변경에서 활동한 혜능의 존재가 일찍부터 인식되고 있었음을 보여주는 귀중한 기록이다. 혜능의 존재는 사천四川 지역에서 가르침을 펼치고 있던 지선, 선습(宣什, 생몰년 미상) 등과 함께 동산법문의 전국적인 확대를 보여주는 것으로서도 주목된다.

4 _ 동산법문의 사상

동산법문의 사람들에게는 생활적인 면에서 달마와 혜가와는 전혀 다른 점이 있었다. 그것은 달마와 혜가가 떠돌아다니는 유행 생활을 했던 것과 달리 그들은 한 곳에 머물며 정주 생활을 했다고 하는 점이다. 이 때문에 동산법문에서는 한꺼번에 대단히 많은 수의 제자들을 양성하는 것이 가능했다. 그들이 널리 주목을 받게 된 이유도 상당 부분은 여기에 기인한다고 말할 수 있을 것이다.

그러나 동산법문의 정주 생활이 갖는 더욱 중요한 의미는, 이것이 선 사상 자체에 커다란 변화를 가져왔다고 하는 점이다. 후대의 문헌이지만 《육조단경六祖壇經》에는 혜능이 홍인에게 입문한 이후에 탈곡 작업에 종사하는 장면이 나온다(8세기 후반에 확대된 것으로 생각되는 부분에 존재한다). 그들은 사람들이 사는 마을에서 떨어진 산간에다 수행 장소를 구했다. 그런데도 지나치게 많은 사람들이 모여들었기 때문에 종래처럼 탁발에 의해 생활을 유지하는 것이 불가능하게 되었고, 스스로 농사 등의 일(작업)을 해서 자급자족적인 생활을 하지 않으면 안 되었다. 이로써 선 수행은 생업과 병렬적으로 혹은 동시에 행해지게 되었다. 이런 점이 중국 선의 특징으로 일컬어지는 '선 체험과 일상 생활의 합일'이라고 하는 사상의 형성을 촉진시켰을 것이다.

동산법문의 사상을 살펴볼 수 있는 자료로는 조금 시대가 내려오지만 《수심요론》 같은 강요서와 《능가사자기》 및 《전법보기》 등의 초기 등사들이 있다. 이 책들에 의하면 동산법문에는 독특한 조직적·집단적인 수행법이 존재했음을 알 수 있다. 그 수행법과 그것을 통해 얻어진 '깨달음'을 총칭하여 '수심守心'이라고 불렀으며('수심'은 같은 시기의 도교에서도 사용한 용어이지만 양자의 관계는 명확하지 않다), 그런 가르침에 대한 토대로서 《문수설반야경文殊說般若經》의 '일행삼매一行三昧'와 같은 교설을 사용했던 것으로 보인다. 수행법에서 흥미로운 점은 자주 '염불'과 연결되었다고 하는 것으로, 염불이

호흡법과 정신 집중의 역할도 담당했다고 생각된다(다만 적어도 자료에서 보는 한, 서방왕생西方往生이라고 하는 사상은 없었던 것으로 보인다).

또한 후대의 선종과 관련하여 주목되는 것은 당시에 이미 '입실入室'이나 '부법付法', '인가印可'와 같은 사상이 존재했다고 하는 점이다. 집단적인 수행에 의해 어느 경지에 도달한 사람은 개인적으로 스승을 찾아가 이를 보이고, 그것이 인정되면 인가를 받았던 것이다.

│수심요론│ 자세한 제목은 《도범취성오해탈종수심요론導凡趣聖悟解脫宗修心要論》으로 돈황본과 한국본이 있는데 모두 홍인의 저작으로 되어 있다(다만 한국본은 《최상승론最上乘論》이라는 이름으로 전해지고 있다). 그러나 실제로는 비슷한 이름을 가진 《도범취성심결導凡趣聖心決》과 함께 법여의 계통에 전해져 온 강요서이다. 홍인에게 저작이 없었다고 주장한 《능가사자기》가 이를 명시하지 않고서 인용하고 있는 것은 법여(638~689)에 대한 대항 의식에서 비롯된 결과라고 생각된다. 법여는 가장 일찍 중원中原지역에 동산법문을 전했던 인물이며, 이 책도 신수 문하의 '북종선'이 권위를 확립하기 이전에 성립된 문헌으로 보인다. 따라서 이 책은 동산법문의 사상을 가장 충실하게 전하는 것이라고 말할 수 있다. 그 내용은 '자심自心'을 본래청정本來淸淨하고 불생불멸不生不滅한 것, 즉 '진심眞心', '정심淨心'으로 위치짓고 그것을 '지켜야 한다[수守]'고 주장하고 있다. 그리고 이 '수심守心'이 모든 수행 가운데서 가장 중요한 것이라고 하면서 '열반의 근본', '도에 들어가는[입도入道] 요문要門', '12부部 경전의 근본[종

宗]', '3세제불三世諸佛의 조祖' 등으로 부르며 높이고 있다.

｜능가사자기와 전법보기｜ 모두 돈황 문서에 의해 처음으로 그 존재가 알려진 북종계의 등사로서 《능가사자기》(715년경)는 정각(淨覺, 683~750?)이, 《전법보기》(720년경)는 두비(杜朏, 생몰년 미상)가 편찬한 것이다. 전자는 구나발타라(394~468)와 달마에서 신수의 제자들까지의 8대, 후자는 달마에서 법여, 신수에 이르는 7대의 이야기를 다루고 있다. 이 책들은 신수가 '황제의 스승[제사帝師]'으로서 존숭된 현실에 기초해서 '선종'이 하나의 종파로 확립했음을 내외에 보이기 위한 것으로, 후대에 차례로 등장하는 《사자혈맥전師資血脈傳》과 《보림전寶林傳》 및 《경덕전등록景德傳燈錄》 같은 문헌들이 탄생할 수 있는 선구적인 역할을 한 점에서도 그 의의가 중요하다. 두 책은 거의 같은 시기에 등장한 북종계의 등사임에도 불구하고 구나발타라와 법여, 《이입사행론》에 대한 태도 및 언어에 대한 사고방식 등에서 기본적인 입장의 차이를 확인할 수 있다. 하택 신회 이후 '북종선'으로 일괄된 사람들의 사상이 실제로는 대단히 다양했음을 보여주는 점도 매우 흥미롭다. 특히 《능가사자기》는 스승인 현색의 《능가인법지楞伽人法志》를 비롯한 다양한 관련 자료를 집성한 측면도 있어 초기의 선종과 그것을 둘러싼 사람들의 사상과 수행법을 살피는 데 대단히 높은 자료적 가치를 가지고 있다.

[참고 문헌]

石井公成〈新羅の華嚴思想〉(《華嚴思想の研究》, 春秋社, 1996)
伊吹　敦〈《心王經》について―ソグド語譯された禪宗系僞經〉(《駒澤大學禪研究所年報》4, 1993)
伊吹　敦〈再び《心王經》の成立を論ず〉(《東洋學論叢》22, 1997)
伊吹　敦〈菩提達摩の《楞伽經疏》について〉(《東洋學論叢》23~24, 1998~1999)
伊吹　敦〈地論宗北道派の心識說について〉(《佛敎學》40, 1999)
伊吹　敦〈慧可と《涅槃論》〉(《東洋學硏究》37~38, 2000~2001)
印順/伊吹敦譯《中國禪宗史―禪思想の誕生》(山喜房佛書林, 1997)
宇井伯壽《禪宗史硏究》(印度哲學硏究 9, 岩波書店, 1935)
橫超慧日〈初期中國佛敎者の禪觀の實態〉(宮本正尊編《佛敎の根本眞理―佛敎における根本眞理の歷史的諸形態》, 三省堂, 1956)
沖本克己〈禪宗史に於ける僞經―《法王經》について〉(《禪文化研究所紀要》10, 1987)
篠原壽雄・田中良昭編《敦煌佛典と禪》(講座敦煌 8, 大東出版社, 1980)
鈴木大拙《禪思想史硏究 第二―達摩から慧能に至る》(鈴木大拙全集 2, 岩波書店, 1968)
鈴木哲雄〈初期禪宗と三論〉(平井俊榮監修《三論敎學の硏究》, 春秋社, 1990)
關口眞大《達摩大師の硏究》(彰國社, 1957)
關口眞大《禪宗思想史》(山喜房佛書林, 1964)
關口眞大《達磨の硏究》(岩波書店, 1967)
田中良昭《敦煌禪宗文獻の硏究》(大東出版社, 1983)
田中良昭・沖本克己他譯《敦煌 II》(大乘佛典 中國・日本篇 11, 中央公論社, 1989)
平井俊榮《中國般若思想史硏究―吉藏と三論學派》(春秋社, 1976)
水野弘元〈菩提達摩の二入四行說と金剛三昧經〉(《駒澤大學佛敎學部硏究紀要》13, 1955)
水野弘元〈禪宗成立以前のシナの禪定思想史序說〉(《駒澤大學佛敎學部硏究紀要》15, 1957)
水野弘元〈僞作の《法句經》について〉(《駒澤大學佛敎學部硏究紀要》19, 1961)
望月信亨〈如來藏幷に密敎關係の疑僞經〉(《佛敎經典成立史論》, 法藏館, 1946)
柳田聖山《初期禪宗史書の硏究》(柳田聖山集 6, 法藏館, 2000, 1967 初版)
柳田聖山《達摩の語錄―二入四行論》(禪の語錄 1, 筑摩書房, 1969)
柳田聖山《初期の禪史 I―楞伽師資記・傳法寶記》(禪の語錄 2, 筑摩書房, 1971)
柳田聖山〈語錄の歷史―禪文獻の成立史的研究〉(《東方學報》57, 1985)
柳田聖山《禪佛敎の硏究》(柳田聖山集 1, 法藏館, 1999)

[선의 계보 1]

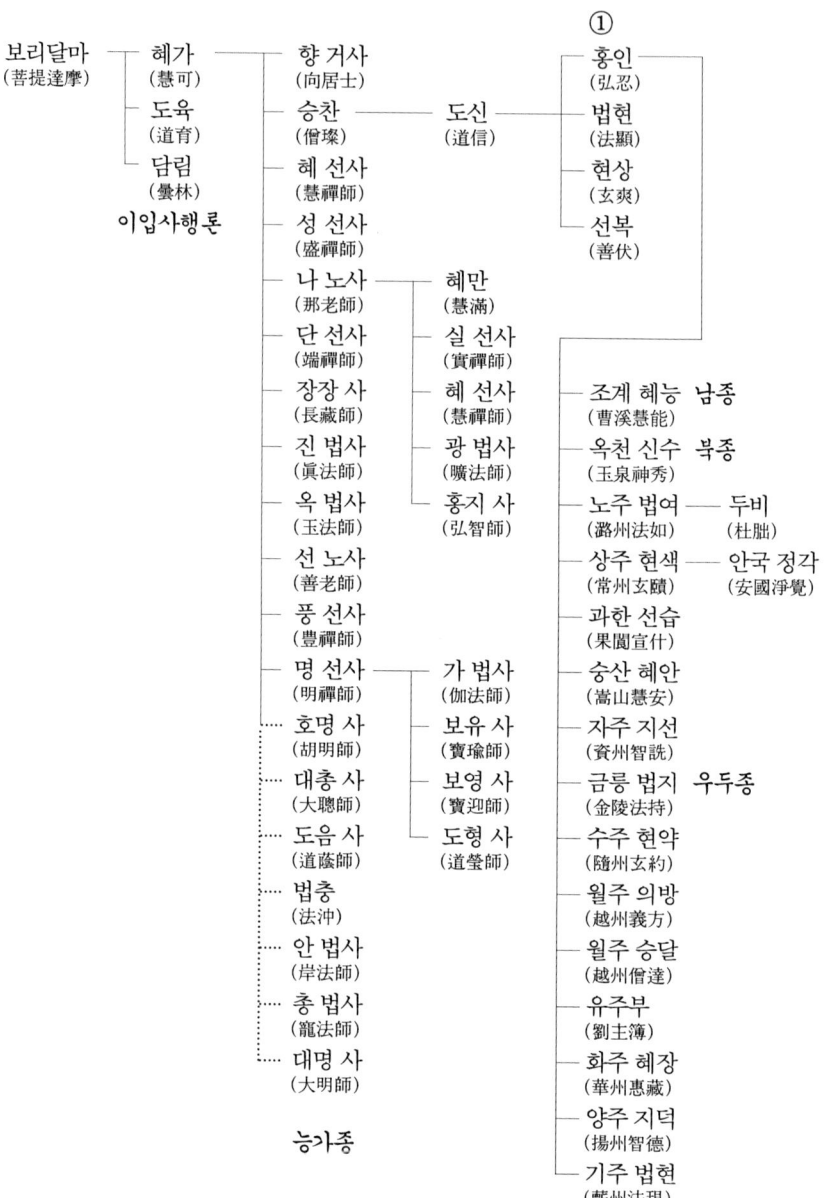

[선 관계 지도 1]

제2장 선의 확대와 분파
북종, 남종, 우두종

1. 동산법문의 전개

1_ 중원에의 진출

도신과 홍인의 활동에 의해 각광을 받게 된 동산법문은 그후 법여 등의 활동에 의해 중원으로도 전해지게 되었다. 당시는 마침 불교를 이용하여 황제의 지위에 오른 측천무후(則天武后, 624~705, 684~705 재위)의 시대였으므로 동산법문은 황실과 귀족 등 상층계급 사람들로부터도 주목을 받았다. 그리고 마침내 신수(神秀, ?~706)와 혜안(慧安: 노안老安, 582~709)을 궁궐로 초빙하여 설법을 듣는 입내공양入內供養이 실현되었다. 이를 계기로 하여 보적(普寂: 대조 선사大照禪師, 651~739)과 의복(義福: 대지 선사大智禪師, 658~736)과 같은 신수 문하(일반적으로 혜능 문하의 '남종南宗'에 대칭하여 '북종北宗'으로 불린다)의 사람들은 융성기를 맞이하게 되었다.

측천무후 이후에도 중종(中宗, 684~710 재위), 예종(睿宗, 710~712 재위), 현종(玄宗, 712~756 재위)으로 이어지는 성당(盛唐, 713~770) 시기는

북종선의 전성기였다. 특히 '두 수도[양경兩京]의 법주法主, 세 황제[삼제三帝]의 국사國師'(《보리달마남종정시비론菩提達摩南宗定是非論》의 말로 두 수도는 장안과 낙양을 가리키고, 세 황제는 중종·예종·현종을 가리킨다)라고 불린 보적은 신수가 입적한 이후 중원지역의 선종을 대표하는 존재였다.

|옥천 신수| 진류위씨(陳留尉氏, 하남성河南省) 출신으로 성은 이李씨다. 젊어서 여러 학문을 두루 공부한 다음 625년 출가했다. 뒤에 동산東山에서 5조 홍인의 제자가 되었다. 스승이 입적한 후 형주(荊州, 호북성湖北省)의 옥천사玉泉寺에 머무르면서 크게 교화를 펼쳤다. 그의 명성은 중원에까지 미쳐 701년 측천무후는 그를 낙양으로 불러 공양을 했다. 그후 측천무후, 중종, 예종 등 '세 황제의 국사'로서 양경(장안과 낙양)에서 포교를 하다가 706년 낙양의 천보사天寶寺에서 입적했다. 백 살을 넘는 고령이었다고 전한다. 중종은 '대통 선사大通禪師'라는 시호를 주었고, 그의 덕을 현창하기 위해 형주에 도문사度門寺를 건립했다. 장열張說이 지은 비문 〈당옥천대통선사비명병서唐玉泉大通禪師碑銘並序〉가 있다. 동산법문의 중원에의 전파로서는 법여와 혜안에 뒤이은 것이었지만, 신수가 황제의 스승으로 받들어진 영향은 대단한 것이었다. 이후 신수의 문하가 중원에서 크게 활약하게 됨에 따라 '홍인의 10대 제자'라고 불린 사람들도 그의 권위를 인정하지 않으면 안 되었다.

|남종과 북종| '남종'이라고 하는 용어는 달마=혜가의 사상을 계승하는 사람들 사이에서는 옛날부터 자칭으로 사용되었던 것으로 보인다. 그런

데 그 본래 의미는 《속고승전》의 〈법충전〉에서 "남천축일승종南天竺一乘宗"이라고 한 것으로 보아 '남인도의 일승의 가르침'이었다고 생각된다. 따라서 《보리달마남종정시비론》에 보이는 것처럼 신수 문하의 이른바 '북종'에 속하는 사람들이 자신들을 '남종'이라고 칭했다고 해도 조금도 이상하다고 할 수 없다. 그렇지만 얼마 후 하택 신회가 등장하게 되자 '남종'의 의미에 커다른 변화가 생겨났다. 즉 보적과 같은 신수 문하의 사람들을 비판하는 과정에서 신회는 '남종'이라고 하는 말을 '중국 남부의 선의 가르침'이라는 의미로 바꾸어 남방인 영남지방에서 가르침을 펼치고 있던 스승 혜능(638~713)의 가르침만이 진정한 '남종'이라고 부를 수 있고, 북방의 장안과 낙양지역에서 전개된 신수 일파의 가르침은 그렇게 불릴 자격이 없다고 주장했던 것이다. 이 설은 혜능 계통이 융성해지면서 널리 받아들여져 마침내 혜능 계통을 '남종', 신수 계통을 '북종'이라고 부르는 것이 일반화되었다. 따라서 '북종'이라고 하는 말은 다른 계열에서 부른 폄칭으로서 정당한 용어라고 하기는 어렵다. 하지만 신수계의 사람들을 가리키기 위해 현재도 편의적으로 종종 사용되고 있다. 한편 신수 계통뿐만 아니라 혜능과 후에 '우두종牛頭宗'이라고 불린 법지(法持, 635~702) 계통을 제외한 홍인의 제자를 계승한 사람들 모두를 '북종'이라는 말로 표현하는 경우도 적지 않다. 이 책에서는 이러한 용법에 따라서 협의의 북종을 특히 '신수=보적계의 북종'이라고 부르기로 한다.

2 _ 북종선에 대한 반향

북종선이 중원의 귀족사회에 널리 받아들여지게 된 이유 중의 하나는 그들의 사상이 그때까지 사상계의 주류였던 교학불교와 통하는 측면이 많았기 때문이었을 것이다. 하지만 그런 성격은 동산법문의 일반적인 성격이었다기보다 신수 문하에서 나타났던 특별한 성격이었다고 할 수 있다. 그들의 영수인 신수가 머물렀던 형주의 옥천사는 당시 홍경(弘景, 634~712)과 혜진(慧眞, 673~751)의 활약에 의해 천태종의 일대 근거지가 되어 있었다[흔히 '옥천玉泉의 천태天台'라고 불린다. 홍경의 제자 감진(鑑眞, 688~763)이 율사律師로 일본에 초빙된 것에서 알 수 있듯이 옥천의 천태에서는 계율 연구도 대단히 활발했다]. 그 때문에 보적이 홍경에게 수학하고, 밀교와 천태의 학자였던 일행(一行, 683~727)과 수진(守眞, 700~770)이 보적에게 사사했다고 말해지는 것처럼 신수 문하와 홍경 문하 사이에는 활발한 교류가 있었으며, 사상에도 그런 영향이 나타났다.

|북종과 다른 종파의 인적 교류| 일행과 수진은 보적의 제자이면서 동시에 혜진에게서 천태와 계율을, 선무외(善無畏, 637~737)에게서 밀교를 수학했다. 혜진의 문하에서는 자민 삼장慈愍三藏 혜일(慧日, 680~748)의 제자이면서 동시에 처적(處寂, 665~732)에게서 선을 수학한 승원承遠도 사사했다. 선무외의 선법을 기록했다고 하는 《선무외삼장선요善無畏三藏禪要》(8세기 전반)에는 신수의 제자 경현(敬賢, 660~723)이 등장하고, 감진과 마찬가지로 계율 전래를 위해 일본에 초빙되었던 도선(道璿, 701~760)이 보적의 제자였던 사실도 밝혀져 있어 수복된다. 이처럼 북종선과 밀교, 천태종, 율종 사이의 긴밀한 관계는 인적 교류의 면에서 볼 때 부정하기 힘들다. 돈

〈대지 선사 (의복) 비 음기〉(741년, 양백성陽伯成 찬·사유칙史惟則 예서) 탁본(북경도서관 소장)

황문서 중에는 《남천축국보리달마선사관문南天竺國菩提達摩禪師觀門》과 같이 선과 밀교의 사상이 섞여 있는 문헌이 존재하는데, 이것은 바로 그런 교류 속에서 생겨난 것이라고 생각할 수 있다. 한편 일본 천태종의 시조로 유명한 전교대사傳敎大師 사이쵸[最澄, 767~822]는 원圓·밀密·선禪·계戒의 4종의 교학, 즉 천태·밀교·선종(북종 및 우두종)·원돈계圓頓戒의 네 가지 사상을 계승했다고 이야기되는데, 그 사상은 바로 중국에서의 이런 제종융합諸宗融合의 사상 경향과 일치하는 것이다. 사이쵸의 이런 '4종상승四種相承'이라고 하는 사상은 당시 중국의 최신 동향을 계승하여 발전시킨 것이었다는 사실을 알 수 있다. 한편 북종선은 아니지만 후에 6조 혜능의 가르침을 잇게 되는 남악 회양(南嶽懷讓, 677~744)이 혜진의 스승인 홍경 문하에 출가하여 수학했다는 사실도 주목된다.

또한 북종선이 수용되었던 배경에는 북종선 인물들의 적극적인 포교 활동이 있었다는 것을 잊어서는 안 된다. 특히 당시에 활발하게 행해졌던 보살계 수여 의식을 도입한 것이 큰 역할을 담당했던 것으로 보인다. 신수=보적계의 북종선의 사상을 전하고 있는 《대승방편법문大乘方便法門》의 서장序章 부분이 〈수보살계의授菩薩戒儀〉와 비슷한 형태로 쓰여져 있는 것은 그런 사실을 보여주는 것이다. 그리고 남종계의 《육조단경》(8세기)과 《남양화상돈교해탈선문직료성단어南陽和上頓教解脫禪門直了性壇語》(8세기 전반), 하택 신회와 정중사淨衆寺 무상(無相, 684~762), 보당사保唐寺 무주(無住, 714~774) 등의 활동을 볼 때도 그런 포교 방법이 초기 선종에서 매우 일반적인 것이었음을 알 수 있다. 그러나 보살계는 선종에서만 수여했던 것이 아니므로 선종이 수용된 데는 선종 속에 다른 종파에서는 찾아볼 수 없는 매력이 있었기 때문이라고 생각하지 않을 수 없을 것이다.

이와 관련하여 주목되는 것은 아래에서 살펴보게 될 신수=보적계 북종선의 특이한 사상과 수행법, 사상 표현법 등이다. 이런 모든 모습들이 중원의 왕공과 귀족들에게는 대단히 새로운 것으로 보였던 듯하며, 동산법문이 장안과 낙양에서 열광적으로 받아들여진 배경에도 그런 호기심이 작용했으리라 여겨진다. 당시 북종의 사람들과 교류했던 저명한 인물들로는 신수의 비문을 지은 장열(張說, 667~730)과 보적에게 사사한 왕진(王縉, 699~781), 보적의 비문을 지은 이옹(李邕, 678~747), 의복에게 귀의했고 그의 비문을 지은 엄정지(嚴挺之, 673~742) 등을 들 수 있다.

이와 같은 상황은 당시 선도(善導, 613~681)의 활동으로 융성하고 있던 정토교가들을 크게 자극했다. 왜냐하면 선종의 사람들은 동산법문 이래로 '정심淨心'을 얻기 위한 방편으로서 '염불'을 실천하기는 했지만, 극락왕생이라고 하는 교설에 대해서는 어리석은 사람들을 위한 방편에 불과하다고 하여 그 가치를 정면으로 부정했기 때문이다. 선종의 세력이 확대되는 것은 선도계의 정토교가들에게는 결코 바람직한 현상이 아니었던 것이다. 이를 배경으로 정토교가측에서 선종에 대한 항변이 일어나게 되었다. 특히 주목되는 것은 자민 삼장 혜일의 《정토자비집淨土慈悲集》이다. 물론 정토교측으로부터의 반론 내용도 흥미롭지만, 이 책에는 선종의 활동에 대해 다른 곳에는 없는 내용을 기술하고 있어서 초기 선종의 실태를 이해하는 데 대단히 유익한 정보를 제공해주고 있다. 비슷한 상황은 8세기 중엽에 산동지방을 중심으로 활약한 정토교가 대행(大行, 생몰년 미상)의 사상을 전하는 《염불경念佛鏡》(도경道鏡·선도善導 편, 8~9세기)에서도 나타나고 있다. 하지만 《염불경》에는 반대로 비판의 대상이었던 선종의 영향을 받은 것으로 보이는 부분도 있어서 8세기 후반 선종의 발전을 보여준다는 점에서 매우 흥미롭다.

｜자민 삼장 혜일과 정토자비집｜ 혜일은 680년 산동성山東省 내주萊州에서 태어났으며 속성은 신辛씨다. 702년 인도에서 돌아온 의정 삼장(義淨三藏, 635~713)의 선례를 흠모하여 바닷길로 인도에 들어가서 각지의 불적지를 순례했다. 육로를 통해 귀국하던 도중에 간다라국 왕성의 동북쪽 산에서 관음의 모습을 보았다. 719년 마침내 장안에 돌아와서 가져온 물품을 현

종(712~756 재위)에게 헌상하고 자민 삼장이라는 법호를 받았다. 그후 장안과 낙양을 중심으로 정토교의 포교에 애썼는데, 승원(承遠, 712~802)이 혜일에게 사사한 것이 광주(廣州, 광동성廣東省)에서였다고 하므로 광동지역에도 진출했던 것을 알 수 있다. 748년 69세로 입적했다. 저작으로는 《약제경론염불법문왕생정토집略諸經論念佛法門往生淨土集》(《정토자비집》) 외에 《반주삼매찬般舟三昧讚》《반주찬般舟讚》《염차사바왕생정토찬厭此娑婆往生淨土讚》《서방찬西方讚》 등이 있다. 《정토자비집》의 텍스트로는 1925년 오노 겐묘[小野玄妙] 씨가 한국의 동화사에서 발견한 잔결본만이 전해지고 있다. 그 저본은 송나라 때의 원조(元照, 1048~1116)가 개판한 것인데, 중국에서는 이 책이 개판되자마자 그 내용 때문에 대매산大梅山 법영 선사(法英禪師, ?~1131) 등의 항의가 거세어 정부의 명령으로 판을 부수었으므로 후대에 전승되지 못했다. 다만 그 직전에 한 부가 고려의 의천(義天, 1055~1101)에게 보내졌기 때문에 고려에서 다시 개판되어 후대에 전해질 수 있었다. 책머리의 서문에 의하면 전체는 3권으로 구성되어 있는데, 상권에서는 당시의 잘못된 생각들을 열거한 후 그 문제점을 지적했고, 중권에서는 정토 염불의 정통성을 여러 경전들을 이용하여 증명했으며, 하권에서는 정토교에 대한 다양한 의문들에 대답하여 정토 염불의 우월성을 명시했다고 한다. 현재 전해지고 있는 것은 상권뿐이고, 그것도 꽤 많은 부분이 결락되어 있다. 그럼에도 선종에 관해서는 다른 곳에서 찾아볼 수 없는 귀중한 기술을 하고 있는 중요한 자료이다.

3 _ 신수=보적계 북종선의 사상

　북종선의 주류를 구성한 신수=보적계의 사상을 살필 수 있는 자료로서는 《관심론觀心論》《대승무생방편문大乘無生方便門》《대승5방편북종大乘五方便北宗》 등의 강요서들(모두 8세기 전반)과 이미 설명한 《능가사자기》(715년경) 《전법보기》(720년경) 등의 등사, 북종에 속하는 인물들의 비명 등이 있다.

　이들 자료에 의하면 북종선에서는 '관심觀心'이라고 하는 수행법을 절대적인 것으로 강조하여 그밖의 다른 수행법들은 모두 그 속에 포함될 수 있다고 생각했다. 그리고 그에 기초하여 '깨달음'의 체험을 얻을 것을 수행자에게 강하게 요구했고, 그것을 '돈초보리頓超菩提' 등으로 일컬었다는 사실을 알 수 있다. 따라서 후대의 통념과는 달리 북종선의 단계에서 '돈오頓悟' 사상이 이미 존재했다는 것은 분명한 사실로 의심의 여지가 없다. 이 '관심觀心'이 동산법문의 '수심守心'을 계승한 것이라는 것은 명백하며, '염불'이 중요한 구성 요소였다는 점에 있어서도 둘 사이의 연속성을 인정할 수 있다(여기에서도 서방왕생의 사상은 보이지 않는다).

　북종선에서 특별히 중시되었던 것으로 경전의 특이한 주석법('관심석觀心釋' 혹은 '심관석心觀釋' 등으로 불린다)의 존재를 이야기할 수 있다. 이것은 경전의 글자나 구절 들을 모두 자기 마음속의 사상事象에 대입하여 이해하려고 하는 방법으로, 예를 들면 《대승무생방편문》에서 다음과 같이 말하고 있는 것이 그 전형적인 모습이다.

《묘법연화경》이라고 하는 경전이 있는데, 무엇이 '묘법'인가 하면 '마음'이야말로 '묘법'이고 '연화'는 '몸[색色]'이다. '마음'이 평등[여如] 하면 지智가 되고, '몸'이 평등[여如]하면 혜慧가 된다. 요컨대 (《묘법연화경》은) '지혜경智慧經'의 의미인 것이다.

이와 같은 방법이 중시된 것은 북종선에서는 '관심'에 의한 '깨달음'의 체험을 절대시하면서도 한편으로 경전의 권위를 부정할 수 없었기 때문에, 경전을 '깨달음'이라고 하는 관점에 입각해서 완전히 독자적으로 해석함으로써 양자를 조정하려고 했던 것으로 이해할 수 있다.

이런 해석법은 북종선에서는 시간이 흐르면서 더욱 발전되었고, 내면화·신비화의 정도도 심화되어 갔던 것으로 보인다. 그런데 실은 이런 방법은 북종선 이전에 천태종에 의해서도 행해졌던 것이었다. 따라서 이런 방법론은 직접적으로는 인적 교류 등을 통해 천태종의 영향을 받은 것이라고 볼 수 있고, 보다 근본적으로는 같은 시대의 과제를 짊어지는 과정에서 생겨난 것으로 선종과 천태종에 공통된 기반이 존재했음을 보여주는 한 예라고도 말할 수 있겠다.

한편 이외에도 북종선의 사상에서 주목해야 할 것으로 《능가사자기》에 실려 있는 '지사문의指事問義'의 방법을 들 수 있다. 이것은 구체적인 사물에 대해 질문하는 형식을 취하면서 제자를 상식적인 이해를 초월하는 깨달음의 경지로 이끌려고 하는 방법이다.

《능가사자기》〈신수장神秀章〉의 예를 가지고 이야기하면 새가 날아가는 것을 보고서 제자에게 "이것은 무엇인가?"라고 묻는다든지, 제자들에게 "그대는 굽고 불안정한 나뭇가지에서 좌선할 수 있는가?", "그대는 벽을 뚫고 나갈 수 있는가?" 등의 질문을 던지는 것과 같은 것으로, 내용적으로 볼 때 후대의 '공안公案'과 대단히 비슷한 형태를 취하고 있다. 다만 당시에 이런 질문들이 구체적으로 어떻게 활용되었는지는 아직도 명확하게 밝혀지지 않았다.

이상으로 북종선 중에서 주류를 형성했다고 생각되는 신수=보적계의 사상을 개관해봤다. 그러나 이 일파를 대표하는 '대승5방편大乘五方便'이라고 불리는 일군의 문헌들에서도 계통에 따라서 다양한 경향들이 나타나고 있으므로, 그들의 사상에는 상당한 편차가 있었던 것으로 보인다. 더욱이 홍인에게는 그밖에도 다수의 제자들이 있었으므로 한마디로 '북종선'이라고 이야기해도, 그 사상은 매우 다양한 것이었음을 잊어서는 안 된다.

| 신수=보적계의 북종 문헌 | 《관심론觀心論》에는 돈황본과 한국본, 일본 전래본(일본에 전해진 책은 '관심파상론觀心破相論' 혹은 '파상론破相論' 등의 이름으로 불리고 있다) 등이 있다. '달마찬達磨撰' 혹은 '신수찬神秀撰'으로 전승되고 있지만, 실제로는 조사들의 이름을 붙여서 신수 문하에서 만든 강요서였다고 생각된다. 달마의 저술로 이야기된 것은 상당히 후대의 일일 것이다. 그 내용은 북종선에서 중시된 '관심'이라고 하는 수행법의 의의를 문

답 형식을 취해 여러 가지로 이야기하고 있다. 한편 《대승무생방편문》과 《대승5방편북종》은 모두 '대승5방편'이라고 총칭되는 일군의 문헌들(모두 돈황본)에 속하는 것으로 기본적으로 비슷한 내용을 담고 있다. 전자(《대승무생방편문》)가 오래된 형태를 하고 있는데 비해, 후자(《대승5방편북종》)에는 상당히 발전된 모습이 나타나고 있다. 이들 일군의 문헌은 모두 서장과 〈총창불체總彰佛體〉〈개지혜문開智慧門〉〈현불사의문顯不思議門〉〈명제법정성明諸法正性〉〈자연무애해탈도自然無礙解脫道〉의 다섯 장으로 구성되어 있다. 그리고 《대승기신론大乘起信論》《유마경維摩經》《사익경思益經》 등의 경전을 인용하면서도 '관심석'의 방법에 의해 본래의 뜻과는 크게 어긋나는 독자적인 사상을 전개하고 있다. '대승5방편'에 보이는 것과 같은 사상의 기본 골격은 이미 신수에게 있었던 것으로 보이지만, 그것을 이런 형태로 정리한 것은 보적계의 사람들이었다고 생각된다. 그외에 《능가사자기》의 저자인 정각은 《주반야바라밀다심경注般若波羅蜜多心經》이라고 하는 주석서를 지었고, 또 관심석에 의해 하나의 경전 전체를 주석해서 '금강장보살金剛藏菩薩의 주석서'로 전해지는 《금강반야경주金剛般若經註》와 《관세음경찬觀世音經讚》, 혜변 찬의 《심왕경주心王經註》, 찬자 미상의 《법구경소法句經疏》 등(모두 돈황 문서)도 북종선의 주류와 밀접한 관계를 가진 문헌으로 파악되고 있다.

4 _ 북종선의 다양성

홍인의 제자들 중에서 가상 혁신적인 교설을 펼친 인물은 후대에 '6조六祖'로 불리게 되는 조계 혜능曹溪慧能이었다고 생각된다(다만 혜능 자신의 가르침은 거의 알려져 있지 않다). 하지만 신수와 함께 측천무후에게 존숭받았던 혜안에게도 신수와는 상당히 이질적인 사상 경향이 있었던 듯하며, 오히려 혜능과 통하는 면이 많았던 것으로 보인다.

후대에 선종사에서 중요한 역할을 담당하게 되는 남악 회양이 혜능에게 입문하는 계기를 제공한 것은 혜안이었다고 전해지는데, 혜안은 자신이 입적하기 직전에 제자인 정장淨藏에게도 혜능에게 가서 수행하라고 지시했다고 한다. 또한 혜안 문하의 거사인 진초장(陳楚章, 생몰년 미상)에게 수학했던 보당사 무주無住는 그후 혜능의 제자인 태원 자재(太原自在, 생몰년 미상)의 문하에서 수행한 후에 출가했다고 전해진다. 이런 몇 가지 사실들은 혜안과 혜능의 선법에 공통되는 점이 있었고, 양자간에 긴밀한 신뢰 관계가 형성되어 있었음을 보여주는 것이라고 할 수 있다.

더욱이 근년에 계보적으로는 북종선에 속하면서도 그 사상이 하택 신회와 놀라울 정도로 유사한 경향을 가졌다는 점에서 주목되고 있는 후막 진염(侯莫陳琰, 660~714)도 신수는 물론 혜안에게서도 수학했으며, 그의 선진적인 사상은 혜안의 영향을 크게 받은 것으로 추측되고 있다. 후막 진염이나 진초장과 같이 당시에 이미 출가자들에게 선을 지도할 수 있을 정도로 높은 경지에 도달한 거사들이 출현했던 것은 주목해야 할 사실이다. 이런 사실은 선이 등장한 초기부터 일반인들에게 강한 관심을 불러일으켰음을 보여준다는 점에서 흥미롭다.

|후막 진염| 종래 전혀 주목되지 않았던 인물이지만 그의 저작인 《돈오진종금강반야수행달피안법문요결頓悟眞宗金剛般若修行達彼岸法門要決》(712년, 돈황본, 티벳 번역의 단편도 존재한다)과 《후막진대사수탑명侯莫陳大師壽塔銘》(금석문)의 출현에 의해 그의 사상과 전기가 밝혀지게 되었다. 이에 의하면 그는 장안 출신으로 숭산嵩山에서 20여 년간 수행을 닦았다. 혜안과 신수에게 배운 후 최종적으로 신수의 법을 이어서 '지달智達'이라고 하는 법명을 받았다. 그후 장안, 낙양, 산서山西, 하북河北 등을 중심으로 거사와 여승들에게 포교를 했다. 신회보다 한 세대 앞선 사람이면서 '돈오'를 강조하고 《금강경》을 중시하며, 문답 형식으로 저작을 남기는 등 사상적으로 신회와 공통되는 면을 많이 보이고 있어 근래에 그의 존재 의의가 새롭게 인식되어 가고 있다.

홍인 문하 중에서 혜능 및 혜안과 함께 사천지방에서 활동한 지선(智詵, 609~702)과 선습(宣什, 생몰년 미상) 등의 일파를 주목할 필요가 있다. 특히 지선의 계통에서는 처적(處寂, 665~732)과 무상(無相, 684~762) 등이 나와서 이 지역에 크게 가르침을 펼쳤다. 무상은 신라의 왕족 출신으로 성이 김金씨였으므로 '김화상金和尙'으로 불렸고, 티벳에도 그의 이름이 알려졌다. 성도成都의 정중사에 머물렀기 때문에 그 일파를 '정중종淨衆宗'이라고 부른다. 무상의 제자로는 정중사 신회(神會, 720~794)와 《북산록北山錄》(806년)을 지은 혜의사慧義寺 신청(神清, 생몰년 미상) 등이 알려져 있으며, 정중사 신회의 계통은 그후에도 다음과 같이 계승되었다.

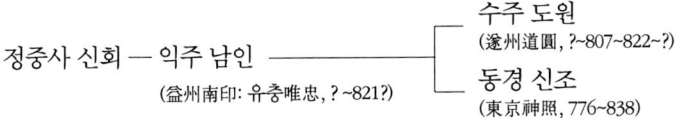

　정중종의 저작물로는 지선의 저술로 가탁된 《반야심경소般若心經疏》(돈황본, 8세기 중엽) 등이 있고, 규봉 종밀의 《원각경대소초圓覺經大疏鈔》(822년경)와 보당종保唐宗의 등사인 《역대법보기》(8세기 후반) 등에도 그 사상에 관해 언급하는 곳이 몇 군데 있다. 이들 자료에 의하면 매년 날짜를 정해 도량을 열고서 출가·재가의 사람들을 많이 모아 염불과 좌선을 동반하는 수계법의 의식을 실행하고, 그에 의해 '무억無憶·무념無念·막망莫妄'으로 인도되도록 지도했음을 알 수 있다. '무억·무념·막망'을 '3구어三句語'라고 부르며 각각 계·정·혜의 3학에 대응시켰다고 한다(다만 그 사상의 중심은 어디까지나 '무념'이었던 듯하다). 이 3구는 무상이 독창적으로 만든 듯하며, 이 부파를 특징짓는 것으로 볼 수 있다. 종밀에 의하면 선습의 일파도 거의 비슷한 의례를 행했던 듯한데, 선습의 계통에서는 그런 의례를 행할 때 향을 사용하는 점이 특징적이었다고 한다.

　한편 이들 사천지방에서 활동한 사람들은 특히 초기에는 염불에 대단히 중요한 의미를 부여했던 것으로 보인다. 자민 삼장 혜일의 제자인 남악 승원도 젊었을 때 처적에게 배웠는데, 그 문하 출신인 법조(法照, 생몰년 미상)는 5회염불五會念佛을 대성시킨 것으로 유명하다. 또한 선습 일파의 경우도 —자세한 내용이 알려져 있지는 않지만— 종밀이 그들을 '남산염불선종'이라고 부르며 염불을 이용한 전법 의례를 언급하고 있는 점으로 볼 때, 염불을 대단히 중시했음에 틀림없다. 다만 염불은 본래 동산법문의 주요한 수행법 가운데 하나였으므로, 그들은 그것을 그대로 답습했다고 볼 수 있을 것이다.

정토교와의 관계도 주목해야 하지만 그 이외에도 사천지방에서 활동했던 사람들은 다각적으로 불교 각파와 관련을 맺고 있었다. 뒤에서 언급하겠지만 화엄과 선을 종합하려고 했던 규봉 종밀이 남인南印 이하의 사람들과 밀접한 관계를 맺으면서 자신의 사상을 형성했던 사실은 대단히 중요하다. 또한 젊은 시절의 마조 도일(馬祖道一, 709~788)이 처적에게 사사했던 것도 기억되어야 할 사실이다.

한편 홍인 문하로 위에 언급한 사람들 이외에 강소江蘇지방의 우두산牛頭山을 근거지로 삼았던 법지法持 일파(우두종)도 대단히 중요한 의미를 지닌다. 하지만 이들에 대해서는 뒤에서 서술하기로 한다.

|반야심경소| 돈황본으로 전하며 '지선찬智詵撰'으로 되어 있지만 내용적으로는 기국사紀國寺 혜정(慧淨, 578~?)의 것과 매우 비슷하므로 그것을 개편하여 지선에게 가탁한 것으로 생각된다. 최종적으로 현재의 형태와 같이 된 것은 지선을 조사로 받드는 사람들, 즉 정중종의 사람들에 의해서였다고 생각되지만, 이 문헌의 성립 과정은 매우 복잡하여 그 이전에 이미 긴 형성사를 가지고 있었던 것으로 보인다. 우선 현재 일본에 전해지고 있는 혜정소(속장본) 자체의 말미에 《수심요론修心要論》의 일부가 연

속하여 서사되어 있는 것으로 미루어 초기 선종의 사람들에게 전래되었던 것 같다. 그리고 이것과 밀접한 관계를 가지면서 내용적인 면에서 약간의 차이를 보이는 것으로 돈황에서 발견된 《돈황본혜정소》《류코쿠龍谷대학본 반야심경소》라고 불리는 책들이 존재하고 있다. 이와 같은 사실은 혜정소가 널리 수용되었음을 보여주는 것이다. 그리고 저자인 혜정이 문학적으로도 유명했던 점을 감안할 때, 이 책의 문체와 내용이 일반인들에게 받아들여질 수 있는 요소가 충분히 있었으리라 생각된다. 이렇게 여러 종류의 이본이 존재한다는 것은 그 자체로 매우 흥미를 끈다. 그러나 이런 이본들이 특히 주목되는 것은 속장본혜정소, 류코쿠대학본, 지선소의 사이에 사상적인 발전이 보이고, 무엇보다도 이 자료들에서 신수=보적계 사람들과 정중종 사람들 사이의 사상적인 영향을 볼 수 있기 때문이다. 즉 혜정소에서 지선소로의 발전은 본래 선종과는 관계가 없는 곳에서 성립되었던 하나의 문헌이, 선종의 사람들에 의해 전래되는 사이에 사상적인 성장을 이룬 실제 사례를 보여주는 것이라고 말할 수 있다.

2. 하택 신회의 등장

1_ 하택 신회

　북종선이 전성기를 맞이한 것은 보적이 왕성하게 활동하던 시대였지만, 바로 그때 선의 역사를 크게 변화시키는 인물이 갑자기 출현한다. 그는 하택 신회(荷澤神會, 684~758)로, 본래 신수 문하에 있다가 조계(曹溪, 광동성) 혜능 문하로 옮겨갔던 인물이다. 혜능이 입적한 이후 그는 남양(南陽, 하남성)의 용흥사龍興寺에 머물며 중원지역에 근거지를 마련하고 적극적인 포교 활동을 펼쳤다. 신회는 신수는 방계에 지나지 않고 자신의 스승인 혜능이야말로 홍인의 참된 후계자라고 주장하여 커다란 반향을 일으켰다.

《남양화상돈교해탈선문직료성 단어》
(프랑스국립도서관 소장 돈황본)

그는 혜능을 정통으로 만들기 위해 '서천(西天=인도)의 계보'라든지 '전의설傳衣說'과 같은 새로운 설을 고안했으며, 그와 동시에 활대(滑臺, 하남성)를 비롯해 각지에서 개최된 종교 토론회(종론宗論)와 《보리달마남종정시비론菩提達摩南宗定是非論》(8세기 중엽) 등의 저작을 통해 그런 설을 억지로 고취했다. 그러나 인간적인 매력이 있었던지 꽤 많은 신봉자들을 불러모았으며, 병부시랑 송정(宋鼎, 생몰년 미상)이 애써준 덕택에 낙양에 진출하여 하택사荷澤寺에 머물렀다.

이와 같은 신회의 활동은 중원지역에서 이미 권위를 확립해두었던 신수=보적계의 사람들을 자극했다. 그 결과 얼마 후 유배를 가는 불행을 당해, 그의 운명은 이로써 끝나는 듯싶었다. 하지만 때마침 발발한 안사의 난(755~763)을 틈타 정치적인 수완을 발휘해서 중앙에 복귀했고, 마침내 혜능을 정통 '6조'로 인정받게 했을 뿐 아니라 스스로도 '7조'로 공인되기에 이르렀다.

|하택 신회의 전기| 양양襄陽 출신으로, 성은 고高씨다. 처음 형주 옥천사의 신수에게 사사했지만, 신수가 궁궐에 초빙되어 간 후 영남지역의 조계 혜능의 문하로 옮겼다. 그후 한때 북방에 유학하여 수계받고, 다시 조계로 되돌아가 혜능에게 사사했다. 스승이 입적한 후인 720년 남양의 용흥사에 머물렀다. 732년 활대 대운사大雲寺의 무차대회에 나아가 공개토론회를 개최하여 신수 일파를 비판하는 등 자신의 주장을 유포시키려 애썼고, 송정 등의 지지자를 얻어 745년 낙양의 하택사에 들어갔다. 그후에도 활대에서의 종론을 소재로 하여 저술한 《보리달마남종정시비론》을 공식적으로 제시하는 등 북종을 격렬하게 비판하는 것을 멈추지 않았다. 그로 인해 751년 노혁盧奕의 참소를 만나 익양(弋陽, 강서성)과 무당(武當,호북성) 등으로 유배되었다. 그러나 755년 일어난 안사의 난 때 수계授戒를 행하는 대가로 많은 돈('향수전香水錢'이라고 불렀다)을 받아서 군비를 조달했던 공로를 인정받아 숙종(肅宗, 756~762 재위)으로부터 입내공양入內供養을 받았으며, 하택사에 선우禪宇가 건립되어 그곳에 머물게 되었다. 758년 75세로 입적했으며 '진종 대사眞宗大師'라는 시호를 받고 '7조'로 공인되었다. 그의 제자들은 후에 신회가 머물렀던 하택사의 이름을 따서 '하택종'이라고 불리게 되었다. 많은 지지자들을 얻었는데, 시인이자 화가로

유명한 왕유(王維, 701?~761)도 그 중의 한 사람이었다. 《보리달마남종정시비론》이외에 《남양화상돈교해탈선문직료성단어南陽和上頓敎解脫禪門直了性壇語》《남양화상문답잡징의南陽和尙問答雜徵義》《돈오무생반야송頓悟無生般若頌》《사자혈맥전師資血脈傳》등의 저작이 있다. 또한 돈황 문서 중에 전해지고 있는 〈남종오갱전南宗五更轉〉 등의 '남종'에 관한 여러 편의 속문학俗文學 작품들도 신회와 관계가 있었던 것으로 보인다. 전기에서 알 수 있는 것처럼 신회는 자기 선전에 대단히 능했던 사람 같은데, 포교에서도 마찬가지로 이런 속문학을 이용했던 것으로 생각되기 때문이다.

┃신회의 신설┃ 하택종의 사람들이 주창한 신설新說은 상당히 다양하다. 그 중에는 신회의 창안인지, 그 제자들의 생각에 의한 것인지 명확하지 않은 것들도 많지만 '서천8조설'과 '전의설', '남돈북점설南頓北漸說' 등은 신회 자신의 주장이라고 볼 수 있다. '남돈북점설'에 대해 '돈오'가 무엇인가 하는 입장의 문제가 관련되기 때문에 쉽게 말하기가 곤란하지만, 나머지는 모두 날조로서 신회의 특이한 성격을 잘 보여주고 있다. 특히 '전의설'은 보리달마의 가사가 역대의 조사들에게 대대로 전해져서 현재는 조계의 혜능에게 있다고 하는 것으로서, 당시 중앙에서 선종의 주도권을 쥐고 있던 북종선에 대해 자신의 정통성을 주장하기 위하여 꾸며낸 이야기라는 것은 분명한 사실이다. 또한 '서천8조설'은 종래 전혀 고려되지 않고 있던 보리달마의 인도에서의 사승의 문제를 처음으로 제기한 것인데, 그 설 사제는 《달마다라선경達摩多羅禪經》의 서문에 기록되어 있는 달마다라(설일체유부說一切有部의 사람으로 보리달마와는 전혀 다른 사람이다)

의 계보를 보리달마의 계보로 바꾸어 이용한 것으로서 대단히 조잡한 것이었다. 하지만 여기에서도 자신의 정통성을 확립하려고 하는 신회의 강한 의지를 엿볼 수 있다(이것을 《부법장인연전付法藏因緣傳》에서 이야기하는 계보와 연결시킨 것이 '서천29조설'인데, 이것도 신회의 최만년에 성립되었을 것이다). 이런 설들은 북종을 공격하기 위해 만들어낸 전혀 근거가 없는 것들이지만, 신회와 하택종 사람들의 활동에 의해 점차 불교계에 받아들여지게 되었다. 그리고 마찬가지로 혜능을 계승했다고 칭하는 홍주종洪州宗과 석두종石頭宗에 의해 계승되면서 점차 '개량'이 덧붙여져 '정설'로 자리잡았고, '사실史實'로 승인되기에 이르렀다. 이런 점에서도 신회가 선종사에서 차지하는 의의는 대단히 중요하다고 할 수 있다.

2 _ 신회의 사상

하택 신회의 '북종선' 비판이 명예욕에 기초한 억지 주장적 요소가 없었다곤 단정지을 수 없지만, 그런 주장의 밑바탕에 신수=보적계 사람들과의 사상적인 입장 차이가 있었던 것은 부정하기 힘들다. 신회는 《보리달마남종정시비론》에서 다음과 같이 말하고 있다.

> 지금 내가 "다르다"고 말하는 것은 신수 선사가 "마음을 집중하여 정定에 들어가고, 마음의 움직임을 그쳐서 청정한 세계를 보라. 마음을 움직여서 외계를 인식하고, 마음을 가다듬어 안을 깨달으라"고 가르치고 있기 때문이다. … 이와 같은 가르침은 어리석은 사람들을 위해 베풀어

진 것이다. … 그러므로 경전에서 "마음에 안도, 바깥도 없는 것이 좌선 [연좌宴坐]"이라고 말하는 것이다. 이렇게 좌선한다면 부처님이 인정해주실 것이다. 지금까지 6대六代의 조사로서 "마음을 집중하여 정定에 들어가고, 마음의 움직임을 그쳐서 청정한 세계를 보라. 마음을 움직여서 외계를 인식하고, 마음을 가다듬어 안을 깨달으라"고 가르치신 분은 한 분도 없었다.

또한 《남양화상돈교해탈선문직료성단어》에는 다음과 같은 주장도 보이고 있다(이것은 분명히 북종의 《대승무생방편문》에 대한 비판이다).

그대들이여! 어떠한 선악도 생각해서는 안 된다. 마음을 집중한다든지, 마음을 그친다든지 해서는 안 된다. 마음에 의해 마음을 보려고 해서도 안 된다. 보는 것에 붙들리는 것은 잘못된 것이며, 시선을 떨어뜨려 내려보는 것도 시선에 붙들린 것으로서 역시 잘못된 것이다. 마음을 가다듬으려 해서는 안 되며, 먼 곳 혹은 가까운 곳을 보려고 해서도 안 된다. 그렇게 하는 것은 모두 잘못된 것이다. 경전에서 말하고 있지 않은가. "보지 않는 것이 보리이다. 생각이 없기 때문에"라고. 이것이야말로 고요한 자성심自性心인 것이다.

아마도 그에게는 여러 가지 수행법에 기초하는 북종 수행이 번거로워 보여 답답했던 게 분명하다. 그런 입장에서 《보리달마남종정시비론》에 보이는 다음과 같은 독자적인 '좌선'에 대한 이해도 생겨났을 것이다.

원遠 법사가 물었다. "숭악의 보적 선사와 동악의 항마장降魔藏 선사 등 두 사람의 위대한 스승들은 모두 좌선을 사람들에게 권했습니다. 그리고 '마음을 집중하여 정定에 들어가고, 마음의 움직임을 그쳐서 청정한 세계를 보라. 마음을 움직여서 외계를 인식하고, 마음을 가다듬어 안을 깨달으라'고 말하면서 그것을 교의敎義로 삼고 있습니다. 당신은 어찌하여 '선禪'을 이야기하면서 '좌선하라'고 말하지 않는 것입니까. 위의 가르침과 같은 교의를 말하지 않으면서 도대체 무엇을 '좌선'이라고 말하는 것입니까?"

화상和尙이 대답했다. "혹 좌선의 방법을 가르치면서 '마음을 집중하여 정定에 들어가고, 마음의 움직임을 그쳐서 청정한 세계를 보라. 마음을 움직여서 외계를 인식하고, 마음을 가다듬어 안을 깨달으라'고 말한다면 보리를 얻는 것을 방해하는 것일 뿐이다. 내가 말하는 '좌선'은 생각을 일으키지 않는 것, 그것이 바로 '좌坐'이며, 본성을 보는 것, 그것이 '선禪'인 것이다. 그러므로 나는 좌선 방법을 설명한다든지 '마음의 움직임을 그쳐서 선정에 들어가라'고 말하든지 하지 않는다. 만일 그 사람들의 말한 바가 옳다고 한다면 사리불이 좌선하고 있는 것을 유마 거사가 꾸짖을 이유가 없지 않았겠는가!"

위의 내용은 실질적으로 좌선 수행의 의의를 부정하는 동시에, 신회 사상의 특징을 가장 선명하게 보여주는 것이라고 말할 수 있다. 그 이전의 선에서는 아무리 '돈오'를 말하더라도 거기에는 늘 좌선 수행이 이를 뒷받침하는 것으로서 요구되었다. 동산법문의 사상을 꽤 충실하게 전하는 《수심요론》에서도, '돈오'를 표방하는 《돈오진종금강반야수행달피안법문요결》에서도 좌선중의 마음에 대한 묘사와 수행을 위한 공부 방법들을 자주 설명하고 있다. 이것은 동산법문과 북종선에 이미 '돈오'라고 하는 사상이 있었다고 해도, 그것이 장기간에 걸친 관법 실천의 결과로서 얻게 되는 궁극적인 경지를 표현한 것임을 보여주는 것이다. 그렇지만 신회는 좌선 수행법의 의의를 적어도 사상적인 면에서는 완전히 부정해 버린 것이다. 그의 저작에는 좌선중의 마음상태에 대한 심리적 묘사는 전혀 보이지 않으며, 또한 수행상의 방법들도 부정하고 있다.

이것은 선정 체험에 몰입하여 여러 경전의 내용을 해석하려고 했던 신수=보적계의 사람들에 대한 일종의 안티테제였다고도 볼 수 있을 것이다. 즉 신회는 보적 일파에게서 보이는 극도의 내면적인 성격을 비판하는 과정에서 '돈오'를 새롭게 강조하면서 마침내는 수행이 갖는 실질적인 의의 자체까지 부정해 버렸던 것이다. 이는 그 이전의 '돈오'설이 심리적인 사실에 기초한 주장이었던 데 대해, 이제 그런 기반을 없애 버리고, 이것을 곧바로 '번뇌가 곧 보리[번뇌즉보리煩惱卽菩提]'라고 하는 인식의 문제로 전환시킨 것이었다고 말할 수 있을 것이다.

기기에서 필연적으로 추구되었던 것이 《남양화상돈교해탈선문직료성단어》의 다음의 문장에 보이는 것과 같은 '지知'의 사상이다.

이제 생각컨대, 집착이 없는 곳에 '지'가 있는 것은 아닐까 한다. 그렇지 않을까. … 집착이 없는 마음은 '지'와 다른 것이 아니며, 지도 집착이 없는 것과 다른 것이 아니다. 마음에 집착이 없게 되면 지만 있으며, 다른 인식은 생겨나지 않는다. … 이제 생각컨대, 집착이 없는 곳에 '지'가 있는 것이고, 마음이 공적한 것을 인식하는 것이야말로 그 (지의) 작용인 것이다. 《법화경》에서 말하기를 "여래의 지견知見과 마찬가지로 넓고 깊다"고 했다. 마음에는 끝이 없으며, 부처와 마찬가지로 광대하고 심원하니 둘 사이에는 어떠한 점도 차이가 없는 것이다.

'지知'는 통상의 인식 활동인 '식識'이나 깨달은 상태의 인식이지만, 움직임이 없는 '지智'하고는 구별되는 것으로 현실 생활 가운데서 작용하는 '깨달은' 인식 활동을 말한다. 이런 사상은 하택종에서 특히 강조되었기 때문에 후대에는 하택종을 특징짓는 것으로 간주되기도 했다. 이와 같은 사상이 강조된 것은 좌선이라고 하는 수행법과 그에 의해 얻어지는 선 체험의 의의를 인정하지 않게 된 이상, '미혹'으로부터 '깨달음'을 구별하기 위해 이런 것의 존재를 설정하지 않으면 안 되었기 때문이다. 즉 신회는 신수=보적계의 사람들에게 보이던 내면화의 경향을 부정함으로써 외계를 향하고, 사회 생활의 한가운데로 스스로를 던져넣었던 것이다. 바로 여기에서 전혀 새로운 선 사상의 표현 형태인 '어록語錄'이 그에 의해 처음으로 완성되게 된 이유를 찾을 수 있지 않을까 한다. 실제로 '신회어록神會語錄'이라고 불리기도 했던 《남양화상문답잡징의》야말로 후대 어록의 직접적인 원형이 되었다.

3_신회 이후의 하택종

신회의 활동은 그후에도 제자들에 의해 계승되었고, 혜능의 출가 설화에 의거해 《예발탑기瘞髮塔記》가 위찬僞撰되고, 《육조단경》과 혜능 전기의 개편이 행해지는 등 오늘날 일반적으로 알려져 있는 것과 같은 6조 혜능 모습의 원형이 생겨났다. 그리고 이와 함께 남방의 조계에서 돈오를 가르쳤던 혜능이야말로 선 사상의 핵심을 전한 정통파이고, 북방의 낙양과 장안에서 활동한 신수는 점오에 머물렀으므로 홍인의 참된 제자라고는 말할 수 없다고 하는 '남돈북점'이라는 후대의 '정설'이 형성되었다(한편 보리달마의 계보에 관해 '서천29조설'을 개량하여 '서천28조설'을 주창한 것도 그들에 의해서였다. 오늘날까지 정설로 여겨지고 있는 '서천28조설'이 처음 나타난 것은 《보림전》(801년)인데, 홍주종의 사람들이 다시 이것을 다듬었다).

그들에 의해 혜능 전기의 원형이 만들어졌다는 사실은 후대에 적지 않은 영향을 남겼다. 즉 그들에게는 《금강경》을 절대시하는 특징적인 설이 있었는데(아마도 이는 신회의 '지知' 사상의 변형일 것이다), 그것이 혜능 전기의 요소로 편입되어 후대에까지 계승되었던 것이다. 달마에서부터 혜능에 이르기까지 역대의 조사들이 《금강경》을 전수해 왔다고 하는 설과, 《금강경》을 독송하는 것을 들은 것이 계기가 되어 혜능이 홍인의 문하로 들어갔다고 하는 설 등이 바로 그런 사실을 말해준다. 또한 오늘날 혜능의 저작으로 전해지고 있는 《금강경해의金剛經解義》도 그와 같은 교설의 연장선에서 하택종의 사람들에 의해 만들어진 것으로 생각되고 있다.

《금강경》을 전수했다고 하는 이런 설과 비슷한 것으로 혜능이 제자들에게 《육조단경》을 전해주었다고 하는 설이 있다. 이것은 《육조단경》 속에 언급되어 있으며, 실제 돈황본 등에는 말미에 《육조단경》을 전수한 사람들의 계보가 적혀 있다. 때문에 이런 내용을 근거로 《육조단경》이 제자들에게 전수되었다고 하는 견해도 넓게 퍼져 있다. 그러나 아마도 이런 내용은 가탁된 것으로서 《육조단경》을 크게 개편하여 자신들의 사상을 집어넣은 하택종의 사람들이 이 책의 가치를 높이려고 그렇게 주장했을 것이다.

이런 설들은 달마가 혜가에게 《능가경》을 전해주었다고 하는 《속고승전》의 설을 이어받은 것으로 생각되는데, 이런 설이 출현할 수밖에 없었던 배경에는 신회 이후 하택종의 운명과 관계된 상황이 있었던 것으로 추측된다. 즉 신회의 제자들로는 정주 진평(淨住晉平, 699~779), 형주 혜각(荊州惠覺, 708~799), 태원 광요(太原光瑤, 716~807), 낙양 무명(洛陽無名, 722~793), 자주 지여(磁州智如: 법여法如, 723~811) 등의 이름이 알려져 있지만 신회의 후계자라고 말할 만한 인물은 끝내 나오지 못했다.

지금까지 살펴본 하택종의 활동이 신회의 제자들 중 어느 계통에 의해 이루어졌는지는 명확하지 않다. 그러나 어찌되었든 신회 입적 이후 이 일파의 중심이 될 만한 인물이 없었기 때문에 하택종의 사람들은 《금강경》과 《육조단경》의 전수설을 만들어내지 않으면 자신들의 존재 가치를 유지할 수 없게 되는 상황에 처했던 것으로 사료된다.

│육조단경│ 종래 '남종선'의 시조인 육조 혜능의 언행을 기록한 책으로 경전에 버금가는 것으로 여겨졌으며, 중국, 한국, 일본 등에서 여러 차례에 걸쳐 간행되었다. 근대에 들어와 돈황본을 비롯한 여러 판본이 발견되어 그 성립에 관해 중대한 의문들이 생겨났지만 아직 결론을 보지 못하고 있는 문제의 책이다. 《육조단경》의 원형에 대해서는 여러 가지 견해가 제시되고 있지만, 이 책 자체에서 이야기하는 것처럼 자사刺史 위거韋璩의 청에 응해 혜능이 소주(韶州, 광동성)의 대범사大梵寺에서 수계授戒를 거행할 때 행한 설법을 기록한 것이라고 봐야 좋을 것이다. 이에 기초하여 그 후 혜능의 현창에 힘썼던 하택 신회의 가르침이 제자들에 의해 덧붙여져 돈황본이 성립되었고, 다시 후대에 선종의 주류를 차지하게 된 홍주종 사람들의 설이 덧붙여져 오늘날 전하는 《육조단경》이 성립되었다고 생각된다. 이렇게 선종의 전개를 반영하면서 성장해 온 《육조단경》은 성립 시기를 달리하는 여러 층의 내용이 중복되어 있고, 그 내용과 구성에서도 많은 문제점을 내포하고 있다. 그러나 그런 형성 과정 자체가 선종의 전개를 그대로 보여주고 있다는 점에서 사료적 가치가 높다. 또한 이 책에 의해 혜능의 정통성과 전통적인 혜능상이 확립되었다고 하는 점에서 역사적 의의는 대단히 높다고 할 수 있다.

3. 하택 신회의 영향

1_우두종의 형성

하택 신회의 성공은 선종 각파에 커다란 영향을 주었다. 먼저 우두종의 형성을 들 수 있다. 우두종은 홍인 문하의 법지(法持, 635~702)를 시조로 하여 중원지역에서 멀리 떨어진 강녕(江寧, 금릉金陵)의 우두산(牛頭山, 강소성)을 중심으로 성립되었으며, 다음과 같은 계보로 법이 계승되었다.

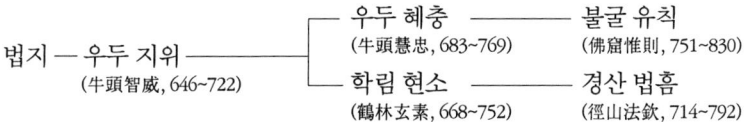

특히 하택 신회와 동시대를 살았던 우두 혜충과 학림 현소 때 전성기를 맞아 북종과 남종(하택종)에 대항하는 세력을 이루었던 듯 하다. 그 때문에 자기 일파에 권위를 부여하기 위해 법지 앞에 새롭게 다음과 같은 계보를 만들어 연결시켰다.

4조 도신 ─── 법융 ─── 지엄 ─── 혜방
(四祖道信)　　(法融, 594~657)　(智巖, 577~654)　(慧方, 629~695)

이 계보에 따르면 법융을 '우두종 초조初祖'로 설정하고, 그 아래로 지엄을 제2조, 혜방을 제3조, 법지를 제4조, 지위를 제5조로 하고 나서 혜충을 '제6조'로 위치지었다.

그들이 이와 같은 계보를 필요로 했던 것은 북종과 남종이 5조 홍인 문하의 대립이었던 데 대해, 자신들의 기원을 그 이전의 4조 도신에게서 찾음으로써 남북 양파에 대한 자신들의 우월성을 주장하기 위해서였을 것이다. 특히 이 계보에서 우두 혜충을 '제6조'로 삼은 것도 중원지역에서 남북 양종이 '6조'가 누구인지를 둘러싸고 다투고 있던 상황을 염두에 둔 것으로 보이며, 이 계보가 만들어진 시기를 암시하고 있다. 이런 점들로 볼 때 우두종은 하택 신회의 자극을 받으면서 북종도 남종도 아닌 자신들의 정체성을 확립하게 되었다고 생각된다.

│우두종 계보의 허구성│ 홍인-법지의 관계는 사실이라고 여겨지지만, 법융에서 법지에 이르는 계보는 모두 후대에 만들어진 허구이다. 우선 도신과 법융이 관계를 가졌다는 내용은 두 사람의 가장 오래된 전기인 《속고승전》(7세기 중엽)에 기록되어 있지 않으므로 사실로 받아들이기가 어렵다. 법융과 혜방은 실제로 우두산에 머물렀던 것 같지만, 지엄의 경우는 그의 전기를 싣고 있는 《속고승전》에 그런 내용이 없으므로 사실로 보기 힘들다. 더욱이 지엄이 입적한 해(654년)는 법융의 입적(657년)보다 빠르므로 (《속고승전》의 내용에 의함. 이것이 불합리하여 《경덕전등록》 등에서는 지엄의 입적한 해를 677년으로 수정하고 있다) 지엄을 계보에 덧붙이는 데는 대단히 문제가 많다. 그럼에도 불구하고 그렇게 했던 것은 북종의 등사인 《전법보기》(720년경)에 승찬과 보월(寶月, 생몰년 미상)의 교류를 언급하면서 보월이 지엄의 스승에 해당한다고 말하고 있는 것과 관계가 깊다고 생각된다. 지엄

을 덧붙이면 권위를 높이는 데 도움이 될 것으로 생각했을 것이다. 또한 지엄에서 혜방으로의 계승도 믿기 어렵다. 한편 《송고승전宋高僧傳》(988년)에 의하면 법지는 홍인에게 사사한 후에 다시 혜방에게 사사했다고 하므로, 혜방과 법지의 사제 관계는 사실이었다고 생각되지만, 이런 기록도 우두종의 설을 받아들였을 가능성이 있어 그대로 신뢰할 수 있는 것은 아니다.

이들의 사상에 대해서는 자세히 알려져 있지 않지만, 우두종의 강요서로 여겨지는 《절관론絶觀論》(8세기 후반)과 규봉 종밀의 《원각경대소초》(822년경) 《선원제전집도서禪源諸詮集都序》(9세기 전반) 등의 기록에 의하면 같은 지역에서 발전했던 삼론종의 영향을 받아, 공관空觀의 입장을 취하면서도 동시에 여래장 사상을 근간에 두고 있었던 것으로 보인다.

여래장 사상은 선에서도 핵심적인 부분이지만, 적어도 동산법문의 계통에서는 유정(有情: 동물) 이외에는 '불성佛性'을 인정하지 않는 인도 이래의 입장을 지키고 있었다. 그런데 이 우두종에서는 무정(無情. 산천초목 등)에도 그것을 인정해서 '무정유불성無情有佛性'을 주장했다. 이 문제를 둘러싸고 하택종과 우두종 사이에 격렬한 논란이 있었던 것으로 보이며, 《절관론》과 《남양화상문답잡징의》 등에 그런 흔적이 남아 있다. 무정유불성설은 그 이전에 삼론종 등에서도 제창되었던 것이므로, 이런 점에서도 우두종의 입장은 삼론종을 계승한 것이라고 말할 수 있을 것이다. 이 주장은 분명히 불교의 전통으로부터의 일탈이었고, 오히려 노장 사상의 '만물제동萬物齊同'설의 계보에 연결된다고 말할 수 있다.

| 절관론 |　사이쵸[最澄, 767~822]가 중국에서 가져온 서적들의 목록[장래목록將來目錄]을 통해 사이쵸가 일본에 이 책을 가지고 왔던 사실이 옛날부터 알려져 있었지만, 그 내용은 돈황본에 의해 처음으로 알려지게 되었다. 돈황본에는 여러 종류의 사본이 알려져 있으며, 사본에 따라서 분량에 차이가 있어 그 발전 과정을 추적하는 것이 가능하다. 그 내용은 '입리선생入理先生'과 '제자연문弟子緣門'이라고 하는 두 사람의 가공 인물을 세우고 그들의 문답에 의해 독자를 '절관絶觀'의 경지로 이끌어가는 특이한 구성을 취하고 있다. 우두종의 특징적 사상으로서 하택종과 대립점을 이루었던 무정유불성설을 살펴볼 수 있는 귀중한 저작이다. 옛날부터 '우두법융찬牛頭法融撰'으로 전해져 왔지만 법융 자신의 저작이 아니다. 법융이 우두종의 조사로 모셔진 이후에 그의 이름을 붙여서 출현한 우두종의 강요서로 봐야 할 것이다. 다만 우두종이 쇠퇴한 후에는 달마에게 가탁되었던 듯하며, 현재 전해지는 사본 중에도 '달마찬達摩撰'으로 되어 있는 것이 여러 종 존재하고 있다. 한편 이 책과 마찬가지로 돈황본으로 전해지고 있는 《무심론無心論》도 내용적으로 공통되는 점이 많기 때문에 우두종의 저작으로 여겨지고 있다.

2 _ 보당종의 형성과 정중종의 하택화

우두종과 함께 신회의 영향을 받은 것으로 주목해야 할 것은 보당사保唐寺 무주(無住, 714~774)를 중심으로 하는 보당종의 활동이다. 그들의 저작으로는 돈황본 《역대법보기》(8세기 후반)만이 전해지고 있지만, 그들의 사상과 활동은 종밀의 《원각경대소초》 등에도 언급되어 있다. 또한 신청神淸의 《북산록北山錄》에서 빈번히 '이설異說'로 비판되는 것도 보당종의 설이라고 여겨지고 있다. 따라서 무주와 그 제자들의 시대에는 상당한 주목을 끌고 있었음을 엿볼 수 있다.

《역대법보기》 등에 의하면 무주는 봉상鳳翔 출신으로 속성은 이李씨다. 처음에 혜안의 제자인 진초장에게서 돈교를 배웠고, 이어서 혜능의 제자인 태원 자재에게 사사하고 그 밑에서 출가했다. 오대산과 장안 등에도 머물렀지만 이후 무상의 행적을 듣고서 찬앙하게 되어 마침내 정중사로 가서 만나본 후에 그의 후계자가 되었다고 한다. 그러나 이와 같은 《역대법보기》의 기록에도 무상과 무주가 만난 것은 단지 한 번뿐이다. 그것도 무상이 승려와 일반 신도들을 모아 전법의식을 대대적으로 거행할 때 무주가 참가자의 한 사람으로서 참여했다고 하는 이야기가 전부이다. 사천지역에 들어간 무주의 입장에서 보면 그곳에서 달마 계통의 습선자로서 성공하기 위해서는 어떻게 하든지 정중종의 권위를 빌리는 길밖에 없지 않았을까 싶다. 무주는 무상의 '3구어三句語'를 그대로 계승했던 듯한데 그것도 자신이 직접 체험했던 정중종의 포교 방법을 교세의 확대를 위해 채용했을 것으로 보인다.

그러나 신청이 격렬하게 비판하고 있는 것에서 알 수 있듯이 무주의 사상이 정중종계의 사상과 일치하는 것은 아니었다. 그의 수학 과정이 암시하는 것처럼 그의 사상은 오히려 혜능계의 것이었다. 《역대법보기》에는 활대의 종론을 비롯하여 하택 신회에 대해 언급하는 것이 많고, 또한 무주를 정통화하기 위해 하택 신회에 의해 만들어진 전의설을 이용하는 등 하택 신회의 영향을 강하게 받았음을 분명하게 보여주고 있다. '무념無念'을 중시하는 그들의 사상에도 하택종과의 공통점이 보이는데, 특히 주목되는 것은 (종밀이 전하는 바에 의하면) 그들이 거의 모든 불사佛事와 수행을 행하지 않았다고 하는 점이다. 이는 하택종에서 '돈오'를 '번뇌가 곧 보리'라고 하는 인식의 문제로 환원시켜 좌선 등과 같은 실천이 차지하는 위치를 사상적으로 무효화시켜 버린 흐름을 이어서 그것을 더욱 철저히하는 동시에 그대로 실천으로 옮긴 것이라고 말할 수 있다.

즉 보당종은 사천지역에서 명성을 얻고 있던 정중종과 중원지역에서 새롭게 주류의 지위를 얻어가고 있던 하택종, 두 종파의 영향하에서 무주라고 하는 강렬한 개성을 지닌 인물이 만들어낸 것이었다. 그러나 무주 이후의 보당종의 동향에 대해서는 잘 알려져 있지 않다. 《역대법보기》에는 몇몇의 제자 이름을 전하고 있지만 그들의 활동에 대해서는 전혀 알려진 바가 없다.

하택 신회의 영향은 같은 사천지역에서 전개되고 있던 정중종에도 미쳤다. 즉 정중종 중에서도 가장 늦게까지 활동한 것으로 알려진 익주 남인益州南印의 계통에서는 새롭게 다음과 같은 계보를 주장했다.

하택 신회 ──── 자주 지여 ──── 익주 남인 ──┬── 수주 도원
(荷澤神會, 684~758)　(磁州智如, 723~811)　(益州南印, ?~821?)　│　(遂州道圓, 9세기 전반)
　　　　　　　　　　　　　　　　　　　　　　　　　└── 동경 신조
　　　　　　　　　　　　　　　　　　　　　　　　　　　(東京神照, 776~838)

이렇게 하여 자신들의 계통을 정중종에서 하택종으로 바꿔놓았다. 그리고 이런 허구의 계보에 기초해서 신조의 묘탑이 낙양 용문사龍門寺에 있는 하택 신회의 옛 묘탑 곁에 건립되었다. 그들이 이런 행위를 한 것은 하택종과 그 종파에 이어지는 홍주종(마조 도일의 일파)의 융성에 호응하여, 그에 귀부하는 형태로 자신들의 권위를 확립하려고 한 의도 때문이라고 생각된다. 한편 이후 이 계통으로부터 규봉 종밀이 등장하여 독자적인 교선일치教禪一致 사상을 고취하면서 우두종과 홍주종을 비판한 것은 대단히 주목되는 일이다.

3 _ 신회 이후 북종선의 동향

신회가 일으킨 파란은 후대에까지 커다란 영향을 남겼다. 그러나 그에 의해 북종선이 하루 아침에 붕괴돼 버린 것은 아니었다. 독고급(獨孤及, ?~777)이 지은 승찬의 비문인 《수고경지선사비명병서隋故鏡智禪師碑銘并序》 등에 의하면 보적의 후계자가 된 굉정(宏正: 홍정弘正, 생몰년 미상)에게는 대단히 많은 제자들이 있었다고 한다. 왜냐하면 보적의 제자로는 그외에도 동광(同光, 700~770), 법완(法玩,

103

715~790), 도선(道璿, 생몰년 미상), 지공(志空, 생몰년 미상) 등 다수의 제자가 있었다고 알려져 있기 때문이다. 그 중에서도 도선이 일본에, 지공의 제자 신행(神行, 704~779)이 한국에 북종선을 전한 것은 주목할 일이다. 또한 신수의 제자인 항마장(降魔藏, 생몰년 미상)과 대복(大福, 655~743)에게 사사했던 마하연摩訶衍 선사(대승화상大乘和尙, 8세기 후반)가 8세기말에 돈황에서 티벳으로 들어가 북종선을 크게 펼치다가 이에 반발하는 인도의 학승들과 '티벳의 종론宗論'(삼예의 종론)이라고 불리는 종교 논쟁을 했던 것도 특필하지 않을 수 없다.

신회 이후에는 북종선의 입장에서도 그에 대해 어떤 형태로든 대응을 하지 않을 수 없었다고 생각되는데, 현재 돈황본으로 전해지고 있는 《대승개심견성돈오진종론大乘開心見性頓悟眞宗論》의 존재가 그런 입장을 보이는 것 같기도 하다. 이 문헌은 혜안과 하택 신회에게 배우고 '대조大照'라는 법명을 얻었던 거사 혜광慧光이 찬술했다고 하는데, 그 내용은 후막 진염의 《돈오진종금강반야수행달피안법문요결頓悟眞宗金剛般若修行達彼岸法門要決》을 다시 손질한 것에 지나지 않는 것으로서 저자에 관한 내용은 전적으로 가탁된 것이다. 그러나 일부러 혜안과 신회를 연결시킨 점에서 남북 양종의 조정을 필요로 했던 당시의 시대적 분위기를 전해주고 있다.

│티벳의 종론│ 중국과 인도의 2대 문화권의 중간에 위치하고 있는 티벳은 예로부터 쌍방의 문화를 받아들였는데 불교에 대해서도 사정은 마찬가지였다. 이런 상황을 배경으로 하여 티손디첸 왕(754~796 재위) 때 중국

계 불교와 인도계 불교 사이에 벌여진 논쟁이 '티벳의 종론'으로 그 경위는 대략 다음과 같다. 787년 돈황을 공략했던 티벳에 끌려온 마하연 선사는 792년 티벳에서의 포교를 칙명에 의해 허락받았다. 마하연의 주장이 널리 받아들여져서 승통인 케쿠 린포체(보진寶眞) 등의 제자를 얻었고, 또 황후와 대신의 부인 등도 신봉자가 되어 출가하기까지 했다. 이에 대해 이전부터 포교를 하고 있던 인도의 승려들이 반발했기 때문에 마하연은 스스로 토론회를 개최해달라고 황제에게 신청했다. 몇 차례에 걸쳐 진행된 논쟁은 마하연의 승리로 돌아갔지만 인도의 승려들은 이를 받아들이지 않았다. 그들은 대신과 결탁해 마하연의 가르침을 금지시키려고 획책하여 참소를 하기까지 했다. 이에 대해 마하연의 제자들이 항의 행동을 벌이게 되어 794년 마하연의 포교를 인정하는 것이 칙명으로 확인되었다. 그후 열세에 처한 인도 승려들은 인도의 카마라실라(8세기 후반)을 초빙하여 카마라실라와 마하연의 사이에 다시 논쟁이 반복되었다. 정치적 요인 등으로 카마라실라측이 승리하자 마하연은 797년경 돈황으로 돌아갔다고 한다(다만 카마라실라와 마하연의 대론에 대해서는 오늘날 그 사실을 의심하는 설도 매우 힘을 얻고 있다. 그런 설에 따른다면 마하연이 쫓겨난 이후에 인도 불교에 의해 티벳 불교의 기초를 쌓기 위해 카마라실라가 초빙된 것을 후대의 사서에서 카마라실라와 마하연 사이에 대론이 행해지고 마하연이 패했다고 하는 식으로 윤색한 것이라고 이해될 수 있다). 이 종론에 대한 언급은 《부톤 불교사》(1322년) 등의 티벳 역사서에서도 보이지만 근본자료가 되는 것은 한문자료인 《돈오대승정리결頓悟大乘正理決》(794년, 돈황 문서)이다. 이것은 왕석王錫이라고 하는 인물이 마하연의 명령에 따라 논쟁 당시의 1차자료(한문)를 편집한 것으로, 논쟁의 전반부, 즉 일단 마하연의 승리로 끝난 794년의 시점에 성립되었다. 이 문헌은 티벳의 종론의 실제 모습을 아는 데 있어서뿐만 아니라 8세기 후반 북종선의 사상을 살피는 데 있어서도 대단히 귀중한 자료가 되고 있다.

4 _ 북종 · 남종 · 우두종의 정립

지금까지 살펴본 것처럼 8세기 중반에서 9세기초에 걸친 시기는 북종, 남종(하택종), 우두종, 정중종, 보당종 등 다양한 주장을 가진 초기 선종의 각파가 각지에 병립하는 시기로, 선에 대한 일반인들의 인지도를 높이는 데 있어 대단히 중요한 시기였다고 할 수 있다. 이와 같은 선의 확대가 가져온 영향은 당연히 다른 종파에도 미치게 되었다.

예를 들면 이 시기에 가장 대표적인 불교계 인물로 형계 담연(荊溪湛然: 천태종 제6조, 711~782)과 청량 징관(淸涼澄觀: 화엄종 제4조, 738~839)을 들 수 있는데, 두 사람의 교류는 중국 불교에서도 하나의 에피소드로서 상당히 유명하다. 문호로서 이름이 높았던 이화(李華, ?~766?)는 담연의 스승인 좌계 현랑(左溪玄朗: 천태종 제5조, 673~754)의 비문인 〈좌계대사비〉를 지었는데, 당시 유행하고 있던 선의 계보를 언급하면서 북종의 굉정, 남종의 혜능, 우두종의 법흠 등에 대해 말하고 있다(이화는 담연뿐 아니라 법흠에게서도 사사했고, 그의 비문을 지었다). 또한 징관 자신도 혜운(慧雲: 생몰년 미상)에게서는 북종선을, 낙양 무명에게서는 하택선을, 우두 혜충과 경산 법흠에게서는 우두선을 배웠다. 당시 선종의 각파가 어떻게 사람들의 주목을 끌고 있었는지를 알 수 있다.

이런 사실로부터 알 수 있는 것은 이 시대에 '선종'을 대표한 것은 북종, 남종(하택종), 우두종 등의 세 파였다고 하는 것이다. 그러나 이런 형세는 8세기 중엽에 마조 도일(馬祖道一, 709~788)과 석두 희천(石頭希遷, 700~790)이 등장하면서 순식간에 커다란 전환을 맞게 되었다.

│청량 징관과 그의 선종관│ 징관은 월주越州 산음(山陰, 절강성) 출신으로 속성은 하후夏候씨다. 11세에 출가하여 율, 삼론, 기신, 열반, 화엄, 천태, 선의 각파 등 당시의 다양한 불교 사상을 공부했다. 특히 화엄은 혜원(慧苑, 생몰년 미상)의 제자인 법선(法詵, 생몰년 미상)에게 배웠는데, 징관은 혜원에 대해 법장(法藏, 643~712)의 뜻을 계승하지 않았다고 신랄하게 비판했다. 《화엄경소華嚴經疏》(787년)와 그에 대한 복주復註인 《수소연의초隨疏演義鈔》를 비롯하여 《삼성원융관三聖圓融觀》과 《법계관현경法界觀玄鏡》 등 다수의 저작이 있다. 선과 화엄의 통합을 도모한 규봉 종밀은 그의 제자이다. 징관은 《수소연의초》에서 선종의 사람들이 교학을 버리고 관법만을 행하는 것을 비판하고 양자의 필요성을 강조하면서 남북 양종의 선과 천태교학도 자신의 교학 속에 포함된다고 말했다. 그리고 나아가 '지관止觀'의 '지止'를 북종선에, '관觀'을 남종선에 대응시키고, 지와 관을 동시에 행하는 것에서 남북 양종의 종합을 기도했다. 교학의 방기가 선종의 특징인 것은 틀림없지만 '정혜를 같이 닦는 것[정혜등定慧等]'은 하택종 등에서도 강조된 것으로서 '지관'에 관한 징관의 논의는 아전인수의 감이

없지 않다. 다만 선종 사상을 교학에 통합하려고 한 의도 자체는 대단히 새로운 것으로서 종밀에게 큰 영향을 미쳤다.

[참고 문헌]

石井修道 〈眞福寺文庫所藏《六祖壇經》の紹介―惠昕本《六祖壇經》の祖本との關連〉(《駒澤大學佛教學部論集》10, 1979)

伊吹　敦 〈《大乘五方便》の諸本について―文獻の變遷に見る北宗思想の展開〉(《南都佛教》65, 1991)

伊吹　敦 〈北宗禪の新資料―金剛藏菩薩註について〉(《禪文化研究所紀要》17, 1991)

伊吹　敦 〈《頓悟眞宗金剛般若修行達彼岸法門要決》と荷澤神會〉(三崎良周編《日本・中國 佛教思想とその展開》, 山喜房佛書林, 1992)

伊吹　敦 〈般若心經慧淨疏の改變にみる北宗思想の展開〉(《佛教學》32, 1992)

伊吹　敦 〈「南宗禪」の誕生〉(シリーズ東アジア佛教 3, 《新佛教の興隆―東アジアの佛教思想 II》, 春秋社, 1997)

伊吹　敦 〈《金剛經解義》の成立をめぐって〉(《印度學佛教學研究》45-1, 1997)

伊吹　敦 〈初期禪宗文獻に見る禪觀の實踐〉(《禪文化研究所紀要》24, 1998)

伊吹　敦 〈初期禪宗における《金剛經》〉(阿部慈園編《金剛般若經の思想的研究》, 春秋社, 1999)

伊吹　敦 〈慧能に歸される數種の《金剛經》の注釋書について〉(阿部慈園編《金剛般若經の思想的研究》, 春秋社, 1999)

伊吹　敦 〈禪宗の登場と社會的反響―《淨土慈悲集》に見る北宗禪の活動とその反響〉(《東洋學論叢》25, 2000)

伊吹　敦 〈北宗禪系の《法句經疏》について〉(《東洋學研究》39, 2002)

伊吹　敦 〈《念佛鏡》に見る禪の影響〉(《印度學佛教學研究》51-1, 2002)

伊吹　敦 〈《念佛鏡》に見る八世紀後半の禪の動向〉(《東洋學論叢》28, 2003)

印順/伊吹敦譯《中國禪宗史―禪思想の誕生》(山喜房佛書林, 1997)

宇井伯壽《禪宗史研究》(印度哲學研究 9, 岩波書店, 1935)

宇井伯壽《第二 禪宗史研究》(印度哲學研究 10, 岩波書店, 1935)

上山大峻 〈チベット譯《頓悟眞宗要決》の研究〉(《禪文化研究所紀要》8, 1976)

上山大峻《敦煌佛教の研究》(法藏館, 1990)

鎌田茂雄 〈中國思想にあらわれた無情佛性思想〉(《宗學研究》4, 1962)

鎌田茂雄 〈澄觀における禪思想の形成〉(《中國華嚴思想史の研究》, 東京大學出版會, 1965)

鎌田茂雄 〈三論宗・牛頭宗・道敎を結ぶ思想的系譜―草木成佛を手がかりとして〉(《駒澤大學佛敎學部研究紀要》26, 1968)

木村隆德 〈敦煌チベット語禪文獻目錄初稿〉(《東京大學文學部文化交流研究施設紀要》4, 1980)

木村隆德〈サムイェーの宗論―中國禪とインド佛教の對決〉(シリーズ東アジア佛
　　　教 5《東アジア社會と佛教文化》, 春秋社, 1996)
駒澤大學禪宗史研究會《慧能研究》(大修館書店, 1978)
篠原壽雄・田中良昭《敦煌佛典と禪》(講座敦煌 8, 大東出版社, 1980)
鈴木大拙《禪思想史研究 第二―達摩から慧能に至る》(鈴木大拙全集 2, 岩波書店,
　　　1968)
鈴木大拙《禪思想史研究 第三》(鈴木大拙全集 3, 岩波書店, 1968)
關口眞大〈玉泉天台について〉(《天台學報》創刊號, 1960)
關口眞大〈禪宗と天台宗との交涉〉(《大正大學研究紀要》44, 1959)
關口眞大《禪宗思想史》(山喜房佛書林, 1964)
竹內弘道〈新出の荷澤神會塔銘について〉(《宗學研究》27, 1985)
田中良昭《敦煌禪宗文獻の研究》(大東出版社, 1983)
田中良昭・沖本克己《敦煌 II》(大乘佛典 中國・日本篇 11, 中央公論社, 1989)
常盤義伸・柳田聖山《絕觀論》(禪文化研究所, 1973)
中川　孝《六祖壇經》(禪の語錄 4, 筑摩書房, 1976)
柳田聖山《初期禪宗史書の研究》(柳田聖山集 6, 法藏館, 2000, 1967 初版)
柳田聖山《初期の禪史 I―楞伽師資記・傳法寶記》(禪の語錄 2, 筑摩書房, 1971)
柳田聖山《初期の禪史 II―歷代法寶記》(禪の語錄 3, 筑摩書房, 1976)
柳田聖山〈語錄の歷史―禪文獻の成立史的研究〉(《東方學報》57, 1985)
柳田聖山〈神會の肯像〉(《禪文化研究所紀要》15, 1988)
柳田聖山《禪佛敎の硏究》(柳田聖山集 1, 法藏館, 1999)
山口瑞鳳〈チベット佛敎と新羅の金和尙〉(《新羅佛敎硏究》, 山喜房佛書林, 1973)
山口瑞鳳《チベット(上・下)》(東京大學出版會, 1988)
山崎　宏〈荊州玉泉寺神秀禪師〉(《隋唐佛敎史の硏究》, 法藏館, 1967)
山崎　宏〈荷澤神會禪師〉(《隋唐佛敎史の硏究》, 法藏館, 1967)
吉津宜英《華嚴禪の思想史的硏究》(大東出版社, 1985)

[선의 계보 2]

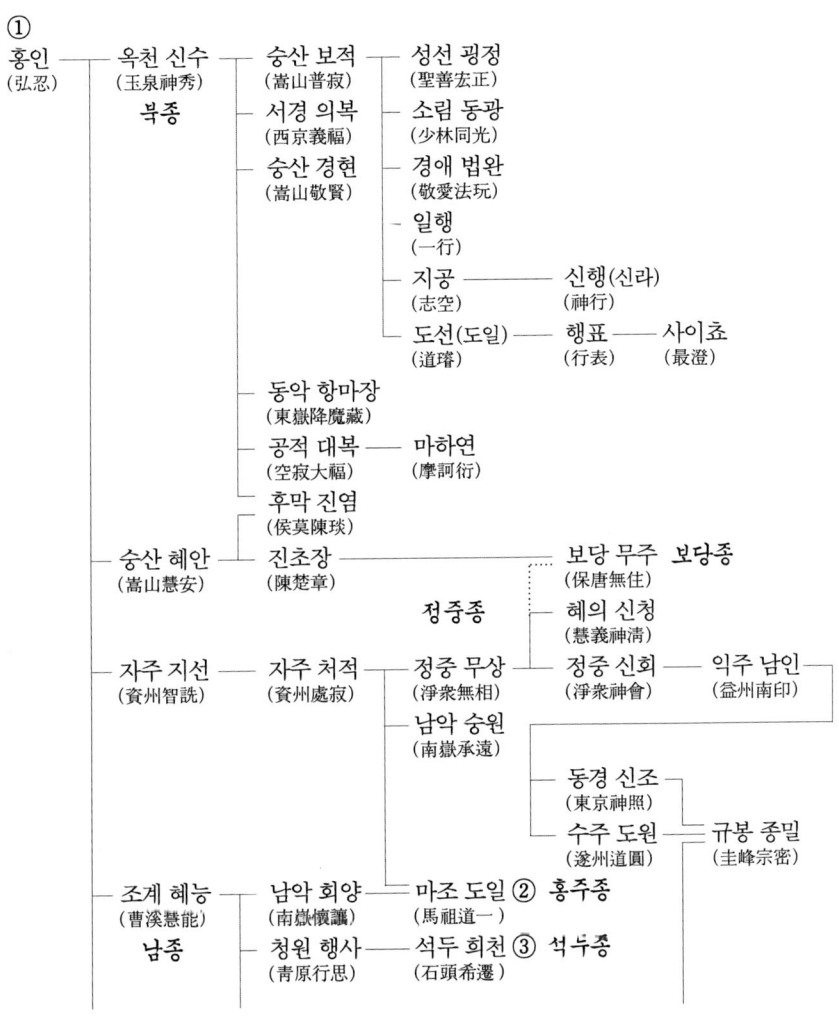

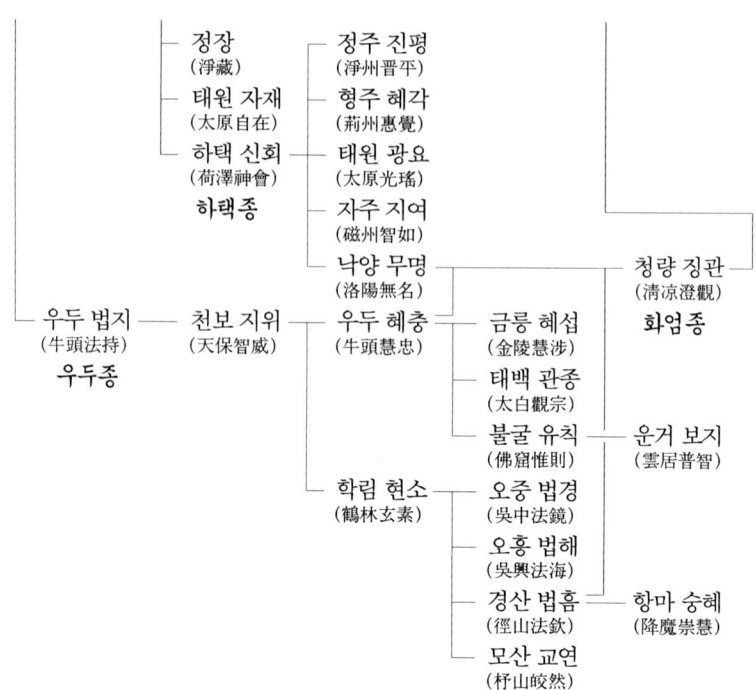

[선 관계 지도 2]

제3장 선 사상의 완성과 백가쟁명

마조선의 융성

1. 마조 도일의 등장과 선종 각파의 도태

1_ 북종과 하택종의 상황

8세기 후반의 선종은 신회의 활동을 계기로 하여 북종, 남종(하택종), 우두종의 세 파가 정립되어 있는 양상을 보여주고 있었는데, 이 가운데서 북종과 하택종의 두 파는 이후 점차 쇠퇴해 갔다.

북종선에서는 신회의 비판으로 그들의 권위가 손상된 것이 대단히 큰 타격이었고, 거기에 덧붙여 사회 변동이 그들의 상황을 더욱 어렵게 했다. 그들의 사상은 '돈오'를 주장하면서도 정적이고 신비주의적인 경향이 강했다. 따라서 당초에는 상층계급에게 널리 받아들여질 수 있었지만 안사의 난 이후의 혼란 속에 지지층이 몰락해 점차 세력을 잃게 되었다.

이런 북종을 대체했던 것이 하택종이었다. 하택종의 활동은 우두종과 보당종, 정중종에도 자극을 주었지만 신회 이후에는 점차 세력이 약해져 갔다. 하택종에 인재들이 모이지 않고 점차 쇠망해

간 데는 신회의 개성이 지나치게 강렬했던 탓도 한 가지 원인이었지만, 근본적인 원인은 그 사상 자체에 있었다고 말할 수 없다. 신회의 사상은 결국 '북종선'에 대한 비판에 그 존재 의의가 있었다고 할 수 있다. 그것은 '북종선'이 존재하기 때문에 비로소 그에 대한 반론이라는 형태로 자신의 입장을 주장할 수 있었다. 그러나 '북종선' 그것 자체가 점차 진부해지면서 세력을 잃게 되자 신회의 사상이 지닌 의의와 매력도 점점 줄어들 수밖에 없었다.

그런데 하택종의 사람들이 계속하여 북종을 의식했던 것은 북종을 그대로 대체하려는, 즉 북종의 지지층을 그대로 계승하려고 했기 때문이었다. 따라서 상층계급의 몰락은 그대로 하택종의 몰락으로까지 이어졌다.

하택종의 쇠퇴와 함께 신회의 권위도 차츰 흔들리게 되었던 것 같다. 사이쵸가 일본에 가져온 《조계대사전曹溪大師傳》(781년)은 이 시기에 성립한 혜능의 전기로, 이 책에는 신회의 활동을 계승하면서도 그 영향으로부터 벗어나려고 하는 자세를 역력히 드러내고 있어 당시 선종계의 분위기를 잘 전해주고 있다. 그러나 이 《조계대사전》에서는 '6조'로서의 혜능의 권위는 그대로 인정하고 있다(이것은 아마도 이 문헌이 조계의 보림사寶林寺와 밀접한 관계를 가지고 있었기 때문일 것이다). 그렇지만 혜능이 신회로부터 분리되어 초월적인 권위를 부여받게 되는 경향이 더욱 강해지는 것을 엿볼 수 있다.

2 _ 마조와 석두

이런 흐름 속에서 두각을 나타내어 점차 영향력을 확대하고, 마침내 다른 계열들을 압도하게 된 것은 다음과 같은 계보를 주장하는 마조 도일과 석두 희천의 계열이었다(각각 '홍주종'과 '석두종'으로 불린다).

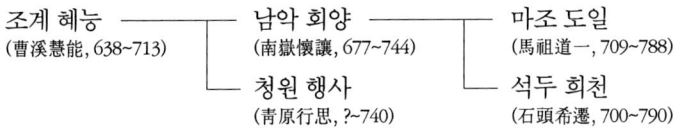

남악 회양과 청원 행사는 당초에는 거의 주목받지 못했던 인물들로서 그들이 진짜로 혜능의 계통을 이었는지에 대해서는 의문의 여지가 있다. 《조계대사전》에 보이는 것처럼 당시 선종에서는 혜능에게 연결되지 않으면 정통으로서의 지위를 확보하기 힘든 상황이었다. 숙종(756~762 재위)에게 존경받았던 남양 혜충(南陽慧忠: 혜충 국사慧忠國師, ?~775)이나 좌계 현랑(左溪玄朗, 673~754) 등과 교류가 있었던 영가 현각(永嘉玄覺, 675~713)과 같은 인물들이 후대에 남악 회양이나 청원 행사와 마찬가지로 혜능의 제자로 여겨지게 된 것도 그런 사정과 관련이 깊다고 생각된다(현각의 저작으로는 《증도가證道歌》가 있어 현재에도 널리 읽히고 있지만 그의 저술일 가능성은 높지 않다).

특히 마조 도일은 서당 지장(西堂智藏, 735~814), 복우 자재(伏牛自在, 741~821), 동사 여회(東寺如會, 744~823), 오설 영묵(五洩靈默, 747~818), 부용 태육(芙蓉太毓, 747~826), 남전 보원(南泉普願, 748~834), 백장 회해(百丈懷海, 749~814), 대매 법상(大梅法常, 752~839), 장경 회휘(章敬懷暉,

754~815), 흥선 유관(興善惟寬, 755~817), 염관 제안(鹽官齊安, ?~842), 대주 혜해(大珠慧海, 생몰년 미상), 마곡 보철(麻谷寶徹, 생몰년 미상), 귀종 지상(歸宗智常, 생몰년 미상), 방온(龐蘊, ?~808) 거사 등 많은 유력한 제자를 길러냄으로써 선종사의 흐름을 단숨에 자신에게로 향하게 하고 마침내 정통의 자리를 하택종으로부터 빼앗을 수 있었는데, 그것은 그 자신의 사상 자체에 의한 것이었다(마조 도일에게서 시작되는 선 사상은 종종 '마조선馬祖禪'이라고 불리고 있다).

|마조 도일| 마조 도일은 사천성 한주漢州 출신으로 성이 마馬씨기 때문에 '마조馬祖', '마 대사馬大師' 등으로 존칭된다. 자주(資州, 사천성)의 처적(處寂, 648~734) 밑에서 출가했고, 익주(益州, 사천성)의 장송산長松山 등에서 수행한 후 남악(南嶽, 호남성)에서 회양懷讓의 문하에 참여하여 그의 법을 계승했다. 여러 곳에 머문 후 769년 종릉(鍾陵, 강서성)의 개원사에 머무르며 종풍을 날리고 많은 제자들을 길러냄으로써(위산 영우潙山靈祐에 의하면 문하에 48인의 선지식을 배출했다고 하며, 《경덕전등록》(1004년)에는 138명이나 되는 제자들의 이름을 열거하고 있다.) 그 문류가 선의 주류를 형성하게 되었다. 이 일파는 마조의 거주지에 의거하여 '홍주종'이라고 불린다. 788년 늑담(泐潭, 강서성)의 석문산石門山 보봉사寶峰寺에서 80세에 입적했고, '대적 선사大寂禪師'로 시호되었다. 그의 설법을 모은 《강서마조도일선사어록江西馬祖道一禪師語錄》이 있으며, 특히 "평상심이 도이다[평상심시도平常心是道]", "마음이 곧 부처이다[즉심즉불卽心卽佛]"는 말 등은 그의 주장을 단적으로 보여주는 것으로 유명하다.

하택 신회의 등장은 확실히 선종에 있어 획기적인 의미를 갖는 것이었다. '돈오'와 '정혜를 같이 닦는 것[정혜등定慧等]'을 강조하고 시간 계열로서의 수행의 의미를 부정하여 일상으로의 회귀를 주장하면서, '어록'이라고 하는 그에 어울리는 새로운 표현 방법을 창시했다. 이는 북종선에 보이는 인도적 선관禪觀의 잔재를 일소하는 것이었다고 말할 수 있다. 그러나 신회의 경우 그것을 실천하기 위해서는 '지知'(반야의 지혜의 움직임)라고 하는 대체물이 필요했다. 그 때문에 하택종에서

남악 회양 탑

는 일상 속에서 '지'가 끊임없이 움직이지 않으면 안 된다고 강조했던 것이다. 그것은 어리석음과 깨달음을 구분하는 유일한 원리이며, '피안'을 유지하기 위한 최후의 보루였다고 말할 수 있다.

그런데 마조는 "평상심이 도이다"(평소의 마음이야말로 깨달음이다), "마음이 곧 부처이다"(평소의 마음 외에 부처 같은 것은 없다) 등의 가르침을 주창하면서, ('지'와 같은) 초월적이고 이념적인 것들 모두를 단번에 전혀 가치 없는 것으로 물리치고 진실로 일상 생활에 철저할 것만을 요구했다. 이것이 이른바 '대기대용의 선[대기대용선大機大用禪]'이다. 이와 같은 단순명료하고 활동적인 주장이 현실에 입각해

서 생각하는 것을 좋아하는 중국 사람들에게 대단히 매력적인 것으로 받아들여졌을 것은 분명하다.

실제로 마조 문하(홍주종)의 발전은 눈부셨는데, 제자들이 전국 각지에 흩어져서 각기 다시 많은 제자들을 양성했다. 송대에 편집된 《경덕전등록》에 그 이름이 전해지는 사람들만 해도 백장 회해(강서성 남창南昌)의 제자가 30인, 남전 보원(안휘성 지주池州)의 제자가 17인, 장경 회휘(섬서성 서안西安)의 제자가 16인, 염관 제안(절강성 항주杭州)의 제자가 8인, 흥선 유관(섬서성 서안)과 귀종 지상(강서성 남강南康 여산廬山)의 제자가 6인 등으로 모두 117인에 이르고 있다. 또한 그 제자들이 다시 각지에서 포교를 행했기 때문에 홍주종의 세력은 기하급수적으로 증대되어 갔다.

한편 석두 희천의 문하(석두종)에도 약산 유엄(藥山惟儼, 751~834), 천황 도오(天皇道悟, 748~807), 단하 천연(丹霞天然, 738~824) 등의 유력한 선사들이 등장하여 마조의 계통을 바짝 뒤쫓기라도 하듯이 세력을 확대해 갔다. 이처럼 마조와 석두 문하의 발전이 가능했던 것은 현실의 한가운데서 깨달음을 추구하려고 하는 그들의 사상이 안사의 난 이후 각지에서 세력을 키워 가고 있던 절도사와 관찰사라고 하는 신흥 실력자들의 지지를 얻었기 때문이었다. 이와 같은 상황 속에서 마조와 석두의 계통을 정통화하기 위한 등사로서 출현한 것이 지거(智炬, 생몰년 미상)가 편집한 《보림전寶林傳》(801년)이었다.

| 석두 희천과 석두종 | 석두 희천은 광동성 단주端州 출신으로 성은 진陳씨다. 처음엔 혜능에게 사사했지만, 혜능이 입적하자 길주(吉州, 강서성)의 청원 행사 밑으로 옮겨 그의 법을 계승했다. 그후 남악의 바위 위에 암자를 짓고 살았기 때문에 '석두石頭'라고 불리게 되었다고 한다. 많은 제자들이 있었지만 당초에는 그다지 주목받지 못했던 듯하다. 규봉 종밀 등은 그 문하를 '민절무기종泯絕無寄宗'이라고 하여 우두종과 같은 것으로 취급하고 있을 정도이다. 그러나 천황 도오와 단하 천연이 마조의 문하에서도 수행했고, 후에 마조의 제자가 된 오설 영묵도 석두에게 참여했던 것에서 보듯 마조와 석두의 문하는 서로 왕래가 빈번했고, 같은 사상을 이야기했던 것으로 여겨지고 있다.

| 보림전 | 자세한 제목은 《대당소주쌍봉산조후계보림전大唐韶州雙峰山曹侯溪寶林傳》이며, 전체 10권이다. 현재 전래되는 책은 권7, 9, 10의 3권이 결락되었고, 또 권2는 《성주집聖胄集》으로 보충한 것이다[이미 금나라 대장경에 권2와 10이 결락되어 있고, 권2는 《성주집》(899년)으로 보충되어 있다]. 이 책은 옛날에 엔닌[圓仁: 일본 천태종, 794~864, 838~847 중국 유학]이 일본에 가져왔다는 기록이 있어 당나라 때 널리 유포되었으리라고 생각되지만, 후대에 《경덕전등록》과 《전법정종기傳法正宗記》(1061년) 등이 성립되고 대장경에 편입되면서 역사적 의의를 상실하여 산일되었다. 현재 전해지고 있는 것은 근대에 발견된 금나라 대장경에 수록된 것(권1~5, 권8)과 일본 세렌인[靑蓮院] 소장본(권6)을 합한 것이다(그외에도 다른 책에 인용된 것을 통해 약간의 일문이 알려져 있다). 서천 28조에서 동토 6조를 거쳐 마조 도일과 석두 희천

에 이르는 전법의 계보를 이야기하고 각 조사별로 상세한 언행을 기록하고 있다. 물론 기술된 내용 가운데 많은 부분은 황당무계하여 완전히 후대의 창작으로 거의 생각되지만, 《성주집》과 《조당집祖堂集》(952년) 《경덕전등록》 《전법정종기》 등 후대 등사 서술의 기초가 되었기 때문에 그것들 중에는 그대로 선종사의 '정설'로 받아들여진 것이 많다. 특히 법을 부촉한 증거로서 '전법게傳法偈'를 제시한 것은 《육조단경》에서 시작된 것이지만, 이 책이 그것을 모든 조사들에게 확대하고 있는 점은 주목된다. 이 책에 대한 반향이 대단했음은 현재 전해지지는 않지만 당나라 말기에 남악 유경(南嶽惟勁: 생몰년 미상, 설봉 의존雪峰義存의 제자)에 의해 속편으로 《속보림전續寶林傳》(10세기초)이 편찬된 것에서도 엿볼 수 있다.

3_우두종의 동향과 규봉 종밀

북종과 하택종이 쇠퇴해 가는 가운데 우두종만은 오히려 융성해 가고 있었다. '우두종 제6조'로 이야기되는 우두 혜충의 문하에는 태백 관종(太白觀宗, 731~809)과 금릉 혜섭(金陵慧涉, 741~822) 등 인재가 많았는데, 그 중에서도 불굴 유칙(佛窟惟則, 751~830)의 존재가 주목된다. 유칙은 스스로 많은 저술을 남기는 한편 종조宗祖인 우두 법융의 문집을 편찬하는 등의 활동도 전개했다. 우두 혜충에게도 〈견성서見性序〉와 〈행로난行路難〉 같은 시가 있어 널리 유포되었다고 하는데, 특히 불굴 유칙은 문학에 뛰어났던 듯 그 문하의 사람들이 스스로를 자랑하여 '불굴학佛窟學'이라고 자칭했다고 한다. 일본 천태종의 시조로서 입당중에 소연(儵然, 생몰년 미상)에게서 우두선을 배웠던 사이쵸(804~805 중국 유학)와 그 문하의 엔친[圓珍, 814~891, 853~858 중국 유학] 등에 의해 《무생의無生義》와 《환원집還源集》과 같은 유칙의 저작이 일본에 전해졌다는 사실이 알려져 있으므로 그의 작품은 9세기 전반경까지는 중국에서 널리 유포되었다고 볼 수 있다. 유칙의 제자인 운거 보지(雲居普智, 9세기 중엽)도 문학으로 유명했던 듯, 일본 진언종의 에운[惠運: 798~869, 842~847 중국 유학]은 그의 문집을 일본에 가지고 들어왔다.

또한 학림 현소(鶴林玄素, 668~752)의 제자에도 경산 법흠(徑山法欽: 도흠道欽, 714~792), 오중 법경(吳中法鏡: 법감法鑑, 8세기 후반), 오흥 법해(吳興法海, 8세기 후반) 등의 제자가 있었는데, 특히 경산 법흠의 명성이 높았다. 그는 768년 궁궐에 초빙되어 설법을 거행하고 대종(代宗, 762~779 재위)으로부터 '국일 대사國一大師'라는 법호와 '경산사徑山寺'라는 사호寺號를 받았다[입적한 후에는 덕종(德宗, 779~805 재위)으로부터 '대각선사大覺禪師'라는 시호를 받았다]. 재상 이길보(李吉甫, 760~814)를 비롯한 많은 상층의 신봉자가 있었고, 도교측과 도력을 경쟁한 것으로 유명한 항마 숭혜(降魔崇慧, 8세기 후반) 등 많은 제자들이 있었다. 그의 감화는 홍주종과 석두종의 사람들, 그리고 나아가 화엄종의 청량 징관에게까지 미쳤다.

이와 같은 우두종의 융성은 강남의 경제적 발전을 배경으로 한 것이었다. 하지만 곧 참신한 사상을 무기로 등장한 신흥의 홍주종과 석두종 앞에서 차츰 열세에 놓이게 되었고, 활발한 인적 교류가 이루어지면서 후계자를 잃게 되어 9세기 중반에는 그 전승이 끊어졌던 것으로 보인다. 그러나 그와 같은 교류에 의해 역으로 우두종의 노장 사상적 성격이 홍주종과 석두종에 흘러들어와 선의 중요한 부분을 차지하게 된 것이 아니냐는 견해도 있다.

|우두종과 홍주종·석두종 사이의 인적 교류| 우두종의 사람들과 홍주종, 석두종 사람들 사이에는 활발한 인적 교류가 있었다. 예를 들어 마조의 제자인 서당 지장은 경산 법흠에게도 수학했고, 석두와 마조에게 배운 단하 천연도 뒤에 경산의 문하에서 공부했다. 한편 처음에 경산에게 배웠던 복우 자재와 동사 여회는 나중에 마조의 문하로 옮겼고, 천황 도오도 경산에게 법을 전수받은 후에 다시 마조 도일, 석두 희천에게 사사하여 깨달음을 증명받았다. 또한 젊어서 우두 혜충에게 사사했던 부용 태육도 행각을 다니던 끝에 마조에게서 인가를 얻었다. 이렇게 수행자의 왕래는 대단히 활발했는데 시대의 추세가 우두종에서 홍주종·석두종으로 기울어 가는 상황에서 그들도 점차 우두종과의 관계보다 마조와 석두와의 관계를 강조했다. 그 결과 우두종의 계보는 단절되고 말았다.

8세기말부터 9세기초에 걸쳐서 우두종과 함께 최후의 발전을 보이고 있던 초기 선종의 일파에 다음과 같은 계보로 연결되는 정중종이 있다.

익주 남인 ──── 수주 도원 ──── 농경 신조
(益州南印, ?~821?)　(遂州道圓, 9세기 전반)　(東京神照, 776~838)

앞에서 이야기했듯이, 이 시기에 이들은 '하택종'으로 자처했던 것으로 보이며, 이 계통에서 규봉 종밀이 등장했다. 그는 청량 징관에게서도 공부했고, 《선원제전집도서》 등에 보이는 것처럼 화엄종과 하택종을 중핵으로 하여 다양한 불교 사상과 실천 수행을 통합하는 '교선일치敎禪一致'라고 하는 대단히 특징적인 교설을 주창했다. 이와 같은 제종諸宗 융합적인 발상은 불교 이외의 사상에까지 미쳐서 《원인론原人論》에서는 유교와 도교를 불교에 통합하려고 하는 시도까지 제시하고 있다.

종밀의 사상에는 불교계를 석권해 가고 있던 홍주종에 대한 대항 의식이 다분히 엿보인다. 하지만 마조선의 압도적인 매력 앞에서 그의 주장은 큰 세력을 이루지 못했고, 선종사의 흐름을 바꿀 수도 없었다. 그러나 5대五代 때의 영명 연수(永明延壽, 904~975)가 이야기한 '교선일치' 사상과 후대 중국 불교의 주류가 된 3교일치三敎一致 사상에 커다란 영향을 미쳐, 선종사에서 차지하는 위치는 상당히 중요하다.

9세기 중반을 경계로 초기 선종의 여러 일파들이 활동했던 흔적을 찾아보기 어렵게 되었고, 홍주종과 석두종만이 세상에 널리 알려지게 되었다. 이렇게 이 두 파가 선의 주류(정계正系)의 지위를 확실하게 차지하면서 다른 파들은 모두 '방계傍系'로 위치지어지게 되었다. 하지만 그 모든 일파가 선 사상이 형성되어 가는 과정에서 대단히 중요한 역할을 담당했다는 사실을 잊어서는 안 된다.

｜규봉 종밀｜ 사천성 과주果州 출신이다. 처음에는 유교를 공부했고, 후에 불교로 전향했다. 25세에 출가하여 도원道圓에게 사사했고, 곧 《원각경》과 두순杜順의 《법계관문法界觀門》을 접하고 자기의 입장으로 삼았다. 29세에 구족계를 받고 난 후, 808년 도원의 지시에 따라 그의 스승인 형남장(荊南張, 남인南印)에게 사사했다. 이어서 낙양에서 도원의 제자인 낙양 보국사報國寺의 신조神照에게서 선을 배웠다. 또한 811년에는 청량 징관에게 사사하여 화엄에 통달했다(화엄종 제5조로 불린다). 저작과 강의를 통해 명성을 높였고, 821년 이후는 종남산의 초당사草堂寺에 머물며 《원각경대소초》 등의 저술에 전념했다. 828년에는 문종(文宗, 826~840 재위)의 부름을 받아 궁궐에 초빙되었고, 자의紫衣를 받았다. 그 이후 배휴(裴休, 791~864)와 알게 되었으며, 그의 질문에 답하는 형태로 《배휴습유문裴休拾遺問》을 지었다. 그외의 저작으로 《기신론주소起信論註疏》《우란분경소盂蘭盆經疏》《화엄경행원품소초華嚴經行願品疏鈔》《주화엄법계관문注華嚴法界觀門》《선원제전집도서》《원인론》 등이 있다. 841년 초당사에서 입적했고, 배휴가 〈규봉선사비명병서圭峰禪師碑銘并序〉를 지었다.

2. 선의 발전과 사회에의 침투

1_ 선장의 배출

9세기 중반에 무종(武宗, 840~846 재위)에 의해 발생한 회창會昌의 폐불(845~847)은 불교계에 커다란 영향을 미쳤다. 중국 역사상 폐불은 종종 반복되었지만 회창의 폐불은 중국 전역으로 철저하게 파급되었다는 점에서 전무후무한 것이었다. 승려들은 환속되고, 사원은 파괴되었으며, 전적(경·논·소)들은 사라져버렸다. 이로 인해 많은 종파들이 쇠퇴했지만 그 중에서도 선종만은 유일하게 착실히 기반을 구축하고 크게 발전할 수 있었다.

그 이유는 여러 가지였다고 생각되지만, 사상적인 면에서는 선이 원칙적으로 전적을 필요로 하지 않았기 때문에 전적들이 사라진 영향을 거의 받지 않았다는 점도 중요한 이유 중의 하나였다. 그리고 임제 의현(臨濟義玄, ?~867)에게 귀의한 성덕부成德府 절도사 왕상시王常侍와 동산 양개(洞山良价, 807~869)의 교단을 보호한 남평왕南平王 종전鍾傳 등에서 볼 수 있는 것처럼, 마조선의 능동성이 과거관료와 지방에 할거하고 있던 절도사(번진藩鎭) 등의 신흥계급들에게 쉽게 수용될 수 있었던 점 등도 지적될 수 있다.

경제적인 면에서는 동란 속에서도 비교적 안정을 유지하고 있던 강남지방에 선이 일찍부터 진출했던 것과 이른 시기부터 선종사원에 역할 분담에 의한 자급자족적인 생활을 영위하는 전통이 있었던 것 등도 중요한 이유였다. 이와 같은 선종 사원 특유의 생활 양식은 백장 회해에 의해 '청규淸規'로 명확하게 규정되어 보급되었다고 전해진다.

마조 이후의 대기대용大機大用의 선은 선과 생활의 합일을 지향했기 때문에 개별 선승의 개성과 생활 태도가 그대로 선에 반영되는 길을 열어놓았다. 그 결과 선은 양적으로 확대되었을 뿐 아니라 많은 인재들이 모여들었고, 그런 인물들의 개성이 반영되어 선에 잠재해 있던 가능성의 거의 대부분이 단기간에 발휘되었다. 당나라 말기에는 황벽 희운(黃檗希運, 9세기 전반), 위산 영우(潙山靈祐, 771~853), 조주 종심(趙州從諗, 778~897), 덕산 선감(德山宣鑑, 780~865), 임제 의현, 동산 양개, 석상 경저(石霜慶諸, 807~888), 목주 도종(睦州道蹤, 9세기 중엽), 앙산 혜적(仰山慧寂, 814~890), 향엄 지한(香嚴智閑, ?~898), 투자 대동(投子大同, 819~914), 설봉 의존(雪峰義存, 822~908), 현사 사비(玄沙師備, 835~908), 운거 도응(雲居道膺, 835?~902), 청림 사건(青林師虔, ?~904), 소산 광인(疎山匡仁, 837~909), 조산 본적(曹山本寂, 840~901) 등 많은 계통에서 개성적인 선장들이 배출되어 전국 각지에서 백화만발의 분위기를 드러내었다.

중국 불교계에서의 이런 상황은 곧바로 주변 여러 나라에도 영향을 미쳤다. 특히 한반도에서는 통일신라(676~935) 말기에서 고려(918~1392)초에 걸쳐서 마조 이후의 새로운 선 사상이 차례로 전해졌다. 우선 도의(道義: 서당 지장의 제자, 생몰년 미상, 784~821 중국 유학), 혜철(慧徹: 서당 지장의 제자, 785~861, 814~839 중국 유학), 현욱(玄昱: 장경 회휘의 제자, 787~868, 824~837 중국 유학), 도윤(道允: 남전 보원의 제자, 798~868, 825~847 중국 유학), 무염(無染: 마곡 보철의 제자, 800~888, 821경~845 중국 유학) 등이 연달아서 마조 제자들의 법을 전했다. 그후에도 앙산 혜적의 제자인 순지(順之, 생몰년 미상, 858년 중국 유학)와 운거 도응의 제자인 이엄(利嚴, 870~936, 896~911 중국 유학), 소산 광인의 제자인 경보(慶甫, 868~946) 등이 이어졌다. 이리하여 '가지산문迦智山門'(도의파)과 '동리산문桐裏

山門'(혜철파) 등 뒷날 '9산문'(9산파)이라고 불리게 되는 9개의 선종 문파가 형성되었다.

　마조선의 영향은 다시 바다를 넘어 일본에도 미쳐 염관 제안의 제자인 의공(義空, 9세기 중엽)이 일본에 건너왔고, 또한 일본인으로서 중국에 유학하여 동산 양개의 법을 이은 가오쿠 노코[瓦屋能光, ?~933]와 같은 인물도 출현했다.

|황벽 희운|　복건성 민閩 지역 출신이다. 어려서 출가했고, 뒤에 백장 회해의 제자가 되어 법을 계승했다. 강서성 종릉鍾陵의 황벽산黃檗山 등에 머물며 교화를 펼쳤고, '단제 선사斷際禪師'라는 시호를 받았다. 규봉 종밀과 마찬가지로 재상 배휴(裴休, 797~870)의 존경을 받았으며, 배휴가 그의 법어들을 모은 《황벽산단제선사전심법요黃檗山斷際禪師傳心法要》(857년)가 있다. 임제종의 시조인 임제 의현이 그의 제자이다.

|위산 영우|　복건성 장계長溪 출신으로 성은 조趙씨다. 15세에 출가하여 경률經律을 배운 후 백장 회해의 법을 이었다. 호남성 위산潙山에 머물며 많은 제자들을 모았다. 앙산 혜적이 그의 제자이며, 이들 문파는 후세에 '위앙종潙仰宗'이라고 불린다. '대원 선사大圓禪師'라는 시호를 받았으며, 그의 법어집으로 《위산경책潙山警策》이 전해진다.

|덕산 선감|　사천성 검남劍南 출신으로 성은 주周씨다. 어려서 출가하여 율장과 《금강경》을 비롯한 여러 경론들을 배웠다. 후에 용담 숭신(龍潭崇

信, 9세기 전반)에게 사사하여 그의 법을 계승했다. 위산 영우 등에게 참문한 후 호남성 무릉武陵의 덕산德山에 주석했다. 그의 문하에서 설봉 의존과 암두 전활(嚴頭全豁, 828~887) 등이 나왔다. '견성 대사見性大師'라는 시호를 받았다.

| 동산 양개 | 절강성 회계會稽 출신으로 성은 유俞씨다. 어려서 오설 영묵을 좇아 출가했고, 남전 보원과 위산 영우 등에게 두루 참문한 후 운암 담성(雲巖曇晟: 약산 유엄의 제자, 782~841)의 법을 이었다. 이후 강서성 예장豫章의 동산에 머무르며 선풍을 드날렸다. 제자에 조산 본적과 운거 도응, 소산 광인 등 다수가 있으며, 이 문파는 이후에 '조동종曹洞宗'으로 불렸다. 《보경삼매寶鏡三昧》라는 저술이 있다. '오본 대사悟本大師'라는 시호를 받았다.

| 조주 종심 | 산동성 조주趙州 학향郝鄕 출신으로 성은 학郝씨다. 어려서 출가하여 남전 보원의 법을 이었다. 60세의 나이에 행각에 나서 황벽 희운, 염관 제안 등에게 역참歷參한 후 80세에 조주의 관음원觀音院에 주석했다. 이후 40년에 걸쳐서 '구순피선口脣皮禪'이라고 불리는 독자적인 종풍을 드날리다 120세 때 입적했다. 그의 어록으로 《조주진제선사어록趙州眞際禪師語錄》이 있으며, 그의 많은 문답들이 후대에 '공안公案'으로서 자주 참구의 대상이 되었다. '진제 대사眞際大師'라는 시호를 받았다.

| 설봉 의존 | 복건성 천주泉州 남안南安 출신으로 성은 증曾씨다. 12세에

출가하여 부용 영훈(芙蓉靈訓: 귀종 지상의 제자, 9세기 전반)과 동산 양개 등의 문하에서 수행을 쌓다가 양개의 지시로 덕산 선감을 찾아가 법형法兄인 암두 전활의 도움으로 깨달음을 얻고 덕산 선감의 법을 이었다. 후에 복건성 설봉산雪峰山에 주석하며 현사 사비, 장경 혜릉(長慶慧稜, 854~932), 고산 신안(鼓山神晏, 862~938), 운문 문언(雲門文偃, 864~949), 보복 종전(保福從展, ?~928) 등 많은 제자들을 양성했다. 그의 어록으로 《설봉진각선사어록雪峰眞覺禪師語錄》이 있으며, '진각 선사眞覺禪師'라는 시호를 받았다.

2 _ 어록의 완성

이 시기의 저작으로는 비교적 체계적으로 선 사상을 서술한 대주 혜해大珠慧海의 《돈오입도요문론頓悟入道要門論》과 황벽 희운의 《황벽산단제선사전심법요黃檗山斷際禪師傳心法要》(857년) 등이 있다(다만 《돈오입도요문론》에 대해서는 하택 신회의 《남양화상문답잡징의》와 같은 내용의 기술이 많아서 그 성립에 대해 의문이 있다). 그렇지만 역시 당시 선사들의 사상의 본령은 이 시기에 점차 출현하기 시작한 '어록語錄'에 나타나 있다고 봐야 할 것이다.

'어록'은 선승의 인행록으로 여기에는 전기傳記와 같은 요소도 포함되어 있지만, 그 중심은 다른 선장禪匠들과의 법거량[상량商量]과 제자들과 주고받은 문답에 관한 기록이다. 즉 어록은 구체적인 장면과 인격을 통해 선 사상을 이해시키는 것을 추구한다. 그 때문에 당시의 일상어[속어俗語]들을 그대로 사용하면서 개성이 풍부한 선승들의 모습을 생생하게 전달하는 독특한 작품들이 되고 있다. 마조선에서는 일상 생활과 깨달음의 합일을 지향했으므로 이와 같은 사상을 표현할 수 있는 수단이 필요할 수밖에 없었을 것이다. 선어록의 선구적 형태는 후막 진염의 《돈오진종금강반야수행달피안법문요결頓悟眞宗金剛般若修行達彼岸法門要決》이나 하택 신회의 《남양화상문답잡징의》에서도 찾을 수 있지만, 그것이 완전한 형태로 완성되는 것은 마조선에서였다고 이야기해야 할 것이다.

어록이 성행했던 배경에는 선승들이 서로 자유롭게 교류하면서 문답을 주고받는 일이 매우 활발하게 이루어졌던 상황이 있었음을 잊어서는 안 된다. 당시에는 수행자가 깨달음을 추구하여 각지의 선장들을 돌아다니며 수행을 쌓아가는 수행 형태가 확립되어 있었던 것이다. 이런 상황하에서는 선장의 실력이 그대로 명성에 직결되었다. 뛰어난 선장 밑에는 제자들이 모여들어 명성을 드높였으며, 다시 그런 명성을 흠모한 제자들이 모여들어 더욱 번창했던 것이다. 제자들은 제자들대로 스승의 인가를 받으면 외호자를 얻어 각지에서 독립하고, 평판을 높여 일파를 이루었다. 이 시기에는 이와 같은 일이 계속 반복되었는데, 이것은 실제로 실력주의에 의한 자유 경쟁이라고 말할 수 있다. 다양한 개성을 지닌 선장들이 유독 이 시기에 다수 배출될 수 있었던 몇 가지 이유도 이런 개방된 환경에서 찾아볼 수 있을 것이다. 그리고 그것은 중앙 집권이 완화되고 귀족의 권위가 점차 실추되어 가던 당나라 말기의 시대적 분위기를 반영하는 것이기도 했다.

당나라 때의 어록으로 현재까지 전해지는 것들이 많은 것도 아니고, 현존하는 것들도 전해져 내려온 내력이 불명확한 것들이 많다. 그래도 그 중에서 대표적인 것들을 들자면, 대매 법상의 《명주대매산상선사어록明州大梅山常禪師語錄》, 방온의 《방거사어록龐居士語錄》, 목주 도종의 《목주화상어록睦州和尙語錄》, 임제 의현의 《진주임제혜조선사어록鎭州臨濟慧照禪師語錄》, 조주 종심의 《조주진제선사어록趙州眞際禪師語錄》, 투자 대동의 《투자화상어록投子和尙語錄》, 설봉 의존의 《설봉진각선사어록雪峰眞覺禪師語錄》, 현사 사비의 《현사광록玄沙廣錄》 등을 들 수 있다. 한편 어록은 아니지만 송나라 때 편집된 《경덕전등록》 등에도 당나라 때 선승들의 말이 많이 전해지고 있으며, 이것들을 바탕으로 후대에 어록이 새롭게 편찬된 사례도 있다.

| 임제록 | 당나라 임제 의현의 어록으로 제자인 삼성 혜연三聖慧然의 편집이라고 전해지지만, 현행본은 1120년 송나라 승려 원각 종연圓覺宗演이 다시 편집한 것이다. 의현은 산동성 출신으로 출가하여 경론을 공부했지만 만족하지 못했다. 선으로 전향하여 황벽 희운의 밑에서 크게 깨닫고 그의 법을 이었다. 그후 하북지방에서 위세를 떨치던 번진 세력 왕씨王氏의 귀의를 받아 임제원臨濟院에 주석하면서 많은 제자들을 길러냈다. 위부魏府에서 입적했고, '혜조 선사慧照禪師'라는 시호를 받았다. 마조의 '대기대용선大機大用禪'을 극한까지 전개시켜 할喝과 봉棒을 많이 사용한 그의 행동적인 선풍은 '장군'으로 비유되기도 한다. 그의 법통은 크게 번성하여 이른바 '임제종'을 형성했고 마침내 선종의 대부분을 차지하기에

이르렀다. 따라서 《임제록》도 중국과 일본에서 자주 개판되었고 '어록의 왕'으로 불리며 존숭되었다. 전체는 크게 〈상당어上堂語〉, 〈시중示衆〉, 〈감변勘辨〉, 〈행록行錄〉 등 네 부분으로 이루어져 있다. 〈상당어〉에는 제자들에 대한 가르침 및 그것을 계기로 한 문답들이 모아져 있고, 〈시중〉은 강의를 기록한 것으로 매우 간절한 말로 제자들에게 절절히 이야기하고 있다. 그리고 〈감변〉은 황벽의 밑에서 깨달음을 얻은 인연과 그 밑에서의 수행, 제방諸方을 돌아다닌 행각 및 입적할 때까지의 일대기다. 특히 당나라 때는 각각 선사들의 개성을 반영한 많은 어록들이 출현하는데, 그 중에서도 《임제록》에는 "한 지위 없는 진인[일무위진인一無位眞人]" "의지하는 바 없는 도인[무의도인無依道人]" "일 없는 것이 곧 귀인[무사시귀인無事是貴人]" "처하는 곳마다 주인이 되며 서 있는 곳이 모두 참되다[수처작주隨處作主 입처개진立處皆眞]" "부처를 만나면 부처를 죽이고, 조사를 만나면 조사를 죽여라[우불살불遇佛殺佛 우조살조遇祖殺祖]" "3승과 12분교의 가르침은 모두 똥 닦는 휴지다[삼승십이분교三乘十二分敎 개시식불정고지皆是拭不淨故紙]" 등과 같은 명구가 가득하다. 모든 것을 잘라내 버리는 것 같은 간결한 표현 속에 임제의 직절直截하고 확신에 찬 모습을 놀라울 정도로 생생하게 그리고 있는 이 책은, 어록 중에서도 백미로서, 선 사상의 정점을 보여주는 기념비적인 것이라고 말할 수 있다.

3_문인들에의 영향력 확대

마조선의 성립에 의해 선의 사회적 영향력은 더욱 커져 갔고 선승과 문인이나 정치가와의 교류도 한층 활발하게 되었다. 이 시기의 유명한 거사로는 마조 도일에게 귀의했고 후에 그의 비문을 쓴 권덕여(權德輿, 759~818)와 남전 보원에게 사사했던 육긍(陸亘, 생몰년 미상), 정치적인 맹우로서 조계 혜능의 비문을 함께 쓴 문장가 유종원(柳宗元, 773~819)과 시인 유우석(劉禹錫, 772~842), 당나라 중기를 대표하는 시인으로 흥선 유관 등에게 사사했던 백거이(白居易: 낙천樂天, 772~846), 백거이의 친구로서 약산 유엄과 부용 태육 등에게 귀의했던 최군(崔群, 772~846), 규봉 종밀과 황벽 희운에게 귀의했던 재상 배휴(裴休, 797~870), 관휴(貫休: 선월 대사禪月大師, 832~912)와 석상 경저(石霜慶諸, 807~888)에게 사사했던 장졸(張拙, 9세기 후반) 등이 있다. 그 외에도 이화(李華, ?~766?)와 독고급(獨孤及, ?~777) 등 선승의 비문을 지은 문인과 정치가 들이 많았다. 또 두보(杜甫, 712~770) 등의 시에 선의 용어가 보이는 것도 선이 얼마나 광범위하게 영향력을 미쳤는지를 보여주는 것으로서 주목된다. 또한 미술 분야에서도 회소(懷素, 725~ ?)의 초서草書와 왕묵王墨 및 장지화(張志和, 모두 8세기 중엽) 등과 같은 '일품화가逸品畫家'의 작법에 보이는 즉흥적인 요소에 선 사상이 투영되어 있다.

백거이 등은 대단히 열렬한 신자로서 스스로 좌선을 실천했으며, 조정에서 정무를 보는 사이에도 틈틈이 친구들과 선에 대해 이야기했다고 한다. 그러나 그들의 사상이 반드시 선에만 집중됐던 것은 아니다. 대다수가 동시에 정토교를 신앙했으며, 3교일치의 사상을 가진 경우도 많았다.

│두보의 시에 보이는 선│ 두보는 말할 것도 없이 이백(李白, 701~762)과 함께 중국을 대표하는 시인이다. 이백을 '시선詩仙'이라고 부르는 데 대해 그는 '시성詩聖'으로 불리지만, 그의 시에서도 선종의 고유한 용어들을 찾아볼 수 있다. 예를 들어 선종의 제7조에 대해 언급한 "몸은 쌍봉사에 이르러 문에서 7조의 선을 구하네. 돛을 내려 숙세의 과거를 돌이키며 갈옷을 입고 참된 가르침으로 향하네[신허쌍봉사身許雙峰寺 문구칠조선門求七祖禪 낙범추숙석落帆追宿昔 의갈향진전衣褐向眞詮]"(종일기부영회終日夔府詠懷 봉기정감이빈객지방일백운奉寄鄭監李賓客之芳一百韻)와 같은 시는 그 중에서도 가장 유명한 것이다(여기에서 말하는 '7조'가 누구를 가리키는 것인지에 대해서는 옛날부터 다양한 설이 제시되어 왔지만 아직도 해결되지 않고 있다). 두보의 경우 왕유(王維, 701?~761)나 백거이 등과는 달리 직접 선승에게 사사했다는 기록은 남아 있지 않지만, 그럼에도 불구하고 선종에 관한 기본적인 지식은 가지고 있었다. 이는 이 시대에 선 사상이 얼마나 지식인들의 관심을 끌고 있었는지를 보여주는 것이다.

│백거이와 선승들의 교류│ 백거이는 〈장한가長恨歌〉와 〈비파행琵琶行〉 등의 작품으로 널리 알려진 당나라 중기를 대표하는 시인이지만, 불교신자로서도 유명하다. 만년에는 용문의 향산사香山寺에 들어가 '향산 거사香山居士'로 불렸다. 선종과의 관계에서는 마조의 제자인 불광 여만(佛光如滿, 8~9세기) 및 흥선 유관 등과 교제를 맺었고, 유관의 비문인 〈서경흥선사선법당비명병서西京興善寺傳法堂碑銘幷序〉와 신조(神照: 정중종, 776~838)의 비문인 〈당동도봉국사선덕대사조공탑명병서唐東都奉國寺禪德大師照公

塔銘并序〉 등을 찬술한 사실이 알려져 있다. 《경덕전등록》 권10에는 여만의 법을 이은 제자 중에 그의 이름을 적고 있고, 또 권7의 홍선 유관 항목에 유관과의 문답, 권4의 조과 도림鳥窠道林 항목에 도림(우두종, 741~824)과의 문답을 싣고 있다. 다만 도림과의 문답 등은 명백히 후대의 위작이며, 그의 선종에 대한 이해가 어느 정도였는지는 명확하지 않다.

이런 상황이 생겨난 데는 위응물(韋應物, 725?~800?)과 유종원, 백거이 등에게서 볼 수 있는 것처럼 사회 혼란 속에서 유랑하지 않을 수 없게 된 문인들이 사원에 몸을 의지하는 경우가 적지 않았다는 사실과 선승 중에서도 교연(皎然, 730~799)과 그의 제자인 영철(靈澈, 746~816), 관휴, 제기(齊己, 861?~938?) 등과 같은 시승詩僧들이 출현하여 선과 문인들을 중개하는 역할을 맡았다는 사실 등이 관계 있을 것이다(영철은 유종원, 유우석 등의 '영정혁신永貞革新'파 맹우들과 친교를 맺었고, 교연과 함께 권덕여와도 교류했다. 《보림전》의 서문을 쓴 '영철'과 동일 인물로 보는 견해도 있다. 한편 관휴는 '선월양식[선월양襌月樣]'이라고 불리는 나한화의 스타일을 확립시킨 화승畵僧으로 명성이 높다). 그러나 가장 중요한 이유는 그 사상 자체에서 찾아야 할 것이다. 마조선이 성립됨에 따라 '깨달음'은 일상 생활 바깥에 존재하는 것이 아니었다. 이런 사상은 관리로서 정무 집행을 우선적으로 요구받는 신흥 사대부층에게 마음의 의지처를 크게 제공했으리라고 생각되기 때문이다.

이렇게 선종의 영향력이 확대되어 가는 가운데, 한쪽에서는 그것에 대해 비판적인 입장을 취하는 사람들도 물론 존재했다. 그러나 그런 사람들의 사상에서도 선의 영향을 찾을 수 있었다. 예를 들어 명문장가인 한유(韓愈, 768~824)의 불교 혐오는 유명한데, 그런 한유조차도 한때는 대전 선사(大顚禪師: 보통寶通, 732~824)와 친교를 맺었던 듯하다. 특히 그의 제자가 되는 이고(李翶, 774~836)의 《복성서復性書》(812년)는 '송학宋學의 선구'로 불리는 이 시기의 중요한 저작인데, 여기에도 선의 영향은 두드러지게 나타나고 있다.

| 이고와 복성서 | 이고는 변주(汴州, 하남성) 사람으로 자字는 습지習之이고 시호는 '문공文公'이다. 중앙과 지방을 오가며 관리 생활을 했고 양주자사襄州刺史로 있을 때 부임지에서 죽었다. 저서에 《이문공집李文公集》 18권이 있고, 그밖에 한유와 함께 저술한 《논어필해論語筆解》 2권이 있다. 한유의 사촌형의 딸을 아내로 맞아 그의 제자가 되었지만, 젊은 시절부터 불교와 밀접한 관계를 맺고 있었던 것으로 알려져 있다. 즉 793년 과거를 보러 상경했을 때 천태교학에 조예가 깊고 《천태지관통례天台止觀統例》(786년)를 지은 양숙(梁肅, 751~793)의 가르침을 받았고, 798년 과거에 급제한 후에도 화엄종 제4조인 청량 징관을 직접 만났다(799년). 특히 국자박사國子博士, 사관수찬史館修撰, 고공원외랑考功員外郞 등을 거쳐 낭주자사朗州刺史로 좌천되었을 때는 약산 유엄의 가르침을 받았다. 이런 불교에의 관심이 그의 사상 형성에 커다란 영향을 미쳤던 것으로 보고 있다. 그런 사상을 전해주는 가장 대표적인 저작이 《복성서》로 《역易》과 《중용中庸》을 근거로 하면서 제목 그대로 '복성復性' 즉 '성품에의 복귀'를 이야기하고 있다. 그 설명이 선가禪家의 '견성見性'설과 매우 비슷하므로

선으로부터의 영향은 부정하기 어렵다고 여겨지지만(실제로 한유로부터 '불佛·노老를 섞어서 이야기한다'고 비판받았다), 이고 자신은 유가로 자임하면서 불교에 대해 계속 비판적인 입장을 취했다. 이런 점에서도 송유宋儒의 선구라고 말할 수 있다. 한편 《경덕전등록》 권14에는 이고와 유엄의 문답이라고 하는 내용이 전해지고 있는데, 그 정경을 그린 〈약산이고문답도藥山李翶問答圖〉는 후세에 종종 그림의 주제로 이용되었다. 특히 일본 교토의 난젠지[南禪寺]에 소장되어 있는 마공현(馬公顯, 12세기)이 그렸다고 하는 그림은 유명하다.

4 _ 5대 10국에서의 선의 전개

안사의 난 이후 겨우 명맥을 유지했던 당唐 왕조도 황소의 난(875~884)에 의해 결정적인 타격을 받고 907년 드디어 절도사 주전충(朱全忠: 852~912, 후량後梁의 태조, 907~912

〈약산이고문답도〉(일본 난젠지 소장)

재위)에 의해 멸망되었다. 이후 황하 유역에 후량(907~923) · 후당(後唐, 923~936) · 후진(後晉, 936~946) · 후한(後漢, 947~951) · 후주(後周, 951~960) 등 다섯 나라가 어지럽게 흥망을 번갈아했고, 그 주변에는 10국(오吳 · 오월吳越 · 민閩 · 초楚 · 남한南漢 · 전촉前蜀 · 형남荊南 · 후촉後蜀 · 남당南唐 · 북한北漢)이 분립하여 항쟁을 반복하는 이른바 '5대 10국五代十國'의 시대가 도래했다. 이들 나라의 대부분은 실력 본위의 무인정권으로서 귀족의 권위를 인정하지 않았기 때문에 귀족계급은 완전히 몰락했고 그에 대신하여 신흥지주계급이 대두했다.

5대의 각 왕조는 재정상의 이유 등으로 대부분 불교에 대해 억제정책을 취했다. 그 때문에 선종에서도 화북에서 활동했던 일파들은 크게 발전하지 못했다. 당나라 후기에 이 지역에 자리잡았던 선승들로는 하북河北의 임제 의현과 조주 종심, 하남河南의 향엄 지한 등이 있었지만, 임제 의현의 계통(임제종)을 제외하면 이 시기에 모두 그 전승이 끊어졌다. 임제종에서도 의현의 제자인 삼성 혜연(三聖慧然, 9세기 후반)과 흥화 존장(興化存獎, 830~888) 이후는 부진한 가운데 흥화 존장의 계통을 계승한 남원 혜옹(南院慧顒, 860~930경)과 풍혈 연소(風穴延沼, 896~973)의 사제 등이 겨우 법통을 잇고 있는 데 불과했다.

한편 정치·경제적으로 비교적 안정되어 있던 10국들에서는 민의 왕심지(王審知: 충의왕忠懿王, 897~925 재위)와 남한의 유엄(劉龑, 911~942 재위), 남당의 이변(李昪, 937~943 재위) · 이경(李璟, 943~961 재위), 오월의 전홍숙(錢弘俶: 충의왕, 948~978 재위) 등 불교를 열심히 보호하

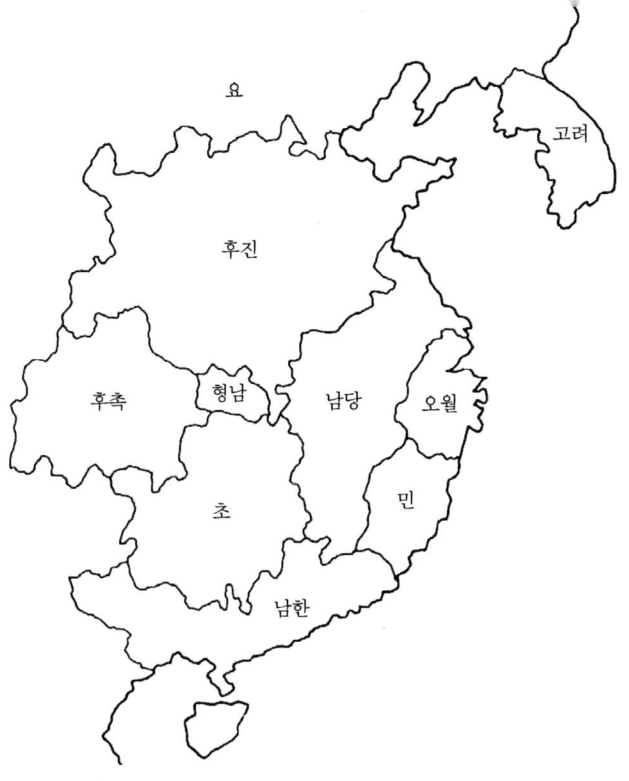

후진시대의 중국

는 국왕들이 많았는데, 그들이 주로 숭경했던 대상은 당시 한창 융성하고 있던 선종이었다(시승詩僧이자 화승畫僧으로 이름이 높았던 관휴가 몸을 의지했던 곳도 오월국이었다).

이 시기에 활약한 선사들로는 설봉 의존의 문하로 민에서 활약한 보복 종전(保福從展, ?~928), 장경 혜릉(長慶慧稜, 854~932), 고산 신안(鼓山神晏, 862~938)과 남한에서 활약한 운문 문언 등의 인물이 있었고, 설봉 문하의 현사 사비 계통에서 나온 남당의 법안 문익(法眼文益: 청량 문익淸涼文益, 885~958), 법안의 제자로 오월에서 활약한 천태 덕소(天台德韶, 891~972)와 그의 제자인 영명 연수(永明延壽, 904~975) 등이 있었다. 특히 천태 덕소가 국왕인 전홍숙에게 적극 권해 산일된 불전들을 고려와 일본에서 구해오게 한 것은 특필할 일로서,

143

이를 계기로 천태종이 부흥하여 송대에 다시 활발하게 활동할 수 있었다.

｜운문 문언｜ 절강성 가흥嘉興 출신으로 성은 장張씨다. 어려서 출가하여 율을 배웠지만 이후 목주 도종과 설봉 의존 등을 찾았고, 마침내 의존의 법을 계승했다. 조산 본적, 월주 건봉(越州乾峰: 동산 양개의 제자, 9세기 후반) 등 제방諸方을 두루 편력했다. 이후 광동지역에 있던 남한(917~971)의 국왕 유엄의 초청으로 소주의 영수선원靈壽禪院에 주석했다가 운문산으로 옮겼다. 천 명의 수행승들이 모여들었다고 하는데, 특히 향림 징원(香林澄遠, 908~987), 동산 수초(洞山守初, 910~990), 덕산 연밀(德山緣密, 10세기 중엽), 쌍천 인욱(雙泉仁郁, 10세기 중엽) 등이 유명하다. 이들에 의해 후세에 '운문종雲門宗'으로 불리는 일파가 형성되었고, 5대말에서 북송에 걸쳐서 큰 세력을 유지했다. 사호賜號는 '광진 대사匡眞大師'이며, 어록으로 《운문광진선사광록雲門匡眞禪師廣錄》이 있다.

｜법안 문익｜ 절강성 여항餘杭 출신으로 성은 노魯씨다. 7세 때 출가했고 구족계를 받은 이후 장경 혜릉과 나한 계침(羅漢桂琛: 현사 사비의 제자, 867~928)에게 사사하고 계침의 법을 이었다. 강남의 주요 지역을 차지했던 남당(937~975)의 황제 이씨에게 초청되어 강소성 금릉의 보은선원報恩禪院과 청량원淸涼院 등에 머물며 포교를 했다. '대법안 선사大法眼禪師'라는 시호가 내려졌다. 천태 덕소와 영명 도잠(永明道潛, ?~961) 등 다수의 제자가 있으며, 그의 문손들은 후세에 '법안종法眼宗'으로 불렸다. 그의

저작으로는 '5가五家' 개념의 기원이 된 것으로 알려진 《종문10규론宗門十規論》이 있다.

한편 훗날 조동종을 형성하게 되는 동산 양개의 제자들은 형남과 남당에서 이어지고 있었다. 조산 본적의 제자 조산 혜하(曹山慧霞, 10세기 전반), 운거 도응雲居道膺의 제자 동안 도비(同安道丕, 10세기 전반), 소산 광인의 제자 호국 수징(護國守澄, 10세기 전반), 청림 사건靑林師虔의 제자로 초楚 왕실로부터 존숭받았던 석문 헌온(石門獻蘊, 10세기 전반) 등이 있었지만 전체적으로는 그다지 활발하지 못했다. 또한 '위앙종'이라고 불리게 되는 위산 영우-앙산 혜적의 계통도 형남과 남당을 중심으로 계승되어 혜적의 제자 남탑 광용(南塔光涌, 850~938)과 서탑 광목(西塔光穆, 9~10세기) 및 광용의 제자 파초 혜청(芭蕉慧淸, 10세기 전반)과 광목의 제자 자복 여보(資福如寶, 10세기 전반) 등이 출현했지만 그후로는 점차 쇠퇴해 갔다.

이들과는 별도로 후세에 커다란 영향을 남긴 잊혀질 수 없는 인물로서 '포대(布袋, ?~916)'가 있다. 포대는 명주(明州, 절강성) 출신으로 성은 알려져 있지 않고, '계차契此'라고 자칭했다. 늘 영파(寧波, 오월국)의 길거리에 나와서 예언 같은 것을 하면서 교화를 했는데, 지팡이 하나와 베로 만든 자루[포대布袋], 짚으로 만든 깔개만을 몸에 지니고 다녀서 '포대화상'으로 불렸다. 후대에 미륵보살의 화신으로 여겨져 널리 신앙되었다.

이 시기에도 신안의 《고산선흥성국사화상법당현요광집鼓山先興

聖國師和尙法堂玄要廣集》(965년)과 문언의 《운문광진선사광록雲門匡眞禪師廣錄》 등 어록이 계속해 편집되었지만, 가장 주목되는 것은 《종경록宗鏡錄》(961년)과 《만선동귀집萬善同歸集》 같은 연수의 일련의 저작들이다. 이 책들에서 주장하고 있는 교선일치 사상과 선정쌍수禪淨雙修 사상은 후대에 커다란 영향을 미쳤다. 그밖에 이 시기의 저작으로 특별히 기록해야 할 것은 《보림전》의 뒤를 이어 남당에서 편집된 선종의 등사인 《조당집祖堂集》(952년)이다. 이 책은 남악 회양의 문하보다 청원 행사의 문하를 앞에 제시하고 있는데, 바로 이점이 설봉 의존의 계통에 속하는 편찬자의 입장을 드러낸 것이다.

|영명 연수와 그의 저작| 영명 연수는 절강성 여항餘杭 출신으로 성은 왕王씨다. 출가 전에는 오월국의 관료였다. 28세 때 취암 영참(翠巖令參: 설봉의 제자, 9~10세기)을 따라 출가하고 후에 천태 덕소에게 사사하여 그의 법을 이었다. 설두산雪竇山 자성사資聖寺와 영은사靈隱寺에 주석한 후 영명사永明寺에 15년간 머무르면서 1천7백 명에 달하는 제자들을 출가시켰다. 그의 명성은 고려의 광종(光宗, 950~975 재위)이 그의 덕을 사모하여 36인의 승려들을 파견하여 가르침을 배우게 할 정도로 높았다. 송나라 초기에 천태산에서 도승度僧, 수계授戒, 방생放生 등을 행한 후에 72세로 입적했다. '지각 선사智覺禪師'의 시호가 내려졌다. 《만선동귀집萬善同歸集》《혜일영명사지각선사자행록慧日永明寺智覺禪師自行錄》《유심결唯心訣》 등 많은 저작이 있지만, 대표적인 저술은 무엇보다도 《종경록》이라고 할 수 있다. 이 책은 유식·화엄·천태의 학자들을 모아 서로 질의하게 한 후 마지막

에 '심종心宗'으로 통일하고 있는데, 선종을 비롯한 불교 각파의 주요 저작들 속에서 뽑아낸 중요한 내용들을 인용해 가며 자신의 사상을 이야기하고 있다. 전체 100권에 달하는 대부大部의 저작이다. 이와 같은 '종합불교'를 목표로 하는 자세는 《만선동귀집》 등에도 나타나며, 연수의 기본적인 입장으로 볼 수 있다. 후세에 선정쌍수와 교선일치와 같은 사상이 각광을 받게 되었듯이, 점차 연수가 존중받게 된 이유도 여기에 있다. 그리고 이런 사상을 지녔던 연수는 당연히 정토교도 배제하지 않았기 때문에 (연수에게는 《신서안양부神栖安養賦》라고 하는 저작도 있다), 후세에 '연종蓮宗 제6조'로 불리기도 했다.

5 _ 5대 10국에서 송으로

5대 10국의 여러 나라들은 당나라 때의 선을 송나라에서도 계승되도록 하는 데 대단히 중요한 역할을 담당했지만, 그 과정에서 선 사상이 여러 가지 형태로 변질되었다는 사실도 잊어서는 안 된다. 그것을 한 마디로 말하면 선 사상의 비소화卑小化이다.

당나라에서는 선승의 왕래가 비교적 용이했고 외호자와의 관계도 자유롭게 연결되는 것이 가능했지만, 5대 10국이 분립함에 따라서 그런 일은 점차 어렵게 되어 갔다. 그 때문에 개성을 달리하는 유력한 선사들이 직접 문답을 주고받을 수 있는 기회가 줄어들었고, 또한 다양한 문답이 더 이상 시도되지 않게 되면서 독창적이고 매력적인 문답은 점차 줄어들었다. 이런 가운데 상대를 대신하여 스스로 대답하는 '대어代語'가 차지하는 비중이 중시되는 한편, 옛 사람의 문답에서도 이것이 시도되어 회고적인 경향이 강해졌다.

그밖에 작은 나라들의 분립은 선에도 다양한 영향을 주었다. 우선 각각의 선승들에게는 그들이 머무는 지역을 지배하는 국왕과의 관계가 대단히 중요해졌기 때문에 권력자에의 의존 정도가 높아질 수밖에 없었다. 9세기 이후 선이 사회 속으로 침투해 들어가면서 선승들은 점점 단월에 의존하는 성격이 강해졌는데, 이런 성격이 5대의 시기에 들어와서는 결정적인 것이 되었다. 더욱이 각 나라는 중국 전체로 볼 때는 대단히 좁은 판도를 차지하는 데 불과했기 때문에 특정한 계보의 선승들이 특정한 지역에 집중하여 거주하는 경향을 조장시키는 측면도 있었다. 이에 따라 특정 종파 전체가 한 국왕에게 완전히 의존하기도 했다. 오월의 전씨가 영명 도잠과 천태 덕소, 영명 연수 등의 법안종 사람들을 보호한 것은 그 대표적인 사례라고 할 수 있다.

옛 선종 사원에서는 주지가 설법을 하는 법당을 가장 중요한 시설로 여겼던 것이 선종의 특색을 이루는 것이었지만, 당나라 말기에서 5대의 시기에는 다시 불전佛殿의 중요도가 높아지게 되었다. 이것은 총림에서 의식이 차지하는 비중이 높아진 것을 보여주는 것으로 단월들을 위한 기도 등이 빈번하게 행해졌음을 알 수 있다. 송나라 이후 일반화된 '축성祝聖'의 기원은 여기에서 찾아야 할 것이다.

그런 가운데 어떤 사원이 특정 일파에 의해 계승되는 사태도 벌어졌다. 예를 들어 양개가 개산開山했던 동산은 그후 제2세 도전(道全: 중동산中洞山, ?~894), 제3세 사건(師虔, ?~904), 제4세 도연(道延, ?~922), 제5세 혜민(慧敏, ?~948) 등으로 계승되었는데, 도전과 사건은 양개의 제자이고, 도연은 본적의 제자이며, 혜민은 도연의 제자로서 대대로 한 문파가 종조宗祖의 고지故地인 동산을 지켜 갔다 (다만 송나라 때는 당시 전성기를 맞이한 운문종의 사람들이 머물렀다).

이런 경향은 그때까지는 그다지 의식되지 않고 있던 선종 내부에서의 계통(법계)의 차이를 주목하는 결과를 낳았다. 이 시기에 문답의 소재로서 '가곡家曲'이나 '종풍宗風'과 같은 것들이 이용되었는데(개당開堂 등을 행할 때 승려가 "스님은 어느 집의 노래를 부르고, 종풍은 누구의 것을 이었습니까"라고 묻는 일이 자주 행해졌다), 이것도 법계의식의 고양을 보여주는 것이라고 할 수 있다.

그러나 그것을 가장 선명하게 보여주는 것은 부법付法을 증명하기 위해 사장師匠에 의해 쓰여졌던 '사서嗣書'(인가장)의 출현이다. 규모가 작지 않았던 운문 문하에서는 사서의 전수가 확실하게 이루어졌던 것으로 보인다.

당나라 때는 스승과 제자의 관계가 반드시 고정적이지 않았다. 수행자는 각지를 두루 돌아다니면서[편참遍參] 몇 사람이나 되는 선장禪匠들에게 배우고 계발받았으며, 인가를 받은 이후에도 편참을 계속하는 경우가 많았다. 그래서 스승과 제자 사이에는 사제 관계에 대한 인식을 달리하는 경우도 종종 있었다. 그러나 《조당집》과 같은 등사를 편찬함에 있어서는 각 선승을 배타적으로 한 사람의 스승에게 연결시킬 필요가 있었으므로 이와 같은 인식의 차이는 큰 문제가 되었다. 아마도 이런 상황을 막기 위해서라도 (계승을 인정하는) 사서의 존재가 매우 유효하게 생각되었을 것이다. 다만 운문의 제자 중에도 파릉 호감(巴陵顥鑑, 10세기 중엽)은 사서를 만들지 않았다고 하므로 당시에는 아직 송나라 때처럼 일반화되지는 않았던 것 같다.

사서와 등사에 의해 사제 관계가 명확하게 되자 선승들은 곧 자신의 법계를 의식하지 않을 수 없었을 것이다. 이런 법계의식이 고양되는 가운데 선종 전체를 몇 개의 유력한 법계로 구분하려고 하는 시도들도 나타나게 되었다. 법안 문익의 《종문10규론》에서 비롯되는 '5가'는 대표적인 것으로, '5가'는 위앙종, 임제종, 조동종, 운문종, 법안종의 다섯을 가리켰다(다만 《종문10규론》은 이것들과 함께 덕산과 설봉의 계통도 이야기하고 있다. 하지만 당연하게도 법안 자신의 계통을 이야기하지는 않았다). 법안이 이렇게 다섯 가지 흐름을 열거한 것은 단순히 지리적인 사정에 의한 우연적인 것이었다고 이야기되기도 하지만, 그런 구분의 전제로서 종풍의 차이가 의식된 것은 부정할 수 없다.

[참고 문헌]

秋月龍珉《臨濟錄》(禪の語錄 11, 筑摩書房, 1972)
秋月龍珉《趙州錄》(禪の語錄 12, 筑摩書房, 1972)
石井修道〈洞山と洞山良价〉(《駒澤大學佛敎學部論集》7, 1976)
石井修道〈潙仰宗の盛衰(一)~(四)〉(《駒澤大學佛敎學部論集》18~21, 1987~1990)
石井修道〈雲居山と雲居道膺―中國初期曹洞宗の集團の動向を考慮して〉(《駒澤大學佛敎學部論集》10, 1980)
石井修道《禪語錄》(大乘佛典 中國・日本篇 12, 中央公論社, 1992)
石川力山〈馬祖敎團の展開とその支持者達〉(《駒澤大學佛敎學部論集》2, 1971)
伊吹 敦〈《曹溪大師傳》の成立をめぐって〉(《東洋の思想と宗敎》15, 1998)
入矢義高《馬祖の語錄》(禪文化硏究所, 1984)
入矢義高《龐居士語錄》(禪の語錄 7, 筑摩書房, 1973)
入矢義高《傳心法要・宛陵錄》(禪の語錄 8, 筑摩書房, 1969)
入矢義高譯注《臨濟錄》(岩波文庫, 岩波書店, 1989)
印順/伊吹敦譯《中國禪宗史―禪思想の誕生》(山喜房佛書林, 1997)
宇井伯壽《禪宗史硏究》(印度哲學硏究 9, 岩波書店, 1935)
宇井伯壽《第二 禪宗史硏究》(印度哲學硏究 10, 岩波書店, 1935)
宇井伯壽《第三 禪宗史硏究》(印度哲學硏究 12, 岩波書店, 1943)
鏡島元隆〈《永平淸規》の背景としての《百丈淸規》〉(《道元禪師とその周邊》, 大東出版社, 1985)
鎌田茂雄《中國華嚴思想史の硏究》(東京大學出版會, 1965)
鎌田茂雄《禪源諸詮集都序》(禪の語錄 9, 筑摩書房, 1971)
鎌田茂雄《宗密敎學の思想史的硏究》(東京大學東洋文化硏究所, 1975)
近藤良一〈唐代禪宗の經濟基盤〉(《日本佛敎學會年報》37, 1972)
椎名宏雄〈《寶林傳》卷九卷十の逸文〉(《宗學硏究》22, 1980)
椎名宏雄〈《寶林傳》逸文の硏究〉(《駒澤大學佛敎學部論集》11, 1980)
鈴木哲雄《唐五代の禪宗―湖南江西篇》(大東出版社, 1984)
鈴木哲雄《唐五代禪宗史》(山喜房佛書林, 1985)
鈴木哲雄〈西堂智藏塔の塔側の刻文について〉(《禪硏究所紀要》21, 1992)
關口眞大《禪宗思想史》(山喜房佛書林, 1964)
常盤大定《寶林傳の硏究》(東方文化學院東京硏究所, 1934)
戶崎哲彥〈《寶林傳》序者靈徹と詩僧律師靈澈〉(《佛敎史學》30-2, 1987)
西口芳男〈馬祖の傳記〉(《禪學硏究》63, 1985)
西谷啓治・柳田聖山《禪家語錄 I》(世界古典文學全集 36A, 筑摩書房, 1972)
西谷啓治・柳田聖山《禪家語錄 II》(世界古典文學全集 36B, 筑摩書房, 1974)

平野宗淨《頓悟要門》(禪の語錄 6, 筑摩書房, 1970)
牧田諦亮〈五代王朝の宗教政策〉(《五代宗教史研究》, 平樂寺書店, 1971)
森江俊孝〈永明延壽の敎學と實踐〉(《日本佛敎學會年報》45, 1980)
柳田聖山〈興化存獎の史傳とその語錄〉(《禪學硏究》48, 1958)
柳田聖山〈唐末五代の河北地方に於ける禪宗興起の歷史的社會的事情について〉
   (《日本佛敎學會年報》25, 1959)
柳田聖山〈南院慧顒〉(《禪學硏究》50, 1960)
柳田聖山〈臨濟栽松の話と風穴延沼の出生〉(《禪學硏究》51, 1961)
柳田聖山〈臨濟錄ノート〉(《禪學硏究》52, 1962)
柳田聖山《初期禪宗史書の硏究》(柳田聖山集 6, 法藏館, 2000, 1967 初版)
柳田聖山〈臨濟義玄の人間觀〉(《禪文化硏究所紀要》創刊號, 1969)
柳田聖山《禪語錄》(中公バックス, 世界の名著 18, 中央公論社, 1978)
柳田聖山〈語錄の歷史―禪文獻の成立史的硏究〉(《東方學報》57, 1985)
柳田聖山《祖堂集》(大乘佛典 中國・日本篇 13, 中央公論社, 1990)
柳田聖山《禪佛教の研究》(柳田聖山集 1, 法藏館, 1999)
山崎 宏〈圭峰宗密禪師〉(《隋唐佛教史の研究》, 法藏館, 1967)
吉津宜英《華嚴禪の思想史的研究》(大東出版社, 1985)

[선의 계보 3]

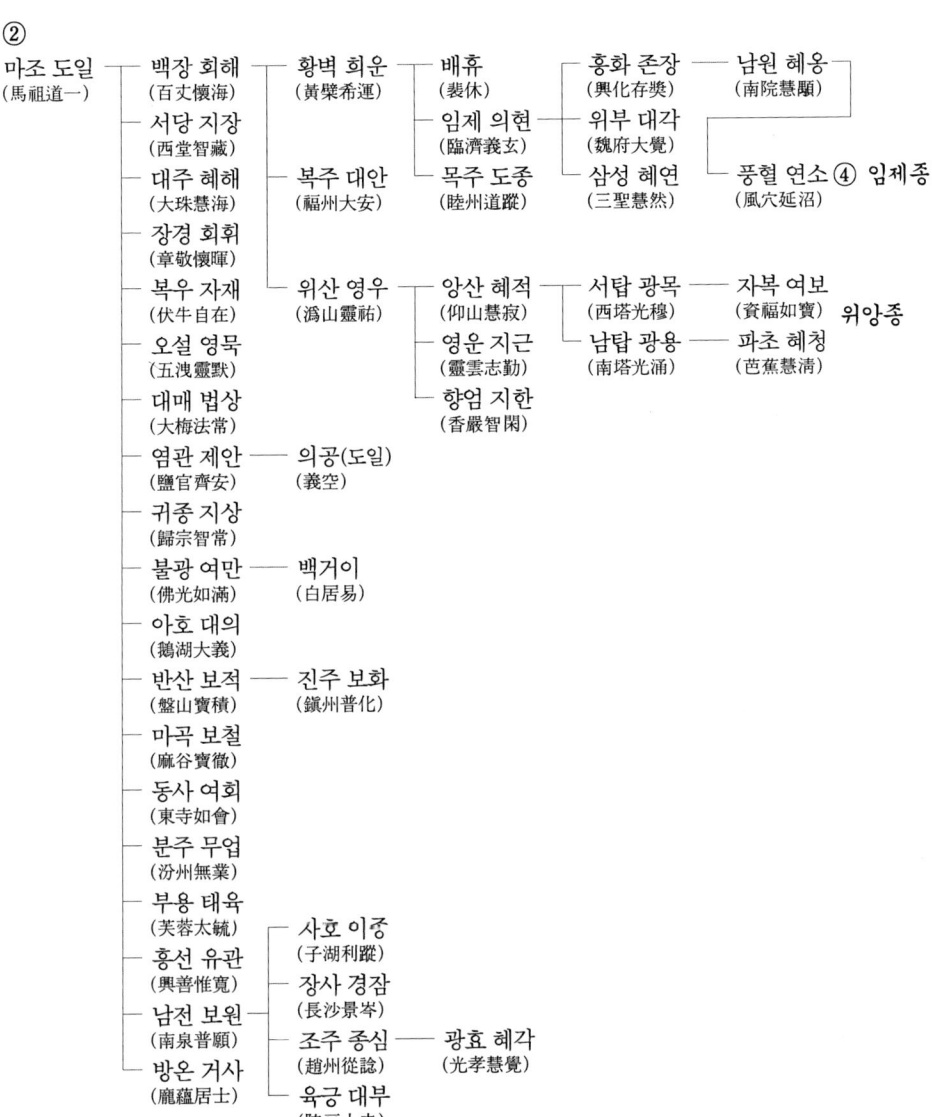

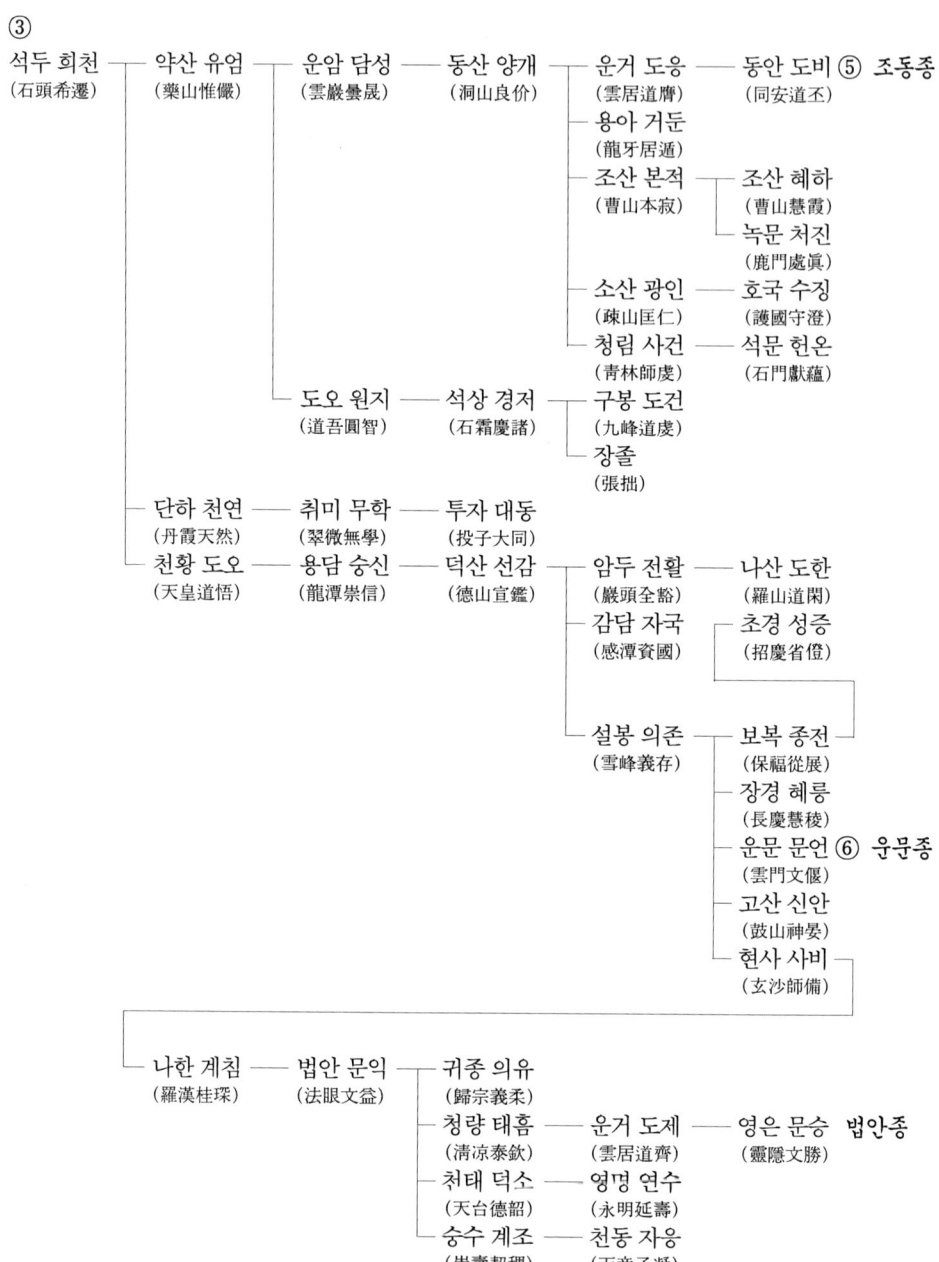

[선 관계 지도 3]

제4장 선의 보급과 변질

북송시대의 선

1. 송의 성립과 선

1_송 왕조의 성격

후주의 세종(世宗, 954~959 재위)은 불교사에서는 '폐불'로 악명이 높지만 실제로는 중국의 통일을 지향했던 5대의 가장 뛰어난 군주였다. 금군禁軍을 강화하여 955년 이후 후촉, 남당, 요 등의 나라를 공격하여 영토를 확대했다. 그리고 다시 요를 공격하려고 준비하던 차에 병을 얻어 세종은 뜻을 이루지 못한 채 세상을 떠났다. 그뒤를 이은 군주는 어린 공제恭帝였지만 금군의 장군들은 960년 자신들의 총사령관이었던 조광윤(趙匡胤, 927~976)을 옹립하여 즉위시켰다. 이가 송의 태조(960~976 재위)이다.

태조는 후주를 계승하여 개봉開封으로 수도를 정한 후, 가장 먼저 남방의 여러 나라들에 대한 공략에 착수하여 963년에 형남, 965년에 후촉, 971년에 남한, 그리고 975년에는 남당을 멸망시켰다. 남은 국가들도 978년에는 오월, 979년에는 북한이 차례로 항

송의 태조

복하여 다음 황제인 태종(太宗, 976~997 재위) 때는 중국의 주요부에 대한 통일이 거의 달성되었다.

당시 북방에는 야율아보기(耶律阿保機: 태조, 916~926 재위)에 의해 거란족의 요가 건국되어 있었다. 요는 야율덕광(耶律德光: 태종, 926~947 재위)의 시대에 후진의 건국에 개입하여 만리장성 남쪽의 연운燕雲 16주를 획득했고(936년), 다시 후진을 멸망시키고 한때 화북지역 전체를 차지하는 등(946년) 강대한 세력을 구축하고 있었다.

한편 송의 북서쪽에는 당나라 절도사의 계통을 잇는 탕구트 족의 이계천(李繼遷: 서하西夏의 태조, 982~1004 재위)이 독립하여, 이원호(李元昊: 경종景宗, 1038~1048 재위)의 시기에 황제를 칭하고 국호를 대하大夏라고 했다. 서하西夏이다. 이리하여 요 · 서하 · 송의 세 나라가 정립하는 형세를 이루게 되었다.

송의 태종은 979년 중국 통일의 여세를 몰아 요에 대한 침공에 나섰지만 여러 차례의 공격에도 불구하고 결국 패배하고 돌아옴으로써 연운 16주의 탈환은 이루지 못했다. 그후에도 국경에서의 분쟁이 계속되자, 1004년 요의 성종(聖宗, 982~1031 재위)은 이 문제를 결착짓기 위해 침략을 개시했다. 요의 군대가 황하의 북안까지 쳐들어오자 요에 유리한 조건으로 강화가 성립되었다. '천연澶淵의 맹약'이다. 그후 송과 요 사이에는 전반적으로 평화적인 관계가 유지되었다. 한편 1038년 송을 침공한 이원호와도 1044년 강화를 맺었지만, 오래 유지되지 못하고 송과 서하 사이에는 단속전으로 전투가 반복되었다.

송의 대외전략은 성공했다고 이야기하기 힘들지만 국내의 정비는 태조와 태종에 의해 순조롭게 진행되었다. 금군의 유력한 장군들을 절도사로 임명한 후 절도사의 권력을 서서히 빼앗음으로써 중앙의 금군을 강화시키는 한편, 이제까지 지방에 맡겨져 있던 재정권을 중앙정부의 감독 아래에 두었다. 또한 과거제도를 확충하여 새롭게 정비된 행정기구의 담당자로서 문신 관료를 등용했다. 이리하여 군주 권력의 안정과 강화가 도모되었고, 안사의 난 이후의 절도사들의 무단적인 체제를 극복할 수 있게 되었다.

문치주의를 택한 송에서는 과거관료가 정치의 중추를 장악했다. 물론 국정에 대한 최종적인 의사 결정은 황제에 의해 이루어졌지만 그 결정 과정에는 관료들이 상당히 자유롭게 자신들의 의견을 개진하는 것이 허락되었다. 경우에 따라서는 개인의 실력과 식견을 크게 발휘하는 것도 가능했다. 그런 환경은 과거관료를 배출하게 된 사대부계급(지식인)이 사회의 지배층을 구성하도록 했다. 그들은 중국의 고전에 해박하고 시문과 서화에 뛰어난 지식인·인격자가 되기를 추구하여 일반인들의 사표師表로서 중국을 다스리는 것을 지향했다. 그런 이유 때문에 관료가 되는 것이 그들의 중대한 관심사로 자리잡았지만, 과거 급제 여부를 막론하고 사대부들은 같은 가치관을 공유했다. 4대 황제 인종(仁宗, 1022~1063 재위)의 치세는 40년간 지속되었는데, 그 절반에 해당하는 서하와의 평화조약이 성립된 이후의 안정기는 이런 사대부계급에겐 이상적인 시대로서 후세에 '경력慶歷 연간의 안정기[경력지치慶曆之治]'라고 불렸다.

그러나 이런 관료제도에도 문제가 있었다. 방대한 양의 상표문上表文을 황제 혼자서 처리하는 것이 불가능했으므로 황제의 정무를 보좌하는 재상들이 차지하는 역할이 필연적으로 대단히 중요하게 되었다. 그로 인해 황제의 신임이 두터운 재상은 황제의 권위를 배경으로 전권을 휘두르기도 했다. 그런 것이 자유 토론의 풍조와 맞물려서 당파 싸움을 격화시키는 요소가 되었다. 한쪽의 당파에 속하는 사람이 정권을 잡으면 다른쪽 당파를 탄압했던 것이다. 그외에도 관료제의 폐해로서 군대가 매우 약화되어 대외적으로 늘 수세에 몰렸던 상황을 들 수 있을 것이다.

이런 많은 문제가 있기는 했지만 송에 의해 확립된 관료제를 기반으로 한 군주독재체제는 그대로 이후 중국의 제국들에게 계승되어 갔다. 송이 중국 국가체제의 전환점이라고 이야기되는 까닭이 여기에 있다.

2_선종 각파의 동향

과거를 통해 관료를 등용할 필요가 있었으므로 송 왕조는 유교를 중시했지만 동시에 불교와 도교도 보호했다. 태조가 칙판勅版 대장경의 제작을 명령한 것(971년), 태종이 역경원譯經院을 설치하여 새로 전래된 범본을 번역시킨 것(982년), 인경원印經院을 설치하여 대장경을 간행한 것 등은 특히 유명하다. 이와 같은 국가의 불교보호정책에 의해 불교는 융성해져 갔다. 천태종 등도 다시 부흥하게 되었지만, 불교의 중심을 차지한 것은 뭐라고 해도 역시 선종이었다.

선종에서는 계속하여 많은 명승들이 배출되었다. 다만 위앙종은 5대 10국의 말기에 이미 쇠퇴해 갔기 때문에, 이른바 '5가' 중에서 송나라 이후로도 활동을 넓혀간 것은 나머지 네 종파뿐이었다. 이 중에서도 송나라 초기에 특히 번영했던 것은 임제종과 운문종, 법안종 등이었다.

임제종은 5대 시기에는 부진했지만 풍혈 연소(風穴延沼, 896~973) 때부터 종세가 일어나기 시작했다. 그의 제자에 송나라 초기에 활약한 수산성념(首山省念, 926~993)이 있고, 다시 그 문하에서 분양 선소(汾陽善昭, 947~1024)와 광혜 원련(廣慧元漣, 951~1036), 석문 온총(石門蘊聰: 곧은 온총谷隱蘊聰, 965~1032) 등이 배출되어 단숨에 융성기를 맞이했다. 그후에도 선소의 문하에서 석상 초원(石霜楚圓, 986~1039)과 낭야 혜각(瑯琊慧覺, 생몰년 미상) 등이 나오고, 석문 온총의 문하에서 달관 담영(達觀曇穎, 985~1060) 등이 배출되었다. 그리고 석상 초원의 문하에서 양기 방회(楊岐方會, 992~1049)와 황룡 혜남(黃龍慧南, 1002~1069) 두 사람이 등장하면서 이 문하가 천하를 뒤덮게 되었다.

┃양기 방회와 황룡 혜남┃ 양기 방회는 원주(袁州, 강서성) 의춘宜春 출신으로 성은 냉冷씨다. 어려서 출가하여 여러 곳을 돌아다닌 후 석상 초원에 사사하여 그의 법을 이었다. 후에 고향의 양기산楊岐山에 머물며 교화를 떨쳤다. 문하에서 보령 인용(保寧仁勇, 11세기 중엽)과 백운 수단(白雲守端, 1025~1072) 등이 나왔으며, 이 문파는 후세에 양기파楊岐派로 불렸다. 제자 인용과 수단이 편찬한 《원주양기회화상어록袁州楊岐會和尙語錄》(《고존숙어록古尊宿語錄》에 수록)이 있다. 한편 황룡 혜남은 신주(信州, 강서성) 옥산玉山 출신으로 성은 장章씨다. 11세에 출가하여 구족계를 받은 후 여러 선사들을 두루 찾아다니다 운봉 문열(雲峰文悅, 998~1062)의 지시로 석상 초원의 문하에 들어와서 그의 법을 이었다. 여러 곳에 머무른 후에 황룡산(黃龍山, 강서성 융흥부隆興府)에 주석하며 교화를 펼쳤다. 제자에 동림 상총(東林常聰, 1025~1091)과 진정 극문(眞淨克文, 1025~1102), 회당 조심(晦堂祖心, 1025~1100) 등이 있다. 이 문파는 후세에 황룡파로 불렸다. 어록에는 《황룡남선사어록黃龍南禪師語錄》《황룡4가록黃龍四家錄》에 수록)이 있다. 그 자신을 '조주감파趙州勘婆'의 공안으로 깨달았고, 학인들의 지도에도 공안을 활발하게 이용했다고 한다.

한편 운문종에서는 운문의 제자인 덕산 연밀(德山緣密, 10세기 후반), 향림 징원(香林澄遠, 908~987), 쌍천 사관(雙泉師寬, 10세기 후반), 동산 수초(洞山守初, 910~990) 등이 송나라 초기에 활약했고, 덕산 연밀의 제자인 문수 응진(文殊應眞, 10~11세기)과 쌍천 사관의 제자인 오조 사계(五祖師戒, 생몰년 미상) 등으로 계승되었다. 그러나 이 시기의 운문종에서 특히 주목해야 할 인물로는 역시 향림 징원의 계통에서 배출된 설두 중현(雪竇重顯, 980~1053)과 문수 응진의 계통에서 나온 불일 계숭(佛日契嵩, 1007~1072) 두 사람이라고 할 수 있다. 문학에도 뛰어났던 설두 중현은 그 문하에서 천의 의회(天衣義懷, 993~1064)를 배출함으로써 운문종 융성의 기초를 닦아 '운문종의 중흥자'로 불린다. 그리고 불일 계숭은 많은 저작을 통해 후대에까지 커다란 영향을 미쳤다. 한편 이들 외에도 동산 수초의 계통에 속하는 천복 승고(薦福承古, ?~1045)는 운문의 말을 통해 깨달았다면서 운문의 법사로 자처하여 후대에 커다란 파란을 일으키기도 했다.

법안종에서는 영명 연수(904~975) 이후에는 천태 덕소(天台德韶, 891~972)의 계통이 쇠퇴하고 청량 태흠(清涼泰欽, ?~974)과 귀종 의유(歸宗義柔, 10세기 중엽)의 계통이 주류가 되었다. 이후로 태흠의 제자 운거 도제(雲居道齊, 929~997)와 도제의 제자 영은 문승(靈隱文勝, ?~1026?) 등이 있었지만, 그후로는 급속히 쇠퇴하여 북송 말기에는 그 전승이 끊어졌다. 법안종에서 주목해야 할 인물로는 천태종의 사명 지례(四明知禮, 960~1028)와 논쟁을 벌인 천동 자응(天童子凝, 10~11세기)이 있다. 지응은 법안 문익을 계승한 숭수 계조(崇壽契稠, ?~992)의 제자이다.

| 설두 중현과 불일 설숭 | 설두 중현은 수주(遂州, 사천성) 출신으로 성은 이李씨다. 어려서 출가하여 석문 온총 등에게 참여한 후에 향림 징원의 제자 지문 광조(智門光祚, 10~11세기)의 법을 이었다. 명주(明州, 절강성 영파寧

波)의 설두산에 머무르며 종풍을 드날려 '운문종의 중흥자'로 불린다. 또한 낭야 혜각(11세기 전반)과 같은 시기에 활약했기 때문에 두 사람을 '이감로문二甘露門'으로 불렀다고도 한다. 1020년 진종眞宗 황제로부터 '명각 대사明覺大師'라는 법호를 받았다. 어록으로 《설두명각선사어록雪竇明覺禪師語錄》이 있으며, 그 중에서 〈송고 100칙頌古百則〉은 특히 유명하다. 후에 원오 극근(圓悟克勤, 1063~1135)이 여기에 제창提唱하여 《벽암록碧巖錄》(1125년)을 만든 것도 잘 알려져 있다. 한편 불일 설숭은 등주(藤州, 강서성) 심진현鐔津縣 출신으로 성은 이李씨다. 일곱 살에 출가하여 열세 살에 득도, 열네 살에 구족계를 받은 후 열아홉 살에 스승을 찾아 가르침을 청하는 편참遍參에 나섰다. 신정 홍인(神鼎洪諲, ?~901)과 동산 효총(洞山曉聰, ?~1030)에게 참문했고 효총의 법을 이었다. 그후 전당(錢塘, 절강성) 지역에 이르러 무림산(武林山, 영은산靈隱山) 밑의 영안정사永安精舍와 불일산佛日山, 용산龍山 등에 머무르며 저술에 전념했다. 《전법정종기傳法正宗記》와 《전법정종론傳法正宗論》 등을 지어(1064년) 종래 등사들의 내용을 정리했다. 또한 《보교편輔敎篇》(1061년) 등을 지어 유·불·도 3교의 일치를 주장하면서 구양수(歐陽修, 1007~1072)와 이구(李覯, 1009~1059) 등의 배불론에 대한 반론을 펼쳤다. 인종은 '명교 대사明敎大師'라는 법호를 내리고, 《전법정종기》와 《보교편》을 대장경에 수록하도록 했다. 영안정사에서 입적했다. 그밖의 저작으로는 유문집인 《심진문집鐔津文集》(1134년) 등이 있으며, 《육조단경》의 간행에 관여한 것도 알려져 있다.

3_사대부에의 침투와 다른 종파와의 관계

선종에서 거사居士가 중요한 역할을 담당한 것은 이미 당나라 시기에 선례가 있었다. 그러나 송나라 이후에는 그 비중이 점점 더 커져 갔다. 송나라 초기의 거사로는 수산 성념의 문하로 분양 선소 및 광혜 원련과 동학인 왕수(王隨: ?~1035?,《전등옥영집傳燈玉英集》의 편찬자), 분양 선소 및 광혜 원련에게 배운 양억(楊億: 973~1020,《경덕전등록》최종 교정을 담당하고 서문을 씀), 석문 온총에게 사사한 이준욱(李遵勗: ?~1038,《천성광등록天聖廣燈錄》의 편찬자) 등이 있다(이들은 모두 등사에 전기가 수록되어 있다). 그들은 정부의 고관이면서 등사를 편집하고 대장경에 편입하는 데 적극적으로 관여하는 등 선종의 사회적 지위를 높이는 데 많은 노력을 기울였다. 이들의 노력에 의해 선종은 당나라 때보다 더 널리 사회에 수용될 수 있었다.

앞에서 이야기했듯이 당나라 말기에서 5대의 시기에는 전란으로 귀족들이 쇠퇴했고, 송나라 초기에는 새로운 지배층으로 사대부계급이 등장했다. 그들에게 공통된 교양은 당연히 유교였지만, 당시의 유교는 과거를 위한 도구에 지나지 않았으므로 철학적인 내용을 추구하는 사람들에게는 그렇게 매력적인 것이 아니었다. 그런 욕구를 제대로 소화시켜준 것은 선종이었다. 그 결과 선종은 새로운 지지층을 얻는 데 성공하여 다른 종파를 압도할 정도의 세력을 갖게 되었다.

이런 가운데 선의 수행 방법이 유학자들의 주목을 끌게 되었다. 이 시대에는 각지에서 유학을 강의하는 서원들이 출현했는데, 그 중에서도 백록동(白鹿洞, 절강성), 숭양(嵩陽, 하남성), 응천부(應天府, 하남성), 악록(嶽麓, 호남성) 등이 '4대 서원'으로 불렸다. 이들 서원에서는 선종의 청규를 본떠서 규율(학규)를 만드는 한편, 기숙 생활을 하면서 인격 도야에 중점을 두는 등 총림 생활과 같은 교육이 이루어졌다.

한편 천태종과 화엄종은 무종의 폐불과 당나라 말기의 전란으로 오랫동안 침체기가 계속되었지만, 5대 10국의 시기에 중국에서 없어진 전적들이 고려 등으로부터 새로 유입되면서 전환기를 맞았다. 때맞춰 천태종에서 사명 지례와 고산 지원(孤山智圓, 976~1022)이 등장했고, 화엄종에서 장수 자선(長水子璿, ?~1038) 등이 등장하여 부흥기를 맞이했다. 선종의 융성은 당연히 이들 종파들에도 커다란 자극을 줬다. 그러나 선종에 대한 태도는 전혀 달랐다. 화엄종의 장수 자선이 낭야 혜각의 밑에서 참선한 것과 달리 천태종과 선종 사이에는 사명 지례와 천동 자응, 자방(子昉, 11세기 중엽)과 불일 설숭 사이에 나타난 것처럼 종종 격렬한 논란이 반복되었다.

|선과 천태의 논쟁| 당시 천태종은 봉선 원청(奉先源淸, ?~997)과 고산 지원, 범천 경소(梵天慶昭, 963~1017) 등의 산외파山外派와 사명지례, 자운 준식(慈雲遵式, 960~1032) 등의 산가파山家派로 분열되어 논쟁을 벌이고 있었다. 그 원인은 산외파가 화엄 사상의 도입을 용인했던 반면, 산가파가 천태 본래의 입장으로의 복귀를 지향했기 때문이다. 원청이 종종 하택 신

회와 규봉 종밀을 언급하고 있는 것처럼, 산외파는 화엄과 밀접한 관계에 있던 선에 대해서도 융화적인 태도를 취하고 있었다. 때문에 지례는 산외파를 비판하는 과정에서 선에 대해서도 비판적인 태도를 취했다. 지례와 자응의 논쟁은 처음에 지례가 《10불이문지요초十不二門指要鈔》(1004년)를 지어 규봉 종밀의 저작(《배휴습유문裵休拾遺問》인 듯함)의 기술에 기초하여 선종에 대한 천태종의 우월성을 주장한 것에 대해, 1023년 자응이 편지를 보내 힐난한 것을 계기로 편지가 오가면서 시작되었다. 선종과 천태종 사이의 팽팽한 대항 의식 탓에 논란은 계속되었고, 편지의 왕복이 20여 회에 이르렀다고 한다. 이런 모습을 차마 볼 수 없었던 사명태수 직각直閣 임공林公의 조정에 의해 《10불이문지요초》의 일부를 개작하는 것으로 논쟁을 결착짓게 되었다. 그후 설숭의 《전법정종기》가 세상에 나오자 그 내용 중에서 서천28조설에 대해 오흥(吳興, 절강성)의 천태학자 자방이 비판을 제기했다. 즉 설숭은 천태종이 의거하는 《부법장인연전付法藏因緣傳》(서천23조설이 나옴)에 대해 "천하를 현혹시키는 것"이라며 불태워 버리자고 주장했는데, 이에 대해 자방이 《조설祖說》과 《지와止訛》 등을 지어 반격을 가한 것이다. 이와 같은 천태종측의 서천28조설에 대한 비판은 자빙 외에 신지 종의(神智從義, ?~1091) 등에게서도 볼 수 있다.

4 _ 국가에의 의존과 3교일치 사상

지금까지 본 것처럼 송대에 들어와서도 뛰어난 선승들이 많이 배출되었고, 그들의 활동에 의해 선은 지금까지보다도 더 시민권을 얻을 수 있었다. 그런데 종래와는 전혀 성격을 달리하는 관료제에 기초한 군주독재체제의 확립은 선종의 성격에도 여러 가지 변화를 가져오지 않을 수 없었다. 선종은 당나라 말기의 동란 속에서 크게 세력을 신장했는데, 그것은 선이 지닌 독립 자존의 능동적인 성격을 사회가 원했기 때문이었다. 그러나 송이 건국되면서 상황은 크게 바뀌었다. 출가자들은 득도得度에서 수계受戒, 행각, 입적에 이르기까지 모든 단계에 걸쳐 엄격하게 통제를 받아야 했기 때문에, 선은 사회의 안정과 중앙집권화 속에서 새로운 존재 이유를 모색하지 않으면 안 되었다.

우선적으로 주목해야 할 것은 국가불교적 성격을 강화시킨 점이다. 선종은 사대부계급의 사람들에게 널리 받아들여졌는데, 그들의 지위는 과거에 불교를 지원해줬던 귀족들만큼 높지도 않았고 안정적이지도 못했다. 그래서 사회에서 차지하는 불교의 지위 자체도 상대적으로 저하될 수밖에 없었다. 이제 불교는 이전과는 달리 황제와 국왕, 귀족들이 귀의하는 대상이 아니었다. (황제의) 압도적인 권력에 의해 존재를 인정받는 대신에 신흥 사대부계급과 마찬가지로 국가와 황제를 위해 봉사해야 하는 존재가 되었다.

예를 들어 수도인 개봉의 상국사相國寺는 혜림 종본(慧林宗本, 1020~1099) 등이 칙명을 받아 주석했던 대사원이었는데, 신하들이 황제의 탄생일을 기념하고 황제의 병의 회복과 전승을 기원하는 장소가 돼버렸다. 황제 자신도 이곳에서 종종 기우법회와 조상에 대한 보은불사를 거행하게 했다. 특히 이런 상황을 가장 잘 보여주는 것은 선종 사원에서의 '축성상당祝聖上堂'(간단히 '축성'이라고도 함)

의식이 일반화된 것이다. 황제의 장수와 국가의 안녕을 기원하는 '축성상당'은 진종(眞宗, 997~1022 재위) 때 이미 거행되었음을 알 수 있으므로, 송 왕조의 기초가 안정되면서 시행되었던 것으로 생각된다(이 의식의 거행과 함께 불전佛殿의 본존불 앞에는 '금상황제성수무강今上皇帝聖壽無彊' 등의 3패三牌가 안치되기 시작했다). 이처럼 국가에 영합하는 태도는 새로운 시대 상황과 직면하여 선이 스스로의 가치를 유지하기 위해 어쩔 수 없이 취할 수밖에 없었던 고육책이었다고 말할 수도 있을 것이다.

이와 같은 총림의 자세와 밀접하게 관련되어 보이는 것이 이 시기부터 선승들에 의해 자주 주창된 '유선일치儒禪一致'와 '3교일치三敎一致' 같은 주장들이다. 과거관료들 중에는 구양수나 이구와 같이 유교를 숭상하고 불교에 대해 비판적인 입장을 취한 사람들이 많았는데, 이 시기의 불교를 대표하게 된 선종은 그런 비판에 대답하지 않을 수 없었다. 이런 상황 속에서 선승들도 불교가 국가 존립에 의미 있는 존재임을 보여줄 필요가 있었고, 그러한 때에 이론적 근거로 사용된 것이 '유선일치'와 '3교일치' 같은 사상들이었다.

이런 사상은 불일 설승이 구양수 등의 비판에 답하기 위해 지은 《보교편》(1061년)에서도 분명하게 살펴볼 수 있다[천태종의 고산 지원이 쓴 《한거편閑居篇》(1016년)에도 같은 주장이 보인다]. 실제로 이와 같은 주장들은 사대부계급의 신봉자를 획득하는 데 있어 커다란 무기가 되었다고 볼 수 있는데, 구양수와 이구도 《보교편》을 읽고서 자신들의 생각을 바꾸었다고 전해지고 있다.

국가에의 의존적 체질은 이미 5대 10국의 시기에 오월 등에서 양성된 것으로, 송의 통일로 보편화되었다고도 볼 수 있다. 그런데 이것은 독립 자존의 정신을 본질로 하는 선에서는 사상적인 자살과 같은 행위였다. 왕권의 우위가 일반적으로 받아들여지게 되자 점차 우수한 인재들이 관료가 되고, 과거에 급제하지 못한 사람들이 할 수 없이 선승이 되는 풍조가 나타나게 되었다. 더욱이 신종(神宗, 1067~1085 재위) 때 재정난을 덜기 위해 공명도첩空名度牒이 판매되고(1068년경) 자의紫衣와 사호師號조차 돈으로 살 수 있게 되자(1071년경) 승려들에 대한 사회적 평가는 더욱 저하될 수밖에 없었다.

|보교편| 불일 설숭의 저작으로 유고 문집인 《심진문집鐔津文集》에도 수록되어 있다. 상권에 〈원교原敎〉〈권서勸書〉, 중권에 〈광원교廣原敎〉, 하권에 〈효론孝論〉〈단경찬壇經贊〉〈진제무성론眞諦無聖論〉이 실려 있다. 불교의 5계五戒·10선十善과 유교의 5상五常이 본래 일치하는 것이라고 말하면서, 유교는 세상을 다스리고 불교는 마음을 다스리는데, 마음을 다스리는 것으로 세상을 다스리는 것이 완성될 수 있다고 주장하고 있다. 또한 불교는 과거·현재·미래라는 3세의 문제를 다루기 때문에 유교보다 뛰어나다고 주장하기도 한다. 그러나 한편에서는 국왕과 대신들에 의해 불법佛法이 비로소 존재할 수 있다고 해 국가 권력을 전면적으로 긍정하는 자세를 보이고 있기도 하다. 1061년 인종仁宗에게 바쳐졌고, 구양수 등의 칭찬을 받았다. 다음해에 《전법정종기》와 함께 대장경에 편입되

는 것이 인정되었고, 동시에 설숭에게는 '명교 대사明敎大師'라는 법호가 내려졌다. 중국과 일본에서 널리 읽혀 자주 인쇄되었다. 특히 〈원교〉와 〈효론〉의 영향이 컸는데, 명나라 심사영沈士榮의 《속원교론續原敎論》(1385년)은 이름대로 〈원교〉의 사상을 계승한 것이었다. 〈효론〉의 영향은 원나라 중봉 명본(中峰明本, 1263~1323)과 명나라 감산 덕청(憨山德淸, 1546~1623)에게서도 나타나고 있으며, 일본의 경우 〈효론〉만을 인쇄한 별행본이 나올 정도로 널리 유포되었다.

5 _ 권위의 성립과 등사

송나라 초기에 맞이한 선의 융성은 선승들에게 자신감을 불어넣었고, 스스로에게 권위를 부여하는 이야기들을 만들어내게 했다. 어느 집단이나 사회적으로 인정받게 되면 그와 동시에 자신들을 정당화시키는 이야기를 당연히 만들어내는데, 선에서 특별한 것은 그런 정당화가 늘 '전법傳法의 계보' 즉 '조통祖統'이라고 하는 형식으로 표현되어 왔다는 점이다. 그런 조통을 정리한 것이 '등사燈史'이다. 등사의 편집은 신수가 궁궐에 초빙된 것을 계기로 출현했던 북종이 《능가사자기》와 《전법보기》가 나온 이래 여러 차례에 걸쳐 이루어졌는데, 그런 전통을 배경으로 《경덕전등록》(영안 도원永安道原 편찬, 1004년)과 《전법정종기》(불일 설숭 편찬, 1061년)가 이 시기에 만들어졌다.

그런데 이 두 책은 종래의 등사들과는 결정적으로 다른 점이 있었다. 그것은 먼저 황제에게 바치고 나서 대장경에 편입되는 것을 허락받았다는 것이다. 이런 사실은 송나라 초기에 이미 선의 권위가 확립되었음을 보여주는 것이기도 하지만, 한편으론 그런 권위의 기초를 국가에게서 구했다는 점에서 송대 선종의 방향성을 상징하는 것이라고도 말할 수 있겠다.

그 중에서도 《경덕전등록》의 영향이 가장 컸으며, 이후에 《천성광등록天聖廣燈錄》(이준욱李遵勗 편찬, 1036년), 《건중정국속등록建中靖國續燈錄》(불국 유백佛國惟白 편찬, 1101년), 《종문연등회요宗門聯燈會要》(회옹 오명晦翁悟明 편찬, 1183년), 《가태보등록嘉泰普燈錄》(뇌암 정수雷庵正受 편찬, 1204년)과 같은 등사들이 계속해서 나왔다. 이 책들은 모두 《경덕전등록》처럼 성립된 시기의 연호를 제목의 처음에 붙이고, 대장경에 편입되도록 했기 때문에 일괄하여 '5등록五燈錄'이라고 총칭되기도 하며, 남송 말기에는 이들을 종합한 형태로 《5등회원五燈會元》(대천 보제大川普濟 편찬, 1252년)이 편집되었다. 《5등회원》이 나온 이후에도 등사를 편찬하는 작업은 청나라 때까지 계속되었다.

┃경덕전등록┃ 법안 문익의 문하 3세에 해당하는 영안 도원(永安道元, 생몰년 미상)이 《보림전》 등을 계승하여 편집한 가장 대표적인 등사로, 전체 30권으로 이루어졌다. 경덕 원년(1004년)에 완성되었고, 양억 등의 교정을 거쳤다. 대장경에 편입되는 것을 허락받았고, 1080년에는 간행되기도 했다. 모두에 양억의 서문과 '서래연표西來年表'를 두었고, 권1에서 권29까지의 29권에 과거 7불에서 서천西天 28조, 동토東土 6조를 거쳐 법안 문익의 제자들에 이르는 52대 1,701인의 전기와 기연機緣들을 집대성했다

(일반적으로 '1천7백칙의 공안'으로 이야기되는 것은 수록된 인물의 숫자에 따른 것이다. 하지만 실제로는 이름만 있고 전기나 기연이 없는 사람들도 적지 않다). 권30에는 선종 관계의 게송들이 모아져 있고 말미에 발문 등이 붙어 있다. 이 책의 영향은 대단히 컸다. 불일 설숭의 《전법정종기》와 함께 인도에서의 계보와 달마와 혜능의 전기와 같은 선종 고유의 도그마가 확립되는 데 대단히 중요한 역할을 담당했다. 일본에서도 선종의 입장을 보여주는 가장 기본적인 문헌으로 여겨지고 있으며, 무로마치시대 이후 여러 차례 개판되었다. 에도시대에는 이 책의 형태를 딴 만겐 시반[卍元師蠻, 1626~1710]의 《연보전등록延寶傳燈錄》(1678년)이 나오기도 했다. 한편 《경덕전등록》과는 별도로 왕수王隨가 그 내용을 간추린 《전등옥영집傳燈玉英集》(1034년)도 있는데, 이 책 역시 대장경에 편입되는 것을 인정받았다.

6 _ '5가' 관념의 확립

선종의 권위 확립은 달관 담영達觀曇穎의 《5가종파五家宗派》에 나타난 것처럼 법안 문익에 의해 처음 주창된 '5가'라는 개념이 일반화되는 것을 촉진시켰다. '5가'라는 용어는 선종 전체를 총괄하는 의미로 사용되었지만, 동시에 선의 내용이 얼마나 풍부한지를 보여주는 것이기도 하다. 그로 인해 가풍의 차이는 선종에 내실을 부여하는 것으로서 한층 더 중요시되었다.

'5가'라는 개념과 함께 중시된 것은 '임제 4요간臨濟四料揀' '임제 3구臨濟三句' '운문 3구雲門三句' '운문 3병雲門三病' '법안 4기法眼四機' '동산 5위洞山五位' 등 종조에서 유래한다고 여겨지는 다양한 가르침들이다(이것들은 '기관機關'이라고도 불린다). 이와 같은 용어들은 선 사상을 각 법계에서 각자 독특한 범주로써 표현하려고 한 것으로 선종 특유의 교리학이라고도 말할 수 있겠다. 그런데 여기에는 틀림없이 자신들 종풍의 독자성을 명확하게 하려는 의지가 강하게 작용했을 것이다. 한편 이런 표현들에는 선 체험으로의 인도와 그런 경지의 확인이라고 하는 수행자에 대한 교육적인 배려가 중요하게 작용하고 있었기 때문에 후대의 '공안'의 한 원류가 되기도 했다.

달관 담영의 《5가종파》는 '5가'라는 관념이 주목받게 되는 계기를 만든 책이면서, 동시에 중요하게 다루어야 할 한 가지 문제를 제기했다. 즉 5가 중에서 조동종을 제외한 4가가 모두 마조 도일의 계통에 속한다고 주장한 것이다. 이런 주장은 사실과 어긋나는 것이지만, 담영은 가짜 비문을 만들어내면서까지 이런 주장을 인정받으려고 애썼다. 그의 의도가 무엇이었는지는 분명하지 않지만 당시 선종의 2대 세력이었던 임제종과 운문종을 본래 같은 근원으로 봄으로써 그들 사이의 융화를 도모하려고 했던 것은 아니었나 싶다. 그러나 후에 조동종이 다시 세력을 만회하여 운문종을 대신하게 되자, 이 문제는 임제종과 조동종 사이에 커다란 논쟁점이 되고 말았다.

|5가와 가풍| 법안 문익의 《종문10규론》에 의해 제기된 '5가'라고 하는 개념은 그 후 달관 담영의 《5가종파》(각범 혜홍覺範慧洪의 《임간록林間錄》에 인용

됨), 회암 지소(晦巖智昭, 12세기 후반)의 《인천안목人天眼目》(1188년), 희수 소담希叟紹曇의 《5가정종찬五家正宗贊》(1254년) 등에 의해 계승되었기 때문에 송대에는 그런 이해 방식이 당연시되었다. 그리고 명대에 어풍 원신(語風圓信, 1571~1647)과 곽응지(郭凝之, 생몰년 미상)에 의해 편찬된 《5가어록五家語錄》(1630년)의 존재는 그런 흐름의 귀결이라고 말할 수 있다. 한편 '5가'의 고정은 각 가풍의 고정화를 촉진시켰다. 《인천안목》 등에는 가풍에 대한 상세한 규정이 보이는데, 가장 간결하면서도 사람들의 '5가'에 대한 통념을 잘 표현한 것으로는 원나라 고봉 원묘(高峰原妙, 1238~1295)에 의해 시작되었다고 하는 다음과 같은 설명일 것이다.

임제종臨濟宗=통쾌痛快　위앙종潙仰宗=근엄謹嚴　운문종雲門宗=고고高古
조동종曹洞宗=세밀細密　법안종法眼宗=상명詳明

5가의 성격 규정에 대해 일본에서도 토레 엔지[東嶺圓慈, 1721~1791]의 《5가참상요로문五家參詳要路門》(1788년) 등에 이야기되고 있고, 그것과는 별도로 종풍의 차이를 비유를 통해 '임제 장군臨濟將軍, 위앙 공경潙仰公卿, 운문 천자雲門天子, 조동 사민曹洞士民, 법안 상인法眼商人'이라고 표현한 것도 종종 보이고 있다(이런 비유는 비교적 후대에 생긴 것으로 에도시대 이후의 것으로 보인다). 한편으로 일본의 도겐[道元, 1200~1253]이 전일全一한 불도佛道를 절대시하는 입장에서 5가의 차이를 이야기한 《인천안목》을 격렬하게 비판한 사실도 유명하다.

│임제 4요간과 동산 5위│　'4요간'은 임제 의현(?~867)의 《임제록》의 〈시

중시중示衆)에 보이는 것으로 제자인 남원 혜옹(南院慧顒, 860~?)이 이것을 가리켜 '4요간'으로 일컫기 시작했다고 알려져 있다. 스승이 제자를 지도할 때 가르침을 주는 방법으로 제자의 주관[인人]과 객관[경境]을 부정하는가[탈奪] 긍정하는가[불탈不奪]라고 하는 관점에 입각하여 네 종류로 분류한 것이다. 구체적으로는 (1) 탈인불탈경人不奪境 (2) 탈경불탈인奪境不奪人 (3) 인경구탈人境俱奪 (4) 인경구불탈人境俱不奪의 네 가지로 이루어지는데, 《임제록》에서는 이 네 가지가 각각 시구에 의해 표현되고 있다. 종조인 임제 의현의 가르침이라고 하여 임제종에서는 특별히 중시되었다. 이에 대해 조동종에서 종종 이야기되는 것으로 '5위'의 설이 있다. 이것은 동산 양개(807~869)가 〈5위현결五位顯訣〉에서 평등=무차별[정正]과 차별[편偏], 양자의 상즉[겸兼]에 의해 깨달음의 세계를 설명하려고 한 것에서 비롯되었다. 이것을 제자인 조산 본적(840~901)이 개량하여 설명을 덧붙인 것이 〈정편5위송正偏五位頌〉인데, 그 내용은 (1) 정중편正中偏 (2) 편중정偏中正 (3) 정중래正中來 (4) 편중지偏中至 (5) 겸중도兼中到의 다섯 가지로 구성되어 있다. 이 다섯 가지가 각각 시구에 의해 설명되고 있으며 본적의 제자인 조산 혜하(曹山慧霞, 생몰년 미상) 등의 노력에 의해 널리 유포되었다. 이것의 영향은 컸으며, '편중지'가 '겸중지'로 바뀌는 등의 변화된 형태로 임제종의 분양 선소와 석상 초원, 대혜 종고(大慧宗杲, 1089~1163) 등에 의해서도 사용되었다. 그리고 이렇게 개변된 것이 다시 조동종에 역류하여 혼란을 일으키는 등 복잡한 경위를 거쳤다. 한편 여기에서 이야기한 것은 '5위'의 설 중 가장 대표적인 '편정 5위'이지만, 그밖에도 '공훈 5위功勳五位' '군신 5위君臣五位' '왕자 5위王子五位' 등이 있다.

| 달관 담영과 천왕 도오 | 달관 담영은 항주(杭州, 절강성) 출신으로 성은 구 丘씨다. 13세에 출가했고, 이후 상경하여 구양수 등과 사귀었다. 대양 경현(大陽警玄, 943~1027)과 석문 온총 등에게서 배웠고, 온총의 법을 계승한 후 설두산(雪竇山, 절강성 명주明州)과 금산(金山, 강소성 진강鎭江) 등에 머물며 포교에 노력했다. 그의 저작인 《5가종파》는 구현소丘玄素가 편찬한 〈천왕도오선사비天王道悟禪師碑〉(위작으로 생각되고 있음)를 인용하여 석두 희천의 제자인 천황 도오와는 별도로 마조 도일의 제자에 천왕 도오가 있었다고 하면서, 후세에 그 문파에서 운문종과 법안종을 탄생시키게 되는 용담 숭신(龍潭崇信, 9~10세기)은 천황 도오가 아니라 천왕 도오의 제자라고 주장했다. 황당무계한 설이었지만 그 영향은 작지 않았다. 송나라의 각범 혜홍(覺範慧洪, 1071~1128), 원나라의 업해 자청(業海子淸, 14세기 전반), 명나라의 비은 통용(費隱通容, 1593~1661) 등에게 계승되어 널리 유포되었고, 그 설을 따라서 형주에 실제로 천왕사天王寺가 건립되고 〈천왕비天王碑〉가 세워지기도 했다. 운문종의 설두 중현의 비문에 중현을 마조의 아손兒孫이라고 한 것도 이 설의 영향에 의한 것으로 보인다. 일본 승려 코칸 시렌[虎關師錬, 1278~1346]의 《5가변五家辨》에 보이는 것처럼, 이 설은 일본에서도 받아들여졌다(《5가변》에서는 이 설을 더욱 진전시켜서 약산 유엄도 마조의 제자라고 하여 조동종을 포함한 5가 모두가 마조계라고 주장하기도 했다).

2. 북송 후반기 선의 전개

1_ 정치 혼란과 북송의 멸망

인종의 치세도 후반에 들어서자 계속되는 서하와의 전쟁 등으로 인해 국가 재정이 거의 바닥나는 사태가 벌어졌다. 제6대 황제인 신종은 이런 난국을 극복하기 위해 왕안석(王安石, 1021~1086)을 발탁하여 국정의 대개혁을 단행했다. 왕안석은 신종의 지원 아래 농촌의 피폐를 타개하기 위한 대책으로 청묘법青苗法과 모역법募役法을 실시하고, 이어서 상업 통제를 목표로 한 시역법市役法, 군대의 개혁을 기도한 보갑법保甲法 등 신법新法을 차례차례 실행해 갔다. 이런 정책에 의해 당면 과제였던 재정 재건은 상당한 정도로 큰 성과를 보았다. 다만 이들 정책의 다수는 관료지주와 대상인들의 권익에 제한을 가하는 것이었기 때문에 처음부터 강력한 반대론이 있었고, 신종의 죽음과 함께 반대파가 정권을 잡게 되자 대부분의 정책은 폐지되고 말았다. 그후 신법당과 구법당 사이의 싸움이 계속되어 지방 행정은 혼란스러워지고 관료 사회의 기강은 흔들리게 되었다.

그런 가운데 황제의 자리에 오른 휘종(徽宗, 1100~1125 재위)은 극단적인 예술 애호가로서 정무에는 전혀 관심을 두지 않았다. 그런 휘종의 성격을 교묘히 이용하여 재상이 된 채경(蔡京, 1047~1126)은 휘종의 신임을 배경으로 반대파들을 공직에서 추방한 후 전권을 행사했고(반대파에는 소식蘇軾, 소철蘇轍, 황정견黃庭堅 등도 포함되었다), 휘종은 휘종대로 채경과 임영소(林靈素, ?~1119)를 비롯한 도사들의 꼬임에 넘어가 방대한 재정을 낭비했다. 이 때문에 북송 말기에는 강남지방에서 일어난 방랍方臘의 난(1120~1121)을 시작으로 각지에서 많은 반란들이 일어났다.

그러한 때에 북방에서는 여진족이 일어나서 완안아골타(完顏阿骨打, 1068~1123)를 중심으로 요나라에 반기를 들었다. 아골타는 1115년 황제를 자칭하고(태조, 1115~1123 재위) 국호를 대금大金이라고 했다. 그리고 그가 죽은 후 황제에 오른 완안오걸매(完顏吳乞買: 태종, 1123~1135 재위)는 송과 손을 잡고 요를 함께 공격하여 결국 멸망시켰다(1125년).

송은 금과 맹약을 맺었지만 그후 여러 차례 이를 어기는 배신행위를 반복했기 때문에 금의 태종은 황하 이북지역을 내놓으라고 송을 협박했다. 금의 침공을 두려워한 휘종은 황제의 지위를 흠종(欽宗, 1125~1127 재위)에게 넘겨주고 개봉에서 탈출했고, 채경도 그뒤를 좇았다. 금의 태종은 대군을 남하시켜 개봉을 포위했지만 곧 화의가 성립되었기 때문에 금나라 군대는 물러가고 휘종도 개봉으로 돌아왔다. 그렇지만 그후에도 송이 약속을 여러 차례 어겼기 때문에 1127년 금나라 군대가 드디어 개봉을 함락시키고 휘종과 흠종을 비롯하여 황족과 관료 수천 명을 북방으로 끌고 갔다. 이렇게 해서 송 왕조는 결국 멸망하게 되었다(정강靖康의 변).

북송 후반기는 정치적으론 혼란이 계속되었지만 경제적으론 비약적인 발전을 한 시기였다. 농업 기술이 진보하여 농산물이 남아 돌았다. 이를 바탕으로 인구가 증가하여 12세기에는 1억 명을 돌파했다. 강성함을 자랑했던 한나라와 당나라의 인구가 6천만 명 정도로 추산되므로 1억 명이라면 대단한 숫자였다. 수도 개봉의 인구가 백만 명을 넘었던 것으로 추측되고 있으며, 주변지역만으로는 그 수요를 감당할 수 없어서 각지로부터 농산물을 비롯한 각종 물자들이 운송되었다. 그로 인해 교역이 성행했고, 교통망 정비와 상업 발전이 이루어졌다. 각지에 상업 집락이 생겨났고 화폐 경제가 침투되었다. 그에 따라 약속어음이 유통되었고 세계 최초로 지폐도 등장했다. 그리고 도시에 모인 상인과 수공업자들이 '행行'이라고 불리는 조직을 구성했는데, 국가는 그것을 통해 통제를 했다.

이처럼 도시를 기반으로 하는 서민층이 발흥하면서 연극이나 강담講談 같은 대중예술과 공예품 등이 새롭게 등장하긴 했지만, 역시 송대에서의 문화의 주요 담당자는 사대부계급이었다. 사대부들은 자신들이 적극적으로 정치에 참여할 수 있었던 사회 상황을 배경으로 유교 경전에 대해서도 새로운 관점에서 그 가치를 재평가하려는 경향을 점차 강화해 갔다. 이런 경향을 가진 대표적인 인물들이 주돈이(周敦頤: 염계濂溪, 1017~1073), 장재(張載: 횡거橫渠, 1020~1077), 정호(程顥: 명도明道, 1032~1085), 정이(程頤: 이천伊川, 1033~1107) 등으로, 후에 남송의 주희(朱熹: 주자朱子, 1130~1200)는 이들을 자신을 이끌어준 선구자들로 받들었다.

2_선종 각파의 동향

송나라 중기 이후에는 임제종의 황룡 혜남과 양기 방회의 계통(황룡파와 양기파)이 점차 세력을 확대해 갔다. '5가 7종'이라는 말은 이 두 파가 '5가'와 대등하게 여겨질 정도로 성장했음을 보여주는 것이다. 다만 이 두 파의 융성에는 시기적 차이가 있었다. 혜남의 제자로 회당 조심(晦堂祖心, 1025~1100), 동림 상총(東林常聰, 1025~1091), 진정 극문(眞淨克文, 1025~1102) 등이 있었고, 회당 조심의 제자로 사심 오신(死心悟新, 1043~1114), 영원 유청(靈源惟淸, ?~1117)이 있었다. 또 진정 극문의 제자로 도솔 종열(兜率從悅, 1044~1091)과 각범 혜홍(覺範慧洪: 덕홍德洪, 1071~1128) 등이 활약했기 때문에 처음에는 황룡파가 융성했지만, 이후에는 점차 양기파가 우세해져 갔다. 양기파에서는 백운 수단(白雲守端, 1025~1072)의 제자로 오조 법연(五祖法演, ?~1104)이 출현했고, 다시 그 문하에 '3불三佛'로 불린 원오 극근(圓悟克勤: 불과 선사佛果禪師, 1063~1135), 불감 혜근(佛鑑慧懃, 1059~1117), 불안 청원(佛眼淸遠, 1067~1120) 세 사람이 출현하여 양기파를 융성하게 했다.

운문종에서는 천의 의회의 계통에서 뛰어난 선사들이 많이 나왔다. 의회의 제자에는 혜림 종본(慧林宗本, 1020~1099), 문혜 중원(文慧重元, ?~1063), 원통 법수(圓通法秀, 1027~1090), 철각 응부(鐵脚應夫, 생몰년 미상) 등이 있었으며, 이들의 문하에서 자수 회심(慈受懷深, ?~1131), 원각 종연(圓覺宗演, 생몰년 미상), 불국 유백(佛國惟白, 생몰년 미상), 혜엄 종영(慧嚴宗永, 생몰년 미상), 장로 종색長蘆宗賾 등이 나왔다. 자수 회심은 《심경주心經注》의 저자로서, 그리고 불국 유백, 혜엄 종영, 장로 종색은 각기 《건중정국속등록建中靖國續燈錄》(1101년), 《종문통요宗門統要》(《종문통요집宗門統要集》, 1135년), 《선원청규禪苑淸規》(1103년)의 편찬자로서 유명하다.

그밖에 운문종에서 주목해야 할 인물로는 사대부와의 교류로 널리 알려진 불인 요원(佛印了元, 1033~1098)과 자민 삼장慈愍三藏 혜일慧日의 《정토자비집淨土慈悲集》이 간행되었을 때 [율종의 영지 원조(靈芝元照, 1048~1116)가 주도] 이에 대한 반대운동을 전개했던 대매 법영(大梅法英, ?~1131) 등이 있다. 또한 《조정사원祖庭事苑》(1108년)을 지은 목암 선경(睦庵善卿, 11~12세기)도 운문종의 사람인 것으로 추정되고 있다. 《건중정국속등록》에 붙어 있는 휘종의 어제서에서 "운문·임제의 두 종파만이 천하에 홀로 융성하다"고 이야기하고 있는 것처럼 북송시대에는 임제종과 함께 크게 융성했던 운문종이지만 북송 말기에는 점차 쇠퇴해 갔다.

운문종에 대신하여 융성하게 된 것은 조동종이었다. 조동종은 송나라 초기에는 그다지 떨치지 못했지만 중기에 투자 의청(投子義靑, 1032~1083)이 나타나면서 부흥하게 되었고, 부용 도해(芙蓉道楷, 1043~1118)와 단하 자순(丹霞子淳, 1064~1117)으로 계승되었다. 부용 도해는 휘종이 내려준 자의紫衣와 법호를 거절함으로써 역린逆鱗을 거슬려 산동성 치주淄州로 유배되었지만, 오히려 그로 인해 하북지방에 조동종을 알리는 계기가 되었다. 즉 그의 제자 중에서 녹문 자각(鹿門自覺, ?~1117) 계통이 하북지방으로 교화를 전개했고, 이윽고 금나라 때는 만송 행수(萬松行秀, 1166~1246)가 등장하여 이 지역에서 크게 가르침을 떨쳤다.

|투자 의청| 청주(靑州, 산동성) 출신으로 성은 이李씨다. 일곱 살에 출가하여 구족계를 받은 후 각지를 돌아다녔다. 부산 법원(浮山法遠, 991~1067)에게 사사했다. 법원은 임제종 섭현 귀성(葉縣歸省, 10~11세기)의 법을 이었지만 법을 이은 이후에 조동종 대양 경현(大陽警玄, 943~1027)으로부터 조동종의 법계도 부촉받았다. 법원은 의청의 성격을 파악하여 자신에게 위촉되었던 경현의 정상頂相 등을 넘겨주면서 조동종의 계보를 (자기 대신) 잇게 했다. 이렇게 '대부代付'에 의해 경현의 법을 잇게 된 의청은 투자산(안휘성 서주舒州) 등에 머무르며 교화를 떨쳤고, 부용 도해와 대홍 보은(大洪報恩, 1058~1111) 같은 제자를 양성했다. 특히 도해는 그의 법을 이은 제자들만 29인에 이른다고 할 정도로 조동종의 법계가 후대까지 이어지게 하는 데 중요한 역할을 담당했다. 한편 의청이 '대부'에 의해 법을 계승했다고 하는 것은 후에 멘잔 즈이호[面山瑞方, 1683~1769] 같은 일본 에도시대의 조동종 종통복고론자들에 의해 문제로 지적되었다. 그들은 법계의 혼란을 바로잡기 위한 필요에서 '면수面授'에 의한 '일사인증一師印證'을 중시했기 때문이다.

이렇게 명승들이 배출된 배경에는 참선이 사대부 사이에서 유행한 사회현상도 한몫했다. 이 시기의 거사로서 유명한 인물로는 동림 상총과 불인 요원에게 사사한 소식(蘇軾, 1036~1101), 동림 상총에게 사사한 양귀산(楊龜山, 1053~1135), 소식의 동생으로서 불인 요

소식의 상

원에게 사사한 소철(蘇轍, 1039~1112), 소식의 문학상의 제자로서 회당 조심에게 사사한 황정견(黃庭堅: 산곡山谷, 1045~1105), 동림 상총과 도솔 종열에게 배우고 원오 극근 등과도 교류를 가졌던 장상영(張商英: 무진 거사無盡居士, 1043~1121) 등이 있다. 그외에 혜림 종본 등에게 사사한 부필(富弼, 1004~1083), 광혜 원련(廣慧元璉, 951~1036)과 동산 효총(洞山曉聰, ?~1030)에게 배운 허식(許式, 11세기 전반), 백운 수단과 천의 의회에게 참문했던 양걸(楊傑, 11세기 후반), 문혜 중원(文慧重元, ?~1063)과 장산 법천(蔣山法泉, 11세기 중엽)에게 배운 조변(趙抃, 11세기 중엽), 백운 수단 문하의 곽상정(郭祥正, 11세기 후반), 원오 극근 문하의 조영금(趙令衿, 12세기 전반) 등의 존재도 알려져 있다.

이들은 정무를 돌보면서 남은 여가에 참선을 닦았던 것인데, 그 결과 종종 거사이면서도 선승들에 뒤지지 않는 깨달음[증오證悟]을 얻기도 했다. 소식, 황정견, 양걸, 허식, 조영금 등은 등사에 전기가 수록될 정도였다. 소식과 황정견은 당대를 대표하는 문학자로, 소식의 작품에는 선의 영향을 드러내는 것이 많았는데, 이것들을 모은 《동파선희집東坡禪喜集》이란 책이 명대에 편집되기까지 했다. 또한 황정견의 문학론에도 선의 영향이 강하다고 이야기되는데, 그런 이론은 강서시파江西詩派를 통해 후대에까지 큰 영향을 미쳤다. 그리고 문동(文同: 여가與可, 1018~1079)과 소식 등의 문인화가에 보이는 '형사形似'보다 '사의寫意'를 중시하는 태도에서도 선의 강한 영향을 찾아볼 수 있다.

또한 선 사상의 영향은 유학자들에게도 미쳤다. 주돈이는 황룡 혜남, 회당 조심, 불인 요원, 동림 상총 등에게 참문했고, 정호도 "노老·석釋에 출입한 것이 거의 10년"이었다고 술회하고 있다. 왕안석도 불인 요원 및 진정 극문과 교섭을 가졌다. 종종 주돈이와 정호도 선 사상의 영향을 크게 받았다고 이야기되는데, 이것이 남송 주자학의 기초가 되었다는 사실은 대단히 중요한 것이다.

| 소식과 황정견 | 소식은 미산(眉山, 사천성) 출신으로 호는 동파東坡다. 정치가이면서 동시에 시인·문장가로서도 이름이 높고 아버지인 소순(蘇洵, 1009~1066), 동생인 소철蘇轍과 함께 '당송唐宋 8대가'에 속한다. 또한 자주 '묵죽墨竹' 그림을 그려 문동과 함께 문인화가의 선구자로도 알려져 있다. 그러나 정치가로서는 불우했다. 정권을 장악한 왕안석과 의견이 맞지 않아 좌천되었고, 이후 중앙에 복귀했지만 다시 좌천되어 임지로 향하는 도중에 죽었다. 동림 상총에게 사사하여 깨달음을 얻고 그의

법을 이었다. 불인 요원 및 옥천 승호(玉泉承皓, ?~1091) 등과도 교류했다. 그 결과 그의 문학작품과 회화작품에는 선의 영향이 강한 편이고, 후대에는 오조 사계(五祖師戒, 10~11세기)의 후신이라고 하는 전승까지 생겨났다. 한편 황정견은 홍주(洪州, 강서성) 출신으로, 호는 산곡이다. 시인과 서예가로 이름이 높다. 소식의 문학상의 제자가 되며 정치적으로도 소식과 행동을 같이했다. 스승과 마찬가지로 선에 경도되어 회당 조심에게 참문하여 법을 이었다. 선 사상의 영향을 받아 독자적인 시론을 수립한 것으로 유명하다. 후대에 여본중(呂本中, 1084~1145)과 한구(韓駒, ?~1136) 같은 사람들은 그를 스승으로 받들면서 시와 선을 한층 더 융합시키고자 하는 강서시파江西詩派를 형성했고, 남송시대에 큰 세력을 이루었다. 남송시기에는 "시를 논하는 것을 선을 논하는 것과 같이" 하라고 한 엄우(嚴羽, 1187~?)의 《창랑시화滄浪詩話》도 등장하여 시론에 선 사상을 도입하는 경향이 더욱 진전되었다.

3_ 총림 생활의 확립

사회가 안정을 되찾는 가운데 《선원청규》에 나타나는 것 같은 총림의 기구와 생활 규범이 점차 정비되면서 수행 생활도 균질화되어 갔다. 즉 총림의 운영은 주지住持를 중심으로 하여 각기 역할을 달리하는 '동반(東班, 동서東序)'과 '서반(西班, 서서西序)'의 직역자들에 의해 운영되었다(둘을 합하여 '양반兩班'이라고 부르기도 한다. 그리고 양반과는 별도로 주지에 직속되어 그를 보좌하는 시자侍者들이 소속된 '시자국侍者局'도 있었다. 이런 직역들은 수행자가 1년씩 교대로 돌아가며 맡는 것이었는데 원대 이후에 고정화되어 갔다).

사원의 경영을 주로 담당한 것은 동반으로 '4지사四知事'로 불리는 감원(監院: 감사監寺라고도 하며 동반을 통괄), 유나(維那: 위의威儀·강기綱紀의 유지와 풍경諷經할 때 수창首唱을 담당), 전좌(典座: 식사를 담당), 직세(直歲: 건물의 수리와 집물什物의 정비를 담당)로 구성되었다. 한편 서반은 주로 선승의 수행과 교육을 담당하는 역할로서 '6두수六頭首'로 불리는 수좌(首座: 승당에서 참선 지도를 담당), 서기(書記: '방榜'과 '소疏'와 같은 총림의 공문서 제작과 글씨를 담당), 장주(藏主: 장전藏殿에 보관되어 있는 대장경의 관리를 담당), 지객(知客: 접객을 담당), 욕주(浴主: 지욕知浴이라고도 하며 욕실의 관리를 담당), 고두(庫頭: 수입 지출 및 출납을 담당) 등으로 구성되었다[남송 때는 고두가 부사副司로 이름이 바뀌어 동반으로 옮겨지고 그에 대신하여 지전(知殿, 전주殿主)이 서반에 추가된다. 이는 의례의 중요성이 증대되면서 그것을 집행하는 장소인 불전을 관리하는 지전의 역할이 중요시되었기 때문이었다. 또한 동반의 경우 감사의 상위에 도사都寺가 추가되었다. 이로써 도사都寺·감사監寺·부사副寺·직세直歲·유나維那·전좌典座의 '6지사六知事'와 수좌首座·서기書記·장주藏主·지객知客·지전知殿·지욕知浴의 '6두수六頭首'의 체제가 정비되었다].

이들 외에도 《선원청규》에는 연수당주延壽堂主 등과 같은 다양한 직명이 보이는데, 특히 주목되는 것은 장주莊主와 화주(化主, 가방街坊)의 존재이다. 전자는 장원莊園의 관리와 수세를 담당하는 직역(사전寺田은 당대唐代부터 아무런 세제상의 특전도 받을 수가 없었고, 개인 소유의 토지와 동일하게 과세 대상이 되어 있었다. 게다가 남송대에 이르면 장주를 보좌해서 세금을 거둬들이는 일을 전문으로 하는 '감수監收'가 설치되었다)이고, 후자는 시장과 거리에서 권화勸化하여 단월을 획득하는 직역이었다. 이런 직역들이 나타나는 것은 선종 사원의 경제가 자급자족적인 것에서 장원 경영과 단월에 의존하는 것으로 크게 전환되었음을 보여주는 것이라고 할 수 있다.

이와 같은 직역의 고정과 함께 5일마다 상당上堂이 행해지고[오참 상당五參上堂], 3과 8로 끝나는 날(3·8·13·18·23·28일)에는 만참(晚參, 소참小參)이 행해지는 등 매일매일의 생활도 정형화되어 갔다(후대에는 상당은 1일과 15일에 행해지는 '단망旦望'과 결하結夏·해하解夏·동지冬至·연조年朝의 '4절四節'을 중심으로 행해지게 되었다). 축성祝聖과 3불기(三佛忌: 불강탄회佛降誕會·불성도회佛成道會·불열반회佛涅槃會) 등의 연중행사도 점차 고정화되어 갔고, 또한 주지가 되기 위한 의식[입원入院]과 장송 의례 등도 자세히 규정되기에 이르렀다.

총림에서의 형식화의 진전은 승려들의 생활에도 영향을 미치지 않을 수 없었다. 전에는 수시로 행해졌던 주지와의 문답들이 상당上堂, 소참小參, 보설普說과 같이 주지가 설법을 행할 때 그에 부수되는 형식으로 행해졌다. 그리고 나중에는 이것조차도 의식화되어 미리 선을 물어보는 역할을 담당할 사람을 지정하여 질문하도록 했다. 이런 변화에 따라 종교적으로 보다 더 중요한 의미를 띠게 된 것은 제자가 개인적으로 주지의 방을 찾아가 의문점을 질문하는 '입실참청入室參請'이었다. 남송에서 공안선이 성립된 배경에는 총림에서의 이와 같은 수도상의 변화가 있었던 것이다.

이 시기에 선종 사원을 중심으로 법계에 얽매이지 않고 뛰어난 인물을 주지로 맞이하는 '시방주지十方住持' 제도가 일반화되어 가고 있던 점도 주목할 만하다. 이것이 도입되면서 각지에 '명찰名

刹'로 불리는 사원들이 출현하게 되었다. 그런데 이런 명찰의 고정화는 사원 경영 방식의 확립과 맞물려서 총림에서의 승진 코스를 고정화시키는 현상을 가져왔다. 즉 당시의 제도를 보면, 사원에 몸을 맡긴 사람은 먼저 '동행童行'으로서 잡무를 맡아보면서 기초 지식을 배우고 나서 일정한 기간이 지나면 득도得度하여 '사미'가 되었으며, 그 이후에야 수계受戒하여 정식 '승려'가 되었다. 선승의 경우 수계 이후에 운수雲水가 되어 각지의 명찰로 선승들을 찾아가 수행을 쌓으면서 시자, 장주, 서기 등을 거쳐 수좌가 되고 나야 비로소 주지로 임명되었다. 그리고 주지 자리도 비교적 작은 규모의 사원에서 시작하여 점차 유명한 사원으로 옮기고 최후에는 이름 높은 명찰의 주지를 맡는 형태로 경력을 쌓아 갔다.

주지 경력자[전주前主]는 '동당東堂', '서당西堂'으로 불리는 요사채에 기거했으며(해당 사찰의 전임 주지를 위한 건물을 '동당'이라 하고, 다른 사찰의 전임 주지를 위한 것을 '서당'이라고 했다), 그런가 하면 유력한 선승의 사원 근처에 암자를 짓고서 거주했다(황룡 혜남이 황벽산黃蘗山 속에 지은 적취암積翠庵은 오래된 예이다). 또한 특별히 이름 있는 선승들의 경우는 그들의 입적 후에 단독으로 묘탑이 건립되고(일반 승려들의 유골은 '해회탑海會塔'이라고 불리는 공동 묘탑에 안치되었다), 그것을 중심으로 작은 사원[탑원塔院]이 운영되었으므로 명찰에는 여러 개의 작은 암자와 탑원들이 부속되어 있었다.

주지로 임명될 때는 자신의 사승師承을 명확히 할 것을 요구받았기 때문에 선승들의 '사법嗣法'에 대한 인식은 점점 높아져 갔다. 선종의 권위가 확립됨과 맞물려서 이 시대에는 이미 사서(嗣書, 인가장)가 일반화되었고, 제자가 스승의 정상頂相을 머리에 이고서 법을 계승한 징표로 삼는 풍습도 널리 행해졌다. 임제종에서 《마조4가록馬祖四家錄》(1085년)이 편찬되고, 운문종에서 《덕산4가록德山四家錄》(일실)이 편찬된 것도 법계의식이 강하게 되었음을 드러내는 것이라고 볼 수 있다[이러한 경향은 남송시대에도 계속 이어져서 선종 각파에서는 〈종파도宗派圖〉를 만들어 법을 계승한 제자들에게 나눠주었다. 또한 황룡파와 양기파에서는 《황룡4가록黃龍四家錄》(1141년)과 《자명4가록慈明四家錄》(1153년)이 편집되었다].

이런 가운데 발생한 것이 천복 승고(薦福承古, ?~1045)의 사승 문제였다. 승고는 운거 도응(雲居道膺, 835?~902)의 탑원에 주석하면서 그의 종풍을 드날려서 '고탑주古塔主'라고도 불렸던 인물이었다. 그는 여러 명의 선사들에게 참문했지만 성과를 얻지 못하다가 후에 운문 문언(雲門文偃, 864~949)의 말을 보고 깨닫고 나서 스스로 운문의 법을 이었다고 이야기했다. 이런 승고의 태도는 얼마 후 각범 혜홍의 《임간록林間錄》(1107년) 등에서 법계를 어지럽힌 처사라고 비난받았다(특히 명나라 말기 비은 통용의 《5등엄통五燈嚴統》(1653년)에서는 승고를 '사승이 명확하지 않은[사승불상師承不詳]' 선승으로 취급하고 있다). 결국 여기에서 중요한 것은 '깨달았다'고 하는 사실 그 자체보다도 스승으로부터 직접, 즉 '면수面授'에 의해 인가를 받았느냐 하는 형식이었다. 선승의 정통성이 법을 계승한 것에 의해 보증되었던 관계로 총림의 권위를 지키기 위해서는 승고와 같은 인물의 존재를 인정할 수 없었던 것이다.

4 _ 공안 비평의 유행

　선의 권위가 확립되고 사원 생활이 안정화되면서 선은 다양한 면에서 고정화·형식화의 경향을 보이게 되었고, 선의 생명이라고 할 수 있는 총림에서의 문답상량問答商量도 몰개성화·유형화되어갔다. 이런 가운데 점차 공안公案 비평이 성행하게 되었다.

　당나라 때는 수행자의 왕래가 활발해서 선승들 사이에 서로 비평하는 것이 유행했다. 당초에는 동시대의 인물을 대상으로 하는 세평世評적인 것이었지만, 5대 10국에서 송나라에 걸쳐 총림이 사회체제 내로 편입되어 가면서 과거의 생기 넘쳤던 선에 대한 동경심이 강하게 일어나 점차 고인들이 비평의 중심이 되었고, 비평의 대상이 되는 문답도 어느 정도 고정화되었다. 이렇게 하여 보편적인 평가를 받은 선 문답은 본받아야 할 고인의 가르침이라고 하여 '고칙古則'으로 불리게 되고, 또한 재판에서의 판례에 견주어서 '공안公案'(이 말은 본래 '정부의 조서調書', '재판의 판례'라는 뜻이다)으로도 불리게 되었다.

　그렇게 되자 선승들은 자신들의 선 문답이 아니라 공안에 대한 비평의 독창성으로 실력을 과시하려고 하는 경향을 보였다. 그리하여 통상적인 언어에 의한 비평[염고拈古] 외에도 송고(頌古: 시에 의한 비평), 착어(著語: 짧은 비평, 코멘트), 평창(評唱: 강평講評)과 같은 여러 가지 비평 형식이 고안되었다. 동시에 비평이 비평을 부르는 것 같은 형태로 중복적으로 전개되었는데, 그 결과 공안 비평은 어록의 중요한 구성 요소가 되었고 그것이 차지하는 비율도 점차로 증가되

5산판《벽암록》의 속표지

어 갔다. 그뿐 아니라 《건중정국속등록》(1101년)이 전체를 〈정종正宗〉〈대기對機〉〈염고拈古〉〈송고頌古〉〈게송偈頌〉의 5문으로 나누고 있는 것처럼, 〈염고〉와 〈송고〉는 등사에서도 중요한 부분을 차지하게 되었다[〈염고〉와 〈송고〉는 남송의 《가태보등록》(1204년) 등에도 계승되고 있다].

다양한 공안 비평 가운데 '송고'는 당나라 말기에 출현한 것으로서 문학적 소양을 필요로 하는 점에서 시대의 풍조와 맞는 점이 있었기 때문에 활발하게 제작되었다. 이 시기에는 〈송고 100칙頌古百則〉〈송고 110칙頌古百十則〉과 같이 송고를 일정 숫자에 맞추어 모아놓은 형태의 작품이 많이 나타나게 되었다. 그 선구는 분양 선소가 천희天禧 연간(1017~1021)에 만든 〈송고 100칙〉이라고 이야기되고 있지만, 그후에도 설두 중현의 〈송고 100칙〉, 백운 수단의 〈송고 110칙〉, 투자 의청과 단하 자순의 〈송고 100칙〉 등이 차례로 나타났다. 특히 문하적 소양이 풍부했던 설두 중현의 〈송고 100칙〉은 높은 평가를 얻었기 때문에 원오 극근은 종종 이것을 텍스트로 하여 강의를 했다. 그것을 제자들이 편집하여 한 권의 책으로 정리한 것이 유명한 《벽암록碧巖錄》(《벽암집碧巖集》, 1125년)이다.

한편 이 시기의 염고집으로는 혜암 종영(慧巖宗永, 생몰년 미상)의 《종문통요宗門統要》(1135년)가 있는데, 남송시대의 등사인 《종문연등회요宗門聯燈會要》(회옹 오명晦翁悟明 편찬, 1189년)는 이 책에 의거한 것이며, 원대에는 그 속편으로 《종문통요속집宗門統要續集》(고림 청무古林淸茂 편찬, 1320년)이 편찬되는 등 후대에 큰 영향을 남겼다.

|벽암록| 송나라의 원오 극근이 여러 곳에서 행한 설두 중현의 〈송고 100칙〉에 대한 강의를 1125년에 모아 편찬한 책. 책의 이름은 원오가 머물렀던 협산夾山 영천선원靈泉禪院에 걸려 있던 편액에 근거했다. 각 칙則은 수시(垂示, 서언), 본칙(本則, 공안), 본칙에 대한 평창評唱, 송고, 송고에 대한 평창 등으로 구성되어 있으며, 본칙과 송고가 설두 중현의 손에 의한 것이다. 운문종 제3세로서 운문종 중흥의 조사로 불리는 그의 송고는 그 전통인 문학성이 풍부하여 많은 사람들에게 애호되었다. 원오가 이에 대한 강의를 행한 것은 이와 같은 당시의 풍조에 따른 것이었다. 설두의 〈송고 100칙〉은 아이러니를 품고 있으면서도 과거의 선사들에 대한 애정으로 가득한 것이었다. 원오는 여기에 제자들에 대한 교계敎戒와 수행자가 마음에 담아둬야 할 선종 사상의 미담 등을 수시와 평창의 형태로 보충하고 동시에 본칙과 송고 양쪽에 대해 착어라고 하는 형태로 신랄한 비평을 더했다. 따라서 본칙에 등장하는 선사와 설두, 원오 등 개성이 서로 다른 세 사람이 중층적으로 뒤얽히고 일종의 긴장 관계에 놓이면서도 서

로 공명하는 보기 드문 작품을 구성하고 있다. 그래서 이 책이 등장하자마자 곧바로 세상에 널리 알려지게 되었는데, 원오의 제자인 대혜 종고(大慧宗杲, 1089~1163)는 오히려 수행에 방해가 된다고 하여 판목을 모아 불태웠다고 한다. 그러나 이 책의 영향은 대단해서 《종용록從容錄》(1224년, 굉지 정각宏智正覺 송고, 만송 행수萬松行秀 평창), 《공곡집空谷集》(1285년, 투자 의청 송고, 단하 자순 착어, 임천 종륜林泉從倫 평창), 《허당집虛堂集》(1295년, 단하 자순 송고, 임천 종륜 평창) 등과 같이 비슷한 형태의 공안집이 계속하여 나타나게 되었다. 일본의 선은 송나라의 선을 받아들이면서 출발했기 때문에 이 책을 '종문宗門 제일第一의 책'으로 여겨 활발히 연구·강의했고, 남북조시대 이래 여러 차례 개판되었다. 한편 원오 극근에게는 이 책 외에 설두 중현의 〈염고 100칙〉을 강의한 《불과원오격절록佛果圓悟擊節錄》(설두 중현 염고, 원오 극근 착어·평창)이 있으며, 이 책도 널리 유포되었다. 《청익록請益錄》(1230년, 굉지 정각 염고, 만송 행수 착어·평창)은 이 책을 모델로 한 것이다.

5_선의 세속화와 제종의 융합

이 시기의 선의 특징으로 사대부계급에게 보급된 것을 들었는데, 이런 상황도 선의 성격에 커다란 변화를 가져오는 원동력이 되었다. 그것을 한마디로 이야기하면 총림의 세속화로서, 문학과 회화 등의 예술을 중시하고, 본래 입장을 달리해야 할 정토교와 타협하는 형태로 나타났다.

스스로의 체험에 대한 표출과 포교상의 필요 때문에 본래 선에는 문학적인 요소가 많이 포함되어 있었지만, 사대부와의 교류가 밀접하게 이루어지면서 교제 수단으로 시문詩文을 이용하는 경향이 더욱 심해졌다. 특히 각범 혜홍은 문재가 뛰어나서 많은 저작을 남겼는데, 그 중에서도 시문집인 《석문문자선石門文字禪》은 일반인들 사이에서도 널리 읽혔다. 또한 《냉재야화冷齋夜話》 등은 거의 대부분이 시문에 대한 비평인 시화詩話로 채워져 있을 정도이다(당나라 때의 승려인 한산寒山과 습득拾得의 시를 모은 것이라고 하여 총림에서도 널리 읽혔던 《한산시집寒山詩集》이 현재의 형태로 정리된 것도 이 시기의 일이었다).

또한 이 시대에는 여기餘技로 회화를 즐기는 선승들도 많았던 것으로 보인다. 황정견 등과도 교류했던 중인(仲仁: 화광花光, 11~12세기)은 '묵매墨梅'로 유명하여 문인화가들에게도 큰 영향을 주었고, 각범 혜홍도 그를 흉내내어 매화를 그렸다고 한다. 한편으로는 문인화가들 중에서도 선의 영향을 받은 사람들이 나왔다. 소식이나 황정견과 친했던 이공린(李公麟, ?~1106)은 뛰어난 '선회도禪會圖'를 많이 그렸고, '도석인물화道釋人物畵'를 사대부들의 감상용으로 걸맞게 그 수준을 높였다고 한다.

이런 경향은 이미 당말·5대에도 보였던 것이지만, 승려의 이런 행동들이 늘 긍정적으로 받아들여졌던 것은 아니었다. 그러나 송나라의 기초가 확립되고 사회가 안정을 되찾으면서 문치주의가 철저하게 되자 사대부계급의 교양으로서 시詩·서書·화畵가 존중되고, 이런 것들에 대한 재능이 승려들 사이에서도 존경할 만한 것으로 여겨지게 되었다.

이 시대 선 사상의 특징 가운데 하나는 정토교와의 습합이 상당히 넓은 범위에서 인정받게 된 것을 들 수 있다. 선정쌍수禪淨雙修 사상의 선구는 5대에서 송나라 초기에 걸쳐 활약한 영명 연수였고, 북송대에는 천의 의회, 혜림 종본, 자수 회심, 장로 종색과 같은 운문종의 사람들을 중심으로 널리 침투되어 갔다. 나아가 임제종의 사심 오신, 조동종의 진헐 청료(眞歇淸了, 남송시대, 1089~1151) 등에게도 그 영향이 미쳤다[종색 등은 여산廬山 연사蓮社의 유풍을 사모하여 연화승회蓮華勝會라고 하는 결사까지 조직했다. 그 때문에 종효宗曉의 《낙방문류樂邦文類》 권3에는 종색의 전기를 수록하고 '연종 제6조' 가운데 한 사람으로 헤아리고 있기도 하다].

초기의 선종 문헌이 서방왕생을 엄하게 비판한 것에서 알 수 있듯이 본래 정토교의 타력 사상은 선의 근간을 이루는 '견성성불見性成佛'의 가르침과 양립하기 어려운 것이었다. 하지만 일반적으로 중국의 정토 사상은 '유심정토唯心淨土'적인 경향이 강했고, 그런 점에서 (실제로 서쪽에 있는 극락정토를 지향하는) '지방입상指方立相의 정토'를 당연하게 여기는 일본에 비해 훨씬 (선종과) 융합하기 쉬운 요소를 가지고 있었다. 그러나 이 시기 이전에는 선이 선 자체로서 완결되어 있었으므로 선승들이 일부러 정토 사상을 받아들이게 된 데는 그 나름의 이유가 있었다고 생각된다. '깨달았다'고 자칭하는 사람들의 독선적인 태도에 대한 비판적인 생각에서 선승 스스로가 '염불'이라고 하는 착실한 수행에 눈을 돌리게 되었던 것도 중요한 이유라고 생각되지만, 그 이전에 정토교가 사회에 깊숙이 침투되어 있던 상황을 고려하지 않을 수 없다. 이 시대에는 천태종의 사명 지례, 자운 준식, 종효, 율종의 영지 원조 등에게서 볼 수 있는 것처럼 정토교는 종파를 뛰어넘어 널리 수용되고 있었다. 사대부계급의 지지를 받으며 불교의 왕좌를 차지하고 있던 선종으로서도 이런 현실을 무시할 수는 없었던 것이다.

|각범 혜홍| 덕홍德洪이라고도 함. 균주筠州 신창현(新昌縣, 강서성) 출신으로 성은 팽彭씨다(유喩씨라고도 함). 양친의 죽음으로 14세에 출가하고, 19세에 득도했다. 처음에는 《성유식론》 등의 교학을 공부했지만 후에 선종으로 전향, 진정 극문을 비롯한 여러 노숙老宿들에게 사사하고 극문의 법을 이었다. 무주(撫州, 강서성) 북쪽의 석문 경덕사에 머무른 후 금릉으로 옮겼고, 이어서 서주의 청량사에 머물렀는데(1105년) 사원에 머무른 지 1개월 만에 참소를 만나 옥중에 갇혔다. 장상영 등의 노력으로 석방되었지만 그후에도 여러 차례에 걸쳐 투옥되는(1109년, 1114년, 1118년) 등 고난을 겪었다. 결국에는 예술(시문)에의 지향을 강화했고, 만년에는 상서(湘西, 호남성)의 남대사南臺寺에서 《선림승보전》 등의 저술에 전념했다. 문학에도 뛰어나서 《임간록》(1107년) 《선림승보전》(1122년) 《냉재야화》 《석문문자선》 등 많은 저작을 남겼다. '보각원명 선사'라는 호를 받았으며, 그의 탑명은 한구韓駒가 지었다.

[참고 문헌]

荒木見悟〈宋代思想史の諸相〉(《中國思想史の諸相》, 中國書店, 1989)
安藤俊雄《天台性具思想論》(法藏館, 1953)
安藤俊雄《天台學 根本思想とその展開》(平樂寺書店, 1968)
安藤智信〈宋の張商英について—佛教關係の事蹟を中心として〉(《東方學》22, 1961)
石井修道〈曹山本寂の五位說の創唱をめぐって〉(《宗學研究》28, 1986)
石井修道〈眞淨克文の人と思想〉(《駒澤大學佛教學部研究紀要》34, 1976)
石井修道《宋代禪宗史の研究》(大東出版社, 1987)
石附勝龍〈君臣五位について〉(《印度學佛教學研究》16-2, 1968)
入矢仙介・松村昂《寒山詩》(禪の語錄 13, 筑摩書房, 1970)
入矢義高・梶谷宗忍・柳田聖山《雪竇頌古》(禪の語錄 15, 筑摩書房, 1981)
入矢義高・溝口雄三・末木文美士・伊藤文生《碧巖錄(上・中・下)》(岩波文庫, 岩波書店, 1992~1996)
宇井伯壽《第三 禪宗史研究》(印度哲學研究 12, 岩波書店, 1943)
大野修作〈慧洪《石門文字禪》の文字世界〉(《禪學研究》67, 1989)
鏡島元隆〈《永平淸規》の背景としての《百丈淸規》〉(《道元禪師とその周邊》, 大東出版社, 1985)
鏡島元隆・佐藤達玄・小坂機融《譯註 禪苑淸規》(曹洞宗宗務廳, 1972)
久須本文雄《宋代儒學の禪思想硏究》(日進堂, 1980)
小坂機融〈淸規變遷の底流(1)〉(《宗學硏究》5, 1963)
佐藤達玄〈北宋叢林の經濟生活〉(《駒澤大學佛教學部研究紀要》25, 1967)
佐橋法龍〈正偏五位說の硏究〉(《宗學硏究》創刊號, 1956)
椎名宏雄《宋元版禪籍の硏究》(大東出版社, 1993)
島田虔次《輔教編》(禪の語錄 14, 筑摩書房, 1981)
高雄義堅《宋代佛教史の硏究》(百華苑, 1975)
永井政之〈中國佛教成立の一側面—三佛忌の成立と展開〉(《駒澤大學佛教學部論集》25, 1994)
永井政之〈中國佛教成立の一側面—中國禪宗における葬送儀禮の成立と展開〉(《駒澤大學佛教學部論集》26, 1995)
西口芳男〈黃龍慧南の臨濟宗轉向と泐潭懷澄—附論《宗門摭英集》の位置とその資料的價値〉(《禪文化硏究所紀要》16, 1990)
忽滑谷快天《禪學思想史 下卷》(玄黃社, 1925)
牧田諦亮〈趙宋佛敎史における契嵩の立場〉(《中國近世佛敎史硏究》, 平樂寺書店, 1957)

增永靈鳳〈中國禪宗史における五家の地位と性格〉(《駒澤大學佛敎學部硏究紀要》 14, 1956)
諸戶立雄 〈宋代における僧侶の稅役問題―とくに免丁錢(淸閑錢)を中心として〉 (《中國佛敎制度史の硏究》, 平河出版社, 1990)
柳田聖山《禪の文化―資料篇》('禪の文化'硏究班硏究報告第一册, 禪林僧寶傳譯註 (一), 京都大學人文科學硏究所, 1988)

[선의 계보 4]

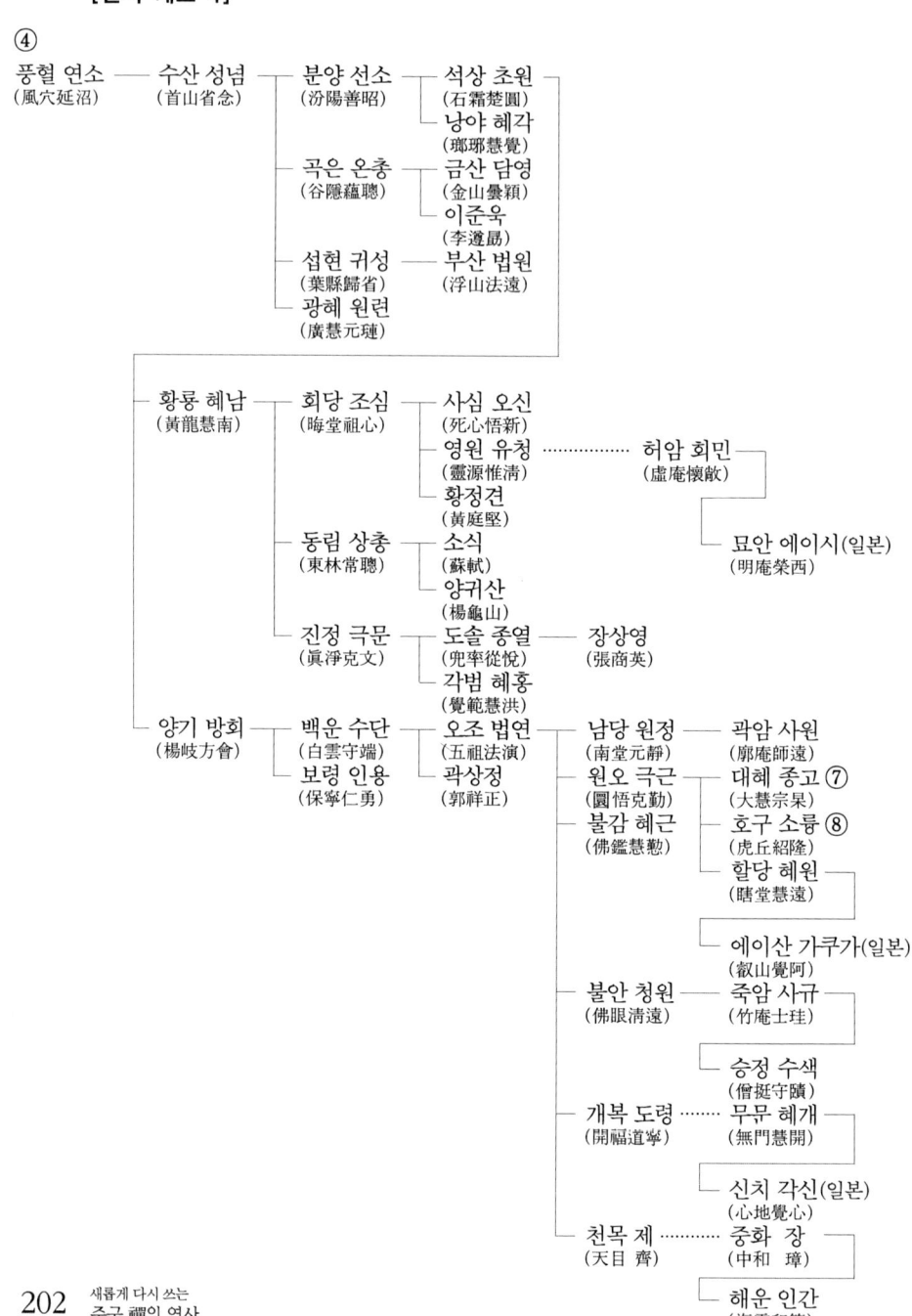

⑤
동안 도비 ── 동안 관지 ── 양산 연관 ── 대양 경현 ── 투자 의청 ─┐
(同安道丕)   (同安觀志)   (梁山緣觀)   (大陽警玄)   (投子義靑)

                          ┌── 부용 도해 ──┬── 단하 자순 ⑨
                          │ (芙蓉道楷)   │ (丹霞子淳)
                          │   └── 녹문 자각 ⑩
                          │   (鹿門自覺)

⑥
운문 문언 ──┬── 쌍천 인욱 ── 덕산 혜원 ── 개선 선섬 ── 불인 요원
(雲門文偃) │   (雙泉仁郁)   (德山慧遠)   (開先善暹)   (佛印了元)
           ├── 덕산 연밀 ── 문수 응진 ── 동산 효총 ── 불일 설숭
           │   (德山緣密)   (文殊應眞)   (洞山曉聰)   (佛日契嵩)
           ├── 쌍천 사관 ── 오조 사계 ── 늑담 회징 ──┬── 육왕 회련
           │   (雙泉師寬)   (五祖師戒)   (泐潭懷澄)   │   (育王懷璉)
           │   └── 구봉 감소 ── 대매 법영
           │   (九峰鑑韶)   (大梅法英)
           ├╌╌ 동산 수초 ── 남악 양아 ╌╌╌╌ 천복 승고
           │   (洞山守初)   (南嶽良雅)   (薦福承古)
           └── 향림 징원 ── 지문 광조 ── 설두 중현 ── 천의 의회 ─┐
               (香林澄遠)   (智門光祚)   (雪竇重顯)   (天衣義懷)

        ┌── 혜림 종본 ──┬── 법운 선본 ── 묘담 사혜 ── 월당 도창 ── 뇌암 정수
        │   (慧林宗本)   │   (法雲善本)   (妙湛思慧)   (月堂道昌)   (雷庵正受)
        │   └── 장로 숭신 ── 자수 회심
        │   (長蘆崇信)   (慈受懷深)
        ├── 문혜 중원 ── 원풍 청만 ── 원각 종언
        │   (文慧重元)   (元豊淸滿)   (圓覺宗演)
        ├── 원통 법수 ──┬── 불국 유백
        │   (圓通法秀)   │   (佛國惟白)
        │   └── 혜엄 종영
        │   (慧嚴宗永)
        └── 장로 응부 ── 장로 종색
            (長蘆應夫)   (長蘆宗賾)

[선 관계 지도 4]

제5장 선의 계승과 유지
남송·금·원 시대의 선

1. 남송에서의 선의 전개

1_ 남송의 사회 정세

정강의 변으로 일단 송나라가 멸망했지만 1127년 흠종의 동생인 조구(趙構, 1107~1187)가 남경응천부南京應天府에서 황제로 즉위하여(고종高宗, 1127~1162 재위) 송을 부활시키고 수도를 임안(臨安: 항주, 절강성)으로 정했다. 남송(南宋, 1127~1279)이다. 이리하여 새로 금과 서하, 남송의 3국이 정립하는 시대가 되었다. 강남으로 쫓겨난 남송은 처음에는 잃어버린 영토를 되찾으려는 쪽으로 노력했지만, 금나라에 포로로 잡혀 있던 진회(秦檜, 1090~1155)가 귀국하면서 강화파가 세력을 얻게 되었다. 주전파의 영수였던 악비(岳飛, 1103~1141)가 처형되고 1142년에는 금나라와의 화의가 성립되었다. 화의의 내용은 송이 금에 대해 신하의 예를 취하고, 매년 공물을 바친다고 하는 굴욕적인 것이었지만 대외 관계가 안정되었기 때문에 진회의 주도하에 국가체제의 정비가 진전되었다. 1145년 승려들에 대한 인두세로 면정전免丁錢이 징수되기 시작한 것은 그런 정책의 일환으로 볼 수 있다. 그리고 이 시책은 사실상 불교에 대한 통제를 포기한 것으로 볼 수 있으며, 이후에는 적장籍帳에 의해 면정전을 징수하는 것이 정부 불교정책의 중심이 되었다.

그후 1161년 금나라 해릉왕海陵王의 침공이라고 하는 예측하지 못한 사태가 일어났지만 결과적으로는 남송에 유리한 형태로 강화가 성립되었고, 이어지는 효종(孝宗, 1163~1189 재위)의 시대에는 평화와 안정이 찾아왔다. 대혜 종고에 이어 밀암 함걸(密庵咸傑, 1118~1186) 등의 선승들이 활약하고, 주희가 송학을 집대성한 것도 이 시기였다. 그러나 12세기말에 이르면 외척 한탁주(韓侂冑, ?~1207)가 정권을 장악하여 반대파(도학파라고도 함. 주희 등도 포함되었음)를 탄압하고(경원慶元의 당금黨禁) 금나라에 대해서도 전쟁을 일으켰기 때문에 사회는 동요했다.

1207년 한탁주가 암살되고 금과 화의가 성립되었다. 하지만 그 후에도 사미원(史彌遠, ?~1233)과 가사도(賈似道, 1213~1275) 등의 전권 재상이 출현했다. 또한 1217년에는 몽골의 압박을 받아 약화된 금에 대해 전쟁을 재개했다. 1233년부터 1234년에는 금에 대한 정복을 시도한 몽골에 협력했고, 다시 1235년 이후에는 몽골군의 침공에 대해 방어전을 펼치는 등 전쟁이 계속되어 사회 불안은 더욱 심해졌다.

1260년 몽골 제5대 칸의 자리를 차지한 쿠빌라이(세조世祖, 1260~1294 재위)는 그때까지의 칸들과는 달리 중국의 황제가 되려고 했다. 1273년 양양襄陽을 공략했고 다음해에는 남송에 대해 선전을 포고하고 바이얀伯顏을 총지휘관으로 삼아 총공격을 개시했다. 송나라 군대는 각지에서 거듭 패배했고 1275년 가사도가 이끄는 13만 대군도 무호(撫湖, 안휘성)에서 대패했다. 가사도는 실각했고 곧 책임을 묻는 여론의 압력으로 처형되었다.

1276년 몽골군이 임안에 몰려들자 공제(恭帝, 1274~1276 재위)의 남송 정부는 항복했고, 황족과 고관 등 수천여 명이 임안에서 쿠빌라이가 기다리는 상도上都로 끌려갔다. 송의 잔당은 다시 단종(端宗, 1276~1278 재위)과 위왕(衛王, 1278~1279 재위)을 황제로 받들고 저항을 계속했지만, 1279년 마침내 광동의 애산厓山에서 섬멸되었다.

2 _ 선종 각파의 동향

남송에 접어들어 운문종의 활동은 점차 위축되어 《가태보등록嘉泰普燈錄》(1204년)의 편찬자인 뇌암 정수(雷庵正受, 1146~1208) 정도가 알려져 있을 정도이다. 남송말에는 그 계보가 단절되고 말았다. 때문에 선의 주류는 임제종과 조동종의 두 종파가 차지하게 되었다. 그 중에서도 임제종 양기파의 발전은 눈부신 것이었다. 특히 원오 극근의 문하에서 나온 대혜 종고는 많은 제자들을 모아 일파를 이루었다(대혜파). 이 파에 속하는 사람들을 살펴보면, 대혜 종고의 제자에 졸암 덕광(拙庵德光: 불조 선사佛照禪師, 1121~1203), 나암 정수(懶庵鼎需, 1092~1153), 개선 도겸(開善道謙: 밀암密庵, 생몰년 미상), 효형 중온(曉瑩仲溫, 1116?~?) 등이 있고, 다시 졸암 덕광의 제자로 북간 거간(北礀

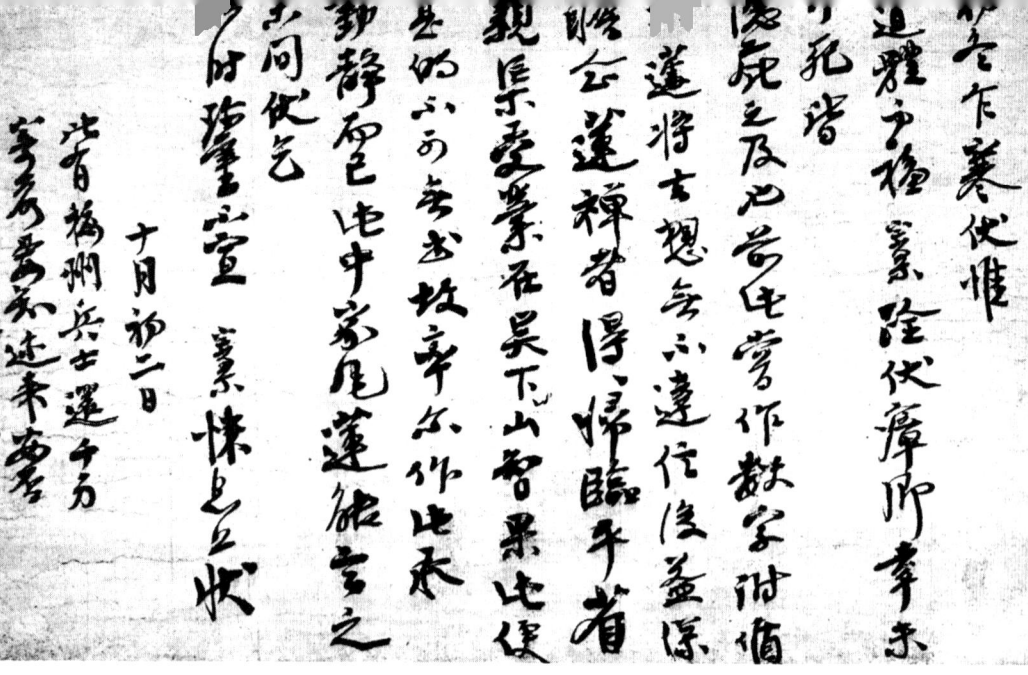

대혜 종고 묵적(도쿄국립박물관 소장)

居簡, 1164~1246)과 절옹 여염(浙翁如琰, 1151~1225) 등이 있다. 또한 북간 거간의 제자에 물초 대관(物初大觀, 13세기 중엽)이, 절옹 여염의 제자에 대천 보제(大川普濟, 1179~1253)와 언계 광문(偃溪廣聞, 1189~1263), 그리고 선종 5가의 특색을 밝히려 한 《인천안목人天眼目》의 편자 회암 지소 등이 있다.

한편 대혜 종고는 사대부와도 적극적으로 교류했기 때문에 그의 문하에는 많은 거사들이 모여들었다. 주요 인물로는 대혜의 신임이 가장 두터웠던 장구성(張九成, 1092~1159), 문학자로서 유명한 여본중(呂本中, 1084~1145), 그리고 한구(韓駒, ?~1136)와 이병(李邴, 1085~1146) 등이 있다.

|대혜 종고| 16세에 득도했고 17세에 구족계를 받았다. 처음에 부용 도해의 제자인 동산 도미(洞山道微, 생몰년 미상)에게 배우고, 이어서 임제종

황룡파에 속하는 담당 문준(湛堂文準, 1061~1115)에게 사사했다. 문준의 입적 후에는 여러 선사들을 두루 찾아다녔다. 문준의 유명과 장상영(張商英, 1043~1121)의 권유를 좇아 임제종 양기파인 원오 극근의 제자가 되었고(1125년), 곧바로 그의 법을 계승했다. 1137년 경산(徑山, 절강성)에 머물면서 천여 명의 학도를 모아 '임제의 재흥'으로 일컬어졌다. 그러나 1141년 정쟁에 휘말려 형주(衡州, 호남성)와 매주(梅州, 광동성)로 유배되었고, 뒤에 유배에서 풀려나 명주(明州, 절강성) 아육왕산阿育王山에 들어갔다. 1158년 다시 경산으로 들어갔다가 1163년 75세로 입적했다. 《정법안장正法眼藏》《대혜어록大慧語錄》《대혜법어大慧法語》《대혜보설大慧普說》《대혜서大慧書》 등의 저작을 남겼다. 조동종계의 묵조선을 엄하게 비판함과 동시에 오조 법연으로부터 원오 극근에게 계승된 공안을 사용한 지도법을 발전시켜 공안선을 대성했다. 또한 마조 이래의 대기대용大機大用의 전통을 계승했고, 왕법과 불법의 일치를 주장하면서 문하의 사대부들을 통해 사회와 적극적으로 관계를 맺으려고 노력했다. 그와 같은 능동적인 자세는 그의 사상과 함께 주희 등에게도 많은 영향을 미쳤다.

그러니 그후 밀암 함걸의 활약에 의해 원오 극근의 제자 중에서도 호구 소륭(虎丘紹隆, 1077~1136)의 계통(호구파)이 융성하게 되었다. 밀암 함걸의 문하 중에서도 송원 숭악(松源崇岳, 1132~1202)과 파암 조선(破庵祖先, 1136~1211) 두 사람은 특히 유명하여 각기 일파를 이루었다(송원파와 파암파). 송원파에는 허당 지우(虛堂智愚, 1185~1269), 파암파에는 무준 사범(無準師範: 불감 선사佛鑑禪師, 1177~1249)의 활약이 두드러지는데, 두 사람 모두 이종理宗 황제(1224~1264)의 귀의를 받았다.

허당 지우에게도 영석 여지(靈石如芝, 생몰년 미상) 등의 제자가 있긴 했지만, 특히 무준 사범의 문하가 다채로웠다. '4철四哲'로 불리는 별산 조지(別山祖智, 1200~1260), 단교 묘륜(斷橋妙倫, 1201~1261), 서암 요혜(西巖了惠, 1198~1262), 올암 보령(兀庵普寧, 1197~1276)을 비롯하여 5가 종풍의 차이를 논한 《5가정종찬五家正宗贊》(1254년)을 지은 희수 소담(希叟紹曇, 생몰년 미상)과 화승으로 명성이 높은 목계(牧谿: 법상法常, ?~1280경), 환계 유일(環溪惟一, 1202~1281), 퇴경 덕녕(退耕德寧, 생몰년 미상), 설암 조흠(雪巖祖欽, ?~1287), 무학 조원(無學祖元, 1226~1286) 등이 있었다. 또한 원오 극근의 계통 외에 《고존숙어요古尊宿語要》(1138~1144경)의 편자인 승정 수색(僧挺守賾: 색장주賾藏主, 생몰년 미상)과 《무문관》(1229년)의 저자인 무문 혜개(無門慧開, 1183~1260) 등도 주목해야 할 인물들이다.

위에 열거한 저명한 선승들 밑에는 고려와 일본에서도 많은 제자들이 모여들었으며, 그 수는 중국인들을 능가할 정도였다고 한다. 이 시기의 일본인 유학생으로 중요한 인물은 허당 지우의 법을 계승한 난포 죠민[南浦紹明, 1235~1308], 무준 사범을 계승한 토후쿠 엔니[東福圓爾, 1202~1280], 단교 묘륜에게 참문한 무칸 후몬[無關普門, 1212~1291], 희수 소담에게 참문한 하쿠운 에교[白雲慧曉, 1228~1297] 등이 있다.

한편 조동종에서는 단하 자순의 문하에서 굉지 정각과 진헐 청료 두 사람이 출현하여 임제종과는 뚜렷하게 구분되는 독자적인 종풍을 드날렸다. 하지만 그 세력은 임제종에는 크게 미치지 못했고, 다만 진헐 청료의 계통에서 나온 천동 여정(天童如淨, 1163~1228)이 송나라에 유학한 일본의 도겐[道元, 1200~1253]에게 선을 전하여 일본 조동종의 원류가 된 것은 특필할 일이다.

남송 말기에서 원나라 초기에 걸쳐서는 송원파의 난계 도륭(蘭溪道隆, 1213~1278, 1246년 일본에 건너감), 파암파의 올암 보령(1260년 일본에 건너갔다가 1265년 귀국), 무학 조원(1279년 일본에 건너감) 등과 같은 뛰어난 선승들이 연이어 일본으로 건너갔다. 그 중에는 일산 일녕(一山一寧, 1247~1317, 1299년 일본에 건너감)과 같이 원나라의 사절로 건너간

무준 사범

사람도 있지만, 대부분의 경우는 일본측의 간청과 함께 남송말의 정쟁 및 이민족인 원 왕조에 굴종하는 것에 대한 불만 때문에 건너갔다고 생각된다.

한편 남송시대 불교계의 정세로서 특필하지 않을 수 없는 것은 선과 천태종의 관계에 커다란 변화가 있었다는 사실이다. 북송시대에는 사명 지례에게서 보이는 것처럼 천태종 사람들이 자주 선

종에 비판의 칼날을 겨누었지만, 남송시대에 와서는 거꾸로 적극적인 접근을 도모했다. 천태종의 청수 법구(淸修法久, ?~1163), 죽암 가관(竹庵可觀, 1092~1182), 북봉 종인(北峰宗印, 1148~1213) 등은 대혜 종고의 문하에서 공부했고, 각운 지련(覺運智連, 1088~1163)은 굉지 정각에게 사사했다. 또한 종인의 제자인 회암 법조(晦巖法照, 1185~1273)가 치절 도충(癡絶道冲, 1169~1250)과 허당 지우에게 참문했던 것처럼 그들의 제자 중에서도 많은 사람들이 선사들에게 배웠다(법조는 난계 도륭의 《대각선사어록大覺禪師語錄》의 서문을 지은 사람으로 알려져 있다). 그들이 선에 관심을 갖게 된 이유는 참선을 통해 천태 법문의 실증을 얻으려고 한 것으로 생각되는데, 법구 때에 이르러서는 천태종의 사원에서도 선림의 청규를 채용했다고 한다[현재 일본에 전해지고 있는 《교원청규敎苑淸規》는 명나라 초기에 일암 일여(一庵一如, 생몰년 미상)가 일본에 가지고 온 것으로 운외 자경(雲外自慶, 생몰년 미상)이 1347년에 재편한 것이다. 아마도 법구가 만든 것을 모본으로 했을 것이다]. 천태종 승려 중에는 목암 법충(牧庵法忠, 1084~1149)과 정자 담밀(淨慈曇密, 1120~1188)과 같이 마침내 선으로 전향한 사람들도 있었다. 이와 같이 불교계에서 선의 영향력은 절대적이었으며, '양반兩班'에 의한 사원 운영이나 '시방주지十方住持' 제도와 같은 것들은 교종 사원이나 율종 사원에서도 받아들여져 널리 일반화되었다(성오省悟가 편집한 《율원청규律苑淸規》는 1324년에 간행되었다).

3_ 선적의 입장과 출판

송나라 태조가 대장경의 조판을 명령하고(971년), 인경원印經院에서 간행한 것에 대해서는 앞에서 이야기했다. 그런데 북송 말기가 되면 경제적 발전을 배경으로 하여 민간에서도 대장경 간행이 이루어지게 되는데, 이것은 남송에도 이어졌다. 복주福州 동선사판東禪寺版 대장경(1080~1112), 복주 개원사판開元寺版 대장경(1112~1151), 호주湖州 사계판思溪版 대장경(1133년경), 적사판磧砂版 대장경(1231~1315) 등이 대표적인 것들이다. 선종의 권위가 확립되면서 《경덕전등록》《전법정종기》《전심법요》《육조단경》《대혜선사어록》과 같은 선적禪籍들이 그때그때 대장경에 편입되는[입장入藏] 것을 인정받았으므로 이들 전적은 대장경과 함께 유포되었다(선적의 입장은 원나라 때는 《중봉화상광록》, 명나라 때는 《호법론》과 《원오불과선사어록》이 추가로 인정되었고, 그후에도 계속되었다).

송대에서의 대장경의 조판은 주변 여러 나라에도 큰 영향을 미쳐서, 요와 금, 고려에서도 대장경이 출판되었다[거란판 대장경(1031~1064), 금나라 대장경(1149~?), 고려판 대장경(초조본; 1011~?, 재조본; 1236~1251)]. 이들 대장경에서도 송에서 입장이 허락된 선적들의 다수가 그대로 포함되거나 또 새로운 선적을 입장한 경우도 있어서 선적이 일실되는 것을 방지하는 데 중요한 역할을 했다. 사라졌다고 생각되어 온 《보림전》과 《전등옥영집》이 근대에 금나라 대장경 속에서 발견된 것이나, 《조당집》이 고려판 대장경의 부록 가운데서 확인된 것은 잘 알려진 사실이다.

송대에는 출판업이 융성했으며, 영리를 목적으로 하는 출판사업도 행해졌다. 그런 환경 속에서 주요 선적들은 대장경과는 별도로 개별적으로 출판되는 경우도 있었다. 대표적인 몇 가지 예를 들면 불일 설숭(1007~1072)이 간행한 《육조단경》(1056년), 각범 혜홍(1071~1128)이 간행한 《전심법요》(간행년 미상), 원각 종연(생몰년 미상)이 간행한 《진주임제혜조선사어록》(1120년)과 《운문광진선사광록》(간행년 미상) 등이 있다.

남송에 들어와서 선적의 간행은 더욱더 활발해져서 어록을 비롯한 많은 선적들이 간행되었다. 특히 주목되는 것은 어록들을 모은 총서들이 다수 출판되었다는 사실이다. 그 중에서도 가장 중요한 것은 복주(복건성) 고산鼓山의 색장주가 남전 보원(748~834)과 투자 대동(819~914) 등 당·송대 20인의 어록을 모아서 간행한 《고존숙어요古尊宿語要》(1128~1144)이다. 《고존숙어요》는 그후 두 차례에 걸쳐(1178년, 1267년) 증보가 거듭되었고, 명나라 때 입장된 《고존숙어록古尊宿語錄》(남장南藏, 1403년)의 기초가 되었다. 뿐만 아니라 1238년에는 그 속편으로 80인의 이야기를 모은 《속개고존숙어요續開古尊宿語要》가 간행되는 등 후세에 커다란 영향을 남겼다.

│고존숙어요와 고존숙어록│ 당에서 송에 걸쳐 다량으로 출현한 선어록들이 후세에 전해지는 데 특히 중요한 역할을 담당한 것은 색장주가 1140년경 복주 고산에서 간행한 《고존숙어요》이다. 그 내용은 (1) 《지주남전보원화상어요池州南泉普願和尙語要》(남전 보원) (2) 《투자화상어록投子和尙語錄》(투자 대동) (3) 《복주화상어록睦州和尙語錄》(목주 도종) (4) 《조주진제선사어록趙州眞際禪師語錄》(조주 종심) (5) 《여주남원옹화상어요汝州南院顒和尙語

要》(남원 혜옹) (6) 《여주수산념화상어요汝州首山念和尙語要》(수산 성념) (7) 《여주섭현광교성선사어록汝州葉縣廣敎省禪師語錄》(섭현 귀성) (8) 《담주신정산제일대인선사어록潭州神鼎山第一代諲禪師語錄》(신정 홍인) (9) 《병주승천숭선사어并州承天嵩禪師語》(승천 지숭承天智嵩) (10) 《석문산자조선사봉암집石門山慈照禪師鳳巖集》(곡은 온총谷隱蘊聰) (11) 《서주법화산거화상어요舒州法華山擧和尙語要》(법화 전거法華全擧) (12) 《균주대우지화상어록筠州大愚芝和尙語錄》(대우 수지大愚守芝) (13) 《운봉열선사어록雲峰悅禪師語錄》(운봉 문열) (14) 《원주양기회화상어록袁州楊岐會和尙語錄》(양기 방회) (15) 《담주도오진선사어요潭州道吾眞禪師語要》(도오 오진道吾悟眞) (16) 《대수신조선사어요大隋神照禪師語要》(대수 법진大隋法眞) (17) 《자호산제일대신력선사어록子湖山第一代神力禪師語錄》(자호 이종子湖利蹤) (18) 《고산선흥성국사화상법당현요광집鼓山先興聖國師和尙法堂玄要廣集》(고산 신안鼓山神晏) (19) 《양주동산제이대초선사어요襄州洞山第二代初禪師語要》(동산 수초) (20) 《지문조선사어록智門祚禪師語錄》(지문 광조智門光祚) 등이었다. 그후 1178년에 중간될 때 (21) 《서주백운산해회연화상어록舒州白雲山海會演和尙語錄》(오조 법연)과 (22) 《저주낭야산각화상어록滁州瑯琊山覺和尙語錄》(낭야 혜각)의 두 편이 증보되었고, 다시 1267년의 중산 때는 (23) 《진주임제혜조선사어록鎭州臨濟慧照禪師語錄》(임제 의현) (24) 《운문광진선사광록雲門匡眞禪師廣錄》(운문 문언) (25) 《서주용문불안화상어록舒州龍門佛眼和尙語錄》(불안 청원) (26) 《보봉운암진정선사어록寶峰雲庵眞淨禪師語錄》(진정 극문) (27) 《동림화상운문암주송고東林和尙雲門庵主頌古》(죽암 사규竹庵士珪·대혜 종고)의 다섯 편이 더해지고 책이름도 《고존숙어록》으로 바뀌었다. 그리고 1403년 명의 남장南藏에 이 책이 편입됨에 이르러서는 (28)《남악대혜선사어南嶽大慧禪師語》(남악 회양) (29)《마조대적선사어馬祖大寂禪師語》(마조 도일) (30)《백장회해선사어百丈懷海禪師語》(백장 회해) (31)《균주황벽단제선사어筠州黃檗斷際禪師語》《완릉록宛陵錄》(황벽 희운) (32)《흥화선사어록興化禪師語錄》(흥화 존장) (33)《풍혈선사어록風穴禪師語錄》(풍혈 연소) (34)《분양소선사어汾陽昭禪師語》(분양 선소) (35)《자명선사어록慈明禪師語錄》(석상 초원) (36)《백운단선사어白雲端禪師語》(백운 수단) (37)《불조선사경산육왕어佛照禪師徑山育王語》(졸암 덕광) (38)《북간간선사北礀簡禪師》(북간 거간) (39)《물초관선사物初觀禪師》(물초 대관) (40)《회기선사어록晦機禪師語錄》(회기 원희) (41)《광지전오선사廣智全悟禪師》(소은 대흔) (42)《중방화상어록仲方和尚語錄》(중방 천륜仲方天倫) (43)《각원담선사覺原曇禪師》(각원 혜담覺原慧曇) (44)《불조선사주대록佛照禪師奏對錄》(졸암 덕광)의 17편이 증가되었다. 이때 편자인 정암 정계(定巖淨戒, ?~1418)에 의해 상당한 정도의 발췌가 이뤄졌기 때문에 그후에 간행된 만력판萬曆版 대장경(가흥장嘉興藏)에서는 원형의 복원이 기도되긴 했지만, (36)에서 (43)까지는 생략되어 거의 오늘날의 형태가 되었다. 이상이 남송의《고존숙어요》가 현행의《고존숙어록》으로 발전해 온 과정이다. 그런데 이와는 별도로 1238년 고산의 회실 사명(晦室師明, 13세기 전반)이《고존숙어요》의 속편으로 80편에 이르는 많은 어록을 모아《속개고존숙어요》를 간행했다. 이것은 본편과 합쳐서 모두 100편으로 하려고 했던 것으로 보이는데, 첫머리의《임제록》을 제외한 나머지는 모두 발췌본이었다.

송대에는 분양 선소와 석상 초원, 설두 중현 등의 예에서 볼 수 있는 것처럼, 어록의 편집은 선사의 생전에 그의 감독하에 행해져서 해당 선사가 입적하면 곧바로 간행되었고, 경우에 따라서는 생전에 간행되기도 했다[생전에 간행된 예로서는 남송 허당 지우의 《허당록》(1269년)이 있다]. 입적 후에 편집되는 경우에도 이미 완성된 원고본을 다른 선배들에게 보여 첨삭을 부탁한 후에 그들의 서문과 발문을 받아 간행하는 것이 일반적이었다. 송대에는 선종이 사회 속으로 널리 침투되어 들어갔는데, 출판에 의한 선적의 유통은 그렇게 되는 중요한 원동력 가운데 하나였다고 할 수 있다.

그러나 송대에 간행된 선적의 의의는 거기에만 그치는 것이 아니다. 간행에 따른 텍스트의 유포는 당나라와 송나라 초기 선승들의 어록이 후세에 전해지는 데 대단히 중요한 역할을 담당했다. 《육조단경》에 전형적으로 나타나듯이, 종종 개편되기 이전의 옛 모습을 간직한 텍스트를 후대에 전해주고 있는 경우가 많아서, 선종의 역사를 연구하는 데 상당히 중요한 자료가 되고 있다.

송대에 간행된 선적들은 유학승과 상인들에 의해 일본에도 활발하게 전해졌다. 그 책들은 오늘날에도 상당히 많은 수가 전해지고 있는데, 조판기술이 뛰어나고 공예적 가치가 높았기 때문에 '송판宋版'으로서 중시되었다. '송판'은 원나라 때의 간행본인 '원판元版'과 함께 '중국 물건[당물唐物]'으로서 그대로 유포되었으며, 후에 일본의 '5산판五山版'의 저본으로 활용되면서 일본에서의 선적 출판에도 커다란 영향을 미쳤다.

4 _ 공안선의 형성

남송에 들어오자 공안 비평은 더욱더 성행했고, 대혜 종고가 여러 공안들에 대해 행한 착어와 평창을 편집한 《정법안장》이 출현하기도 했다. 그런데 그 중에서도 가장 성행한 것은 송고로서 굉지 정각과 설암 종근(1117~1200), 허당 지우 등이 편집한 〈송고 100칙〉이 만들어졌으며, 《4가록四家錄》(설두 중현, 투자 의청, 천동 정각, 단하 자순의 송고집을 모은 것)과 같이 유명한 송고집을 집성한 책들도 출판되었다. 또한 북송대의 《종문통요》를 계승하는 형태로, 《선종송고연주통집禪宗頌古聯珠通集》(1175년 초편初編) 같은 많은 선승들의 송고와 염고를 모은 책도 편집되었다. 이런 책들의 다수는 원대 이후에도 증보가 덧붙여져 점점 더 내용이 확대되기도 했다.

공안 비평의 유행은 등사에도 영향을 미쳐, 선승들의 전기보다도 공안의 제기를 주된 목적으로 삼았던 것으로 보이는 《종문연등회요宗門聯燈會要》(1183년) 같은 책이 출현했다. 이 책은 특히 《정법안장》과 《종문통요》의 영향을 강하게 받고 있다.

| 공안 집성 |　공안과 송고 · 염고의 집성은 북송의 혜엄 종영(慧嚴宗永, 생몰년 미상)이 편찬한 《종문통요》(1133년)가 선구이며, 원대에는 고림 청무(古林淸茂, 1262~1329)에 의해 그 속편인 《종문통요속집》(1320년)이 편찬되었고, 청대에는 다시 이것을 증보하여 위중 정부位中淨符가 편찬한 《종문염고휘집宗門拈古彙集》(1664년)이 나타났다. 이처럼 공안 집성은 시대와 함께 증보되는 경우가 많은데, 송나라의 법응(法應, 생몰년 미상)이 편집한

《선종송고연주통집禪宗頌古聯珠通集》도 원나라의 노암 보회(魯庵普會, 생몰년 미상)에 의해 증보되었다. 또한 조경(祖慶, 생몰년 미상)이 편집한 《염팔방주옥집拈八方珠玉集》(1257년)은 1125년에 불감 혜근과 원오 극근이 한 염롱拈弄을 기초로 1136년에 정각 종현(正覺宗顯, 11~12세기)이 이를 증보하고 염고를 붙인 것에 대해 다시 조경의 스승 석계 심월(石溪心月, ?~1254)의 착어를 추가해서 만든 것이다. 그외에도 661칙의 공안에 대한 대혜 종고의 착어와 평창을 편집한 《정법안장》(1147년)과 원나라의 선준善俊·지경智境·도태道泰가 함께 편집한 《선림유취禪林類聚》(1307년) 등의 공안 집성이 있다.

송대 이후 총림에서는 '깨달음[개오開悟]의 체험'을 중시하는 경향이 강해져 갔다. 북종선에서는 '깨달음의 체험'이 크게 중시되었지만, 그런 측면이 하택 신회 이후에는 오히려 멸시되었고, 마조 도일 이후에는 표면적으론 거의 무시되기에 이르렀다. '체험선'의 획득이 다시 중시된 것은 선승들의 심리가 다시 내부로 향했음을 보여주는 것이라고 말하지 않을 수 없다. 공안 비평의 유행은 총림이 사회 조직 내로 편입되어 이전처럼 자유로운 활동이 가능하지 않게 된 것을 반영하는 것이라고 볼 수 있는데, 선승들의 이와 같은 내면화 경향도 같은 원인에서 발생한 것이라고 볼 수 있을 것이다.

공안 비평의 유행과 '깨달음의 체험'의 중시, 이 두 가지가 결합되어 남송시기에 생겨난 것이 '공안선公案禪'(간화선看話禪)이었다.

이것은 오조 법연과 원오 극근에게서 맹아가 싹트고 대혜 종고에 의해 계승되어 비로소 명확한 방법론으로 인식된 것으로, '공안'을 가지고서 수행자에게 거의 강제적으로 '의단疑團'을 일으키게 함으로써 '깨달음'을 획득하도록 하는 수행법이다.

공안은 본래 과거의 위대한 선승들의 언행을 통해 깨달음의 경지를 표현하는 것이었으므로 그것에 의해 깨달음을 얻는다고 하는 것은 과거부터 있었다. 황룡 혜남 등은 석상 초원의 문하에서 '조주감파趙州勘婆'의 공안으로 깨달았고, 제자들을 지도할 때도 공안을 활발하게 사용했다고 이야기되고 있다. 그러나 공안선에서의 공안은 단순한 도구에 불과한 것으로서, 그 내용을 어떻게 이해할 것인가 하는 것은 전혀 문제가 되지 않았다. 여기에서는 어떻게 효과적으로 의단을 일으킬 수 있는가 하는 것만이 중요했다. 그런 이유 때문에 사용된 공안은 '조주무자趙州無字' 등과 같이 난해한 것들에 집중되었고, 지도자들에게는 개성보다도 기량의 적확성이 요구되었다.

공안선은 깨달음이라고 하는 점에서 눈에 띄는 효과를 거두었기 때문에 크게 유행했다. 특히 대혜 종고는 이 방법을 이용하여 사대부를 포함한 많은 제자들을 양성함으로써 사회 전체에 커다란 영향을 미쳐 흔히 '공안선의 완성자'로 불린다. 그러나 공안선의 성립이 결과적으로는 선을 단순화시킴으로써 선의 매력을 감소시켰다는 점은 부정하기 어려울 것이다.

대혜 종고와 그의 제자들은 많은 저작을 남겼는데, 그런 저작물들 중에는 총림의 일화집으로 부를 수 있는 것들이 있다. 대혜 종고의 《대혜무고大慧武庫》(개선 도겸開善道謙 편찬, 1186년), 효형 중온(대혜 종고의 제자, ?~1116~?)의 《나호야록羅湖野錄》(1155년)과 《감산운와기담感山雲臥紀談》(운와 기담雲臥紀談, 1179년경), 동오 정선(東吳淨善, 생몰년 미상)의 《선림보훈禪林寶訓》(1180년경), 자암 혜빈(眷庵惠彬, 생몰년 미상)의 《총림공론叢林公論》(1189년), 고월 도융(古月道融, 생몰년 미상)의 《총림성사叢林盛事》(1197년) 등이 대표적이고, 조금 뒷 시기의 것으로는 사명 담수[四明曇秀: 소옹 묘감(笑翁妙堪, 1177~1248)의 제자]의 《인천보감人天寶鑑》(1230년), 고애 원오[枯崖圓悟: 언계 광문(偃溪廣聞, 1189~1263)의 제자]의 《고애화상만록枯崖和尙漫錄》(《고애만록枯崖漫錄》, 1263년) 등이 있다. 이 책들은 깨달음을 지향하는 수행자들을 격려하기 위한 목적에서 편찬되었는데, 이 시기에 이런 책들이 계속하여 출현한 것은 역시 공안선의 영향이라고 보지 않을 수 없다. 그런 성격은 대혜 종고가 관료들에게 준 서간을 모은 《대혜서大慧書》[혜연(慧然, 생몰년 미상) 편찬, 1166년]에서도 살펴볼 수 있다.

물론 조동종의 진헐 청료와 굉지 정각에게서 볼 수 있는 것처럼 이런 공안선의 방법론에 침여히지 않는 사람들('공안선'에 대응하여 '묵조선默照禪'이라고 부른다)도 있었지만 대혜선의 매력 앞에 큰 세력을 이루지는 못했다. 굉지 정각의 제자에는 《6우도六牛圖》를 지은 자득 혜휘(自得慧暉, 1097~1183) 등이 있으며, 후대에 중국의 조동종은 굉지 정각의 문하에 의해 유지되었다.

|묵조선| 대혜 종고가 당시의 선종에 보이는 한 가지 경향에 대해 '묵조사사默照邪師' '묵조사선默照邪禪'이라고 비판한 것에서 유래한 말. 깨달음을 지향하지 않고 단지 묵묵히 좌선하고 있는 것만을 훌륭하게 여기는 사람들을 비판한 것이다. 굉지 정각의 저작에 《묵조명默照銘》이 있기 때문에 대혜가 비판한 대상이 조동종 굉지파의 사람들이라고 여겨지고 있다. 다만 대혜와 굉지 사이에는 친교가 있었기 때문에 직접적인 비판의 대상이 된 것은 굉지보다도 오히려 그의 법형제가 되는 진헐 청료 계통이었던 것으로 보인다. 그러나 어느 편이 되었든 그런 비판이 임제종과 조동종 사이의 종풍의 차이를 전제로 한 것이었음은 틀림없다. 이견이 있긴 하지만 "그저 앉아 있으라[지관타좌只管打坐]"를 이야기하는 일본의 도겐의 선법이 묵조선의 계통을 계승하고 있다는 것은 부정하기 힘들다. 그런 의미에서 본다면 도겐이 대혜를 강하게 비판한 것은 당연한 결과라고 말할 수 있을 것이다.

5 _ 공안선의 영향: 무문관과 10우도

공안선의 성행은 이윽고 《무문관》에 보이는 것처럼 공안집의 내용까지도 변질시키기에 이르렀다. 이 책은 종래 상당한 비중을 차지하고 있던 문학적 취미의 성격이 희미해지고, 공안에 의한 깨달음의 획득에 절대적인 가치를 둬서 깨달음을 얻기 위한 수행을 강조하는 한편, 수행자에게 주는 가르침과 격려가 주된 내용을 이루었다.

이는 말하자면 (공안집이) 깨달음을 위한 교본으로 변한 것이

견적　　　　　　　　　　　득우

《10우도》(교토대학 인문과학연구소 소장)

다. 이런 경향은 같은 시기에 잇따라 출현했던 '목우도牧牛圖'들에도 나타나는 것으로, 이 시기의 선 사상을 특징짓는 것이라고 말할 수 있다. '목우도'에는 4우도四牛圖, 6우도六牛圖, 8우도八牛圖, 10우도十牛圖, 12우도十二牛圖 등 다양한 종류가 있다. 이 가운데서 특히 유명한 것은 곽암 사원(廓庵師遠, 11~12세기)의 《10우도》(12세기초)로, 여기에는 공안선의 사상이 강하게 반영되어 있다고 말해진다.

| 무문관 | 송나라의 무문 혜개가 1228년 동가(東嘉, 절강성)의 용상사龍翔寺에서 제자를 지도할 때의 기록을 편집한 것으로 1229년에 간행되었다. 그 내용은 고금의 중요한 공안 48칙에 혜개가 평창과 송을 붙인 것으로 《벽암록》과 함께 가장 대표적인 공안집으로 여겨지고 있다. 송에 유학하여 혜개의 법을 계승한 신치 각신[心地覺心, 1207~1298]이 귀국할 때 스승에게서 받아온 것이 일본에 처음 전해지게 된 계기이며, 이후 일본의 임

제종에서 중시되어 자주 간행되었다. 특히 근세 이후에 크게 주목되었는데, 그 이유는 《벽암록》에 비해 분량이 적으면서 내용도 간명하고, 수행을 위한 직접적인 조언이 풍부했기 때문이었다. 이 책을 특히 유명하게 만든 것은 제1칙에 나오는 '조주무자趙州無字'의 공안이다. 이 공안은 당나라의 조주 종심이 개에게도 불성佛性이 있느냐는 질문을 받고서 "없다[무無]"고 대답한 것인데, 공안선에 일대 전기를 가져온 공안이었다. 그러나 공안집으로서 볼 때는 《벽암록》에 보이는 문학성과 다의성 등의 풍요로운 세계가 사라지고 실무화되어 빈약해져 버린 인상을 받게 된다.

|10우도| 확암 사원 편찬. '본래의 자기'를 소[우牛]에 비유하고, 선 수행을 도망친 소를 다시 끌고 오는 과정으로 보아 (1) 심우(尋牛: 소를 찾음) (2) 견적(見跡: 발자국을 발견함) (3) 견우(見牛: 소를 발견함) (4) 득우(得牛: 소를 잡음) (5) 목우(牧牛: 소를 길들임) (6) 기우귀가(騎牛歸家: 소를 타고 집으로 돌아옴) (7) 망우존인(忘牛存人: 소를 잊고 사람만 있음) (8) 인우구망(人牛俱忘: 사람과 소를 모두 잊음) (9) 반본환원(返本還源: 본래의 근원으로 돌아감) (10) 입전수수(入廛垂手: 속세에 들어가 중생을 구제함) 등의 10단계로 나누고 각각을 그림과 해설, 시 등으로 표현했다. 이 책은 일찍부터 일본에 전해졌으며, 《4부록四部錄》과 《5미선五味禪》 등에 수록되어 자주 목판으로 새겨져 널리 유포되었다. 그 이유는 내용이 평이하면서도 선 수행의 전체 과정을 조망할 수 있기 때문이었다. 현재도 10우도에 대한 관심의 대부분은 이런 측면에 있다고 볼 수 있는데, 이것은 이 책의 특징이라고 할 수 있는 인간의 마음을 일원적으로 파악하려고 하는 경향에서 비롯된 것이다. 이런 경향

은 공안선과 마찬가지로 당시 총림이 처해 있던 상황을 반영하는 것으로서, 이해하기 쉬운 반면 관념적이라 활력이 결핍된 면도 부정할 수 없으며 전체적으로 취미적 경향조차 느껴진다. 또한 이런 저작이 총림을 점차 뒤덮고 있던 관리체제를 마음에까지 도입하여 강화시킨 측면도 무시할 수 없다. 한편 이 책 외에 중국에서 널리 유포된 《10우도》로 보명[普明: 운문종의 원통 법수(圓通法秀, 1027~1090)의 제자, 생몰년 미상]의 것도 알려져 있다. 하지만 이 책이 일본에 유입된 것은 근세 이후의 일이다. 에도시대에는 확암과 보명의 책을 종합하여 겝파 도인[月坡道印, 1637~1716]이 편찬한 《소 여물うしかひぐさ》(일본어, 1668년)이 출현하기도 했다.

공안선의 성립 의의는 대단히 중대한 것이었다. '깨달음'을 얻기 위한 방법론이 확립되어 '선'은 문화와 소양의 차이를 넘어서 다양한 인간들에게 받아들여질 수 있는 토양을 마련했기 때문이다. 실제로 베트남과 한국, 일본 등에는 옛날부터 선이 유입되어 있었지만, 이들 나라에서 선이 본격적으로 정착하게 된 것은 공안선 이후였다[한국 조계종의 조사인 지눌(知訥, 1158~1210)에게는 《간화결의론看話決疑論》이라는 저술이 있으며, 베트남(진소陳朝)의 인종(仁宗, 1279~1293 재위)이 개창한 죽림파竹林派에서는 《대혜어록》이 중시되었다].

6 _ 3교일치론의 성행과 주자학의 성립

송대에 들어와 총림의 국가주의적 경향이 강화되고 유선일치나 3교일치 사상이 주창되었다는 것에 대해서는 앞에서 이미 언급했지만, 선종에 사대부계급의 신봉자들이 많이 생긴 것이 이런 경향을 강화하는 방향으로 나아가게 했다고도 볼 수 있다. 그들은 실제로 정치를 담당하는 관료들이었으므로 유교의 가치를 무시하는 것이 불가능했다. 거기에서 자신들이 신봉하는 선과 유교의 관계를 조정할 필요가 생겨났고, 장상영의 《호법론護法論》과 안병(顔丙: 여여 거사如如居士, ?~1212)의 《여여거사어록如如居士語錄》(명나라 때 《여여거사3교대전어록如如居士三教大全語錄》으로 재편됨), 규당 거사(圭堂居士, 12~13세기)의 《불법대명록佛法大明錄》(1229년), 유밀(劉謐, 생몰년 미상)의 《3교평심론三教平心論》(원나라 때의 저작이라고도 이야기됨) 등에서 볼 수 있는 것처럼 활발하게 유선일치와 3교일치를 주창했던 것이다.

　3교일치와 관련하여 주목되는 인물이 임희일(林希逸: 건재 鬳齋, 13세기 중엽)이다. 밀암 함걸密庵咸傑의 제자인 은정 치유(隱靜致柔, 12세기 후반) 및 영청 고원(永淸古源, 계통 미상, 1215~1291)과 친교를 맺었던 그는 유교, 노장, 선이 일치한다고 하는 사상에 기초하여 도가의 전적에 대해 주석을 지었는데(《노자건재구의老子鬳齋口義》《장자건재구의莊子鬳齋口義》《열자건재구의列子鬳齋口義》), 이 책들은 빈번히 선의 용어를 가지고 노장 사상을 해석했기 때문에 총림에서도 널리 읽혀졌다(일본의 선종 사찰들에서도 마찬가지로 존중되었다).

　선승들의 입장에서도 사대부와 교류할 필요가 있었으므로 유교의 가치를 부정할 수는 없었다. 또한 송대 전시기 동안 북방민족의 외입이 강했고, 특히 남송시기에는 화이 사상에 입각한 대의명분론과 양이론攘夷論이 거듭 주창되면서 '이적의 가르침'인 불교에 대한 비난도 강해졌으므로 그런 비난에 대응할 필요도 있었다. 그런 이유 때문에 대혜 종고를 비롯한 많은 선승들이 유선일치와 3교일치를 채용했다.

이런 상황 속에서 주자학이 성립된 것은 선에도 적지 않은 영향을 미쳤다. 주희는 북송의 주돈이, 장재, 정호, 정이 등에 의해 주창된 다양한 교설들을 종합하여 하나의 이론으로 정리하는 데 성공했다. 이것이 주자학이다. 주돈이 등에게 선의 영향이 강했던 것은 앞에서 이야기한 대로이며 주희 자신도 젊었을 때는 대혜 종고의 제자인 개선 도겸(12세기 중엽)에게 사사했고, 대혜 종고의 어록을 애독했다고 이야기되고 있는 등 그의 사상에는 선적인 요소가 많이 발견되고 있다(《주자어류朱子語類》와 같은 어록들이 유가에서 편찬되게 된 것도 선의 영향이다). 그러나 주희는 유가의 전통에 따라서 선을 격렬하게 비판했다.

주희는 많은 제자들을 길러냈지만 그의 학문이 정부의 공인을 받게 된 것은 원나라 때로, 원의 건국 후 일시 폐지되었던 과거가 1315년에 다시 시행되면서부터였다. 주자학자들의 집요한 비판에 대해 반론할 필요가 있있고, 또한 사상적인 측면에서도 서로 상통하는 점이 있었기 때문에 선승들은 적극적으로 주자학을 학습했다. 이리하여 주자학의 성립은 총림에서 유선일치 사상을 한층 강화하는 데 영향을 미쳤다.

당시 선승들의 의식이 어떠했는가는 별개로 하더라도, 현실에서의 이와 같은 상황은 선종이 사회로 확대되어 나가면서 드러낸 한계로서, 그것을 극복하는 형태로 성립한 주자학을 선승들이 추종할 수밖에 없었던 당시 상황을 말해주는 것이라고 할 수 있다. 선종이 아무리 능동적인 사상이고 사회 속에서 그것을 살려 나가려고 노력했다고 해도, 불교인이 따르는 '출가'라고 하는 존재 양식을 부정할 수는 없었다. 그러나 주자학은 가장 뛰어난 선의 장점들을 충분히 흡수하면서도 '유교'라는 점에 의해 정치에도 적극적으로 참여하는 것을 자신들의 임무로 삼을 수 있었다. 이런 이유 때문에 과거관료가 되는 것을 최고의 목적으로 삼는 사대부계급의 사람들에게 주자학이 매력적으로 비쳐지는 것은 당연했다.

이와 더불어 사회적으로도 선종에는 역풍이 불기 시작했다. 사대부계급 중에서 과거에 급제하지 못한 사람들이 선승이 되는 풍조가 생겨나면서[회기 원희(晦機元熙, 1238~1319)가 대표적이다], 선승들이 유학자들과의 관계에서 수세에 몰렸다. 더욱이 재정난 때문에 정부가 (승려들에게 수여하는) 도첩度牒과 자의紫衣, 사호師號 등을 판매하면서 승려의 자질이 점차 저하되었으므로 그에 따른 사회적인 지위도 떨어질 수밖에 없었다. 송대의 선종은 겉으론 당대 이상으로 융성해 보였지만 이미 쇠퇴의 길로 접어들고 있었던 것이다.

7 _ 관사제도와 선 문화

송대 이후 선종 사원이 국가체제의 일익을 담당했다는 것은 이미 이야기했다. 그런데 남송시기에는 새롭게 관사官寺제도가 도입되어 한층 규제가 강화되었다. 영종(寧宗, 1194~1224 재위) 때 사미원

(史彌遠, ?~1233)의 주청에 의해 정해지게 된 '5산10찰五山十刹'의 제도가 그것이다.

　북송시대에 확립된 양반에 의한 사원 운영 자체가 관료제도를 모방한 것이었는데, 관사제도가 도입됨에 따라 '소疏'[하위자가 상위자에게 올리는 표백문(表白文, 아뢰는 글)으로 주지가 됨을 축하하는 '입사소入寺疏'(입장의 차이에 따라 산문소山門疏, 제산소諸山疏, 강호소江湖疏 등의 종류가 있다)와 목욕물을 데울 비용을 모으는 '임한소淋汗疏'(여러 종류의 시주를 권하는 '간연소幹緣疏' 등이 있다), '방榜'(상위자가 하위자에게 내리는 게시문揭示文), '계차啓箚'(계찰啓札: 동등한 위치에서 서로 주고받는 의례적인 서간문)와 같은 공문서를 모방한 4·6문(四六文, 4·6병려문四六駢儷文)]가 사용되는 등(이런 문장의 초안을 잡고 필사하는 것이 총림 서기의 역할이었다) 총림의 관료화가 한층 진전되었다. 그리고 이렇게 총림 생활에서 4·6문이 필요해짐에 따라 선승들의 문학에 대한 관심도 점점 높아졌고, 사교를 위한 시회詩會가 성행하면서 그것을 기록한 시축詩軸들이 많이 만들어지게 되었다. 이 시기에 나온 승려들의 시문집으로는 북간 거간의《북간문집北礀文集》《북간시집北礀詩集》(1238년), 거간의 제자인 물초 대관의《물초췌어物初賸語》(1267년), 무문 도찬(無文道燦, ?~1271)의《무문인無文印》(1237년) 등이 있다. 특히 북간 거간의 문집과 시집은 일본에서도 존중되어 (일본 선종의) 5산문학五山文學에도 커다란 영향을 미쳤다.

　그러나 이 시기의 선 문화에 가장 커다란 영향을 미친 인물은 뭐라고 해도 무준 사범일 것이다. 무준 자신이 회화에 특히 뛰어났던 것 같으며 그의 제자인 목계는 총림이 낳은 최대의 화가였다. 그들의 작품은 중국에 유학했던 일본 승려들에 의해 자주 일본으로 전래되었으며 현재에도 그의 뛰어난 작품이 전해지고 있다. 무준 사범은 당시를 대표하는 서가書家인 장즉지(張卽之, 1186~1266)와도 교섭을 가졌기 때문에 그의 제자들은 그로부터 글씨를 배운 사람이 많았다. 무준 사범이 중국에서 돌아가는 일본 승려 토후쿠 엔니[東福圓爾]에게 보낸 글이 장즉지가 쓴 것이라고 여겨지고 있다. 또한 남송말에서 원나라 초기의 선승들의 시를 모은 《강호풍월집江湖風月集》(14세기초)이 사범의 제자인 송파 종게(松坡宗憩, 13세기 후반)가 편집한 것이라고 전해지는 것도 사범의 영향의 크기를 보여주는 것이라고 할 수 있다.

그외에 무준 사범과 같은 시기에 활약한 북간 거간과 허당 지우 등도 화원畵院을 대표하는 화가인 양해(梁楷, 13세기 전반)와 교류했다고 하며, 또한 화원의 화가들을 배출한 것으로 유명한 마馬씨 일가의 마공현(馬公顯, 12세기 중엽)과 마원(馬遠, 12~13세기) 등이 자주 선기화禪機畵를 그린 것도 주목된다. 무준과 지우의 제자들이 활약한 시기는 선 문화의 난숙기로서 후세의 사람들로부터 '경정·함순景定咸淳 연간의 사치 풍조[부화浮華]'라고 비판될 정도였다.

남송시대에는 종종 관료의 자제와 과거에 낙제한 사람들이 총림에 들어와 출세하려고 했으며, 총림은 사대부계급의 바깥에 있는 것이 아니라 마치 그 일부를 형성하는 것처럼 되었다. 그 때문에 사대부와의 교류는 더욱더 활발해졌으며, 시문과 글씨, 회화 등의 소양이 선승들에게도 필수적인 것으로 간주되었다(이때부터 선승들이 재가신자의 장례와 제례에도 관여하게 된 듯한데 그 원인도 여기에서 찾을 수 있을 것이다).

|5산10찰| 대표적인 선종 사찰에 대해 정부가 서열을 매긴 것으로, 주지는 전국에서 고승을 선발하여 황제가 임명했다. 여기에 포함된 사원은 국가에 의해 그 권위가 인정된 반면 '관사官寺'로서 축성祝聖기도(축도祝禱) 등을 통해 국가에 봉사할 의무를 졌으며, 때때로 관헌으로부터 일상의 수도 상황에 대한 감찰을 받았다. 다만 국가를 위한 기도를 담당했으므로 관사에 대한 과세를 감면받은 사례는 알려져 있지만, 국가와 관사의 관계에 대한 자세한 내용은 알려져 있지 않다. 5산은 (1) 경산徑山 흥성만수사(興聖萬壽寺, 절강성, 항주 임안부) (2) 북산北山 경덕영은사(景德靈隱寺, 같은 지역) (3) 남산南山 정자보은광효사(淨慈報恩光孝寺, 같은 지역) (4) 태백산太白山 천동경덕사(天童景德寺, 절강성, 명주 경원부) (5) 아육왕산阿育王山 무봉광리사(鄮峰廣利寺, 같은 지역)의 다섯 사찰이었다. 10찰은 (1) 중천축산中天竺山 천녕만수영조사(天寧萬壽永祚寺, 항주 임안부) (2) 도량산道場山 호성만수사(護聖萬壽寺, 절강성, 호주 오정현) (3) 장산蔣山 태평흥국사(太平興國寺, 강소성, 긴강·상원부) (4) 만수산萬壽山 보은광효사(報恩光孝寺, 강소성, 소주 평강부) (5) 설두산雪竇山 자성사(資聖寺, 명주 경원부) (6) 강심산江心山 용상사(龍翔寺, 절강성, 온주 영가현) (7) 설봉산雪峰山 숭성사(崇聖寺, 복건성, 복주 후관현) (8) 운황산雲黃山 보림사(寶林寺, 절강성, 무주 금화현婺州金華縣) (9) 호구산虎丘山 운암사(雲巖寺, 소주 평강부) (10) 천태산天台山 국청경충사(國淸敬忠寺, 절강성, 태주 천태현)의 열 개 사찰이었다. 이 제도는 원나라 때도 계승되

었는데, 1330년 토쿠 테무르(문종, 1329~1332 재위)는 금릉(金陵, 강소성 건강) 교외의 이궁을 기진하여 대용상집경사大龍翔集慶寺로 하고 소은 대흔笑隱 大訢을 개산조로 맞아들인 후 이 절에 '5산지상五山之上'의 지위를 부여했다. 명대에도 대용상집경사는 천계선세선사天界善世禪寺로 이름만 바꾸었을 뿐 그 지위는 계속 유지되었다. 5산10찰의 제도는 그 아래에 위치한 갑찰(甲刹: 일본의 제산諸山에 해당)의 제도와 함께 후에 일본에서도 모방되어 교토와 가마쿠라에 5산의 사찰이 선정되었다. 교토의 난젠지[南禪寺]가 '5산지상'의 위치로 정해진 것도 대용상집경사를 본뜬 것이었다. 관사제도의 정비에 동반하여 주지가 되기 위한 자격 시험인 '병불秉拂'의식이 정해졌고, 사원의 주지를 맡는 것도 갑찰→10찰→5산의 순서를 밟는 형태로 고정되었다.

8_선종 사원의 경제와 규율의 이완

이와 같이 남송시기에는 5산을 비롯한 선종 사원이 문화의 중요한 담당자로서 역할을 톡톡히 해냈는데, 이를 측면에서 지원해 준 것이 풍요로운 사원 경제였다. 많은 사람들이 선종에 귀의한 결과 토지의 기진과 사원 건립이 유행하여, 사원은 광대한 장원을 가진 대지주가 되었다. 승려들은 사찰의 재산을 대부하는 등의 영리사업까지도 벌였으므로, 사원은 경제적으로 당나라 때를 능가할 정도로 윤택했다.

북송말인 1125년에는 사찰과 도관道觀에 토지 보유를 제한하는 한전법限田法의 규제가 내려졌다. 그 내용은 수도의 사찰과 도관은

5천무畝, 지방의 경우에는 3천무를 초과할 수 없다는 것이었지만, 1121년에 정해진 한전법에서는 최고 관품인 1품관이 1만무로 정해져 있었으므로 위의 상한액은 사찰과 도관이 얼마나 막대한 농지를 가지고 있었는지를 알게 해준다. 실제로 남송의 보경寶慶 연간(1225~1227) 아육왕산의 사찰 재산은 상주전常住田 3천895무, 산림 1만2천50무였다고 하며, 천동사에는 1천 명의 승려들이 거주하면서 상주전 3천284무, 산림 1만8천950무, 그 밖에 36곳의 장원이 총 1만3천무의 토지를 가지고 있었고, 그곳에서 나는 수입은 곡식[穀] 3만5천말[斗]이었다고 한다.

태백산 천동사

이와 같은 윤택한 사원 경제는 선승들의 생활에도 영향을 미치지 않을 수 없었다. 그것은 구체적으로는 규율의 이완으로 나타났다. 이 시기에 그때까지 금지되어 있던 저녁식사가 '약석藥石'이라는 이름으로 선종 사찰에서도 인정되었으며, 선승들이 머리카락과 손톱 등을 기르는 경우도 종종 있었던 것으로 보인다. 《선원청규》에 의하면 북송에서는 좌선을 선승 스스로 알아서 수시로 했던 것 같은데, 남송시기에는 사시(四時: 초저녁[황혼黃昏]·한밤중[후야後夜]·새벽[조신早晨]·오후[보시晡時])의 좌선이 명확하게 규정되었다. 이런 규정이 필요했던 것은 선승들의 수행에 대한 의지가 저하되었기 때문이라고 볼 수 있다(인도에서는 규정에 없는 동안거冬安居가 이 시기에 이미 행해졌던 것으로 보인다).

도첩과 자의, 사호 등이 판매된 것도 그것을 구입할 정도의 재력을 승려들이 가지고 있었기 때문이었다. 경우에 따라서는 선종사찰의 주지직조차 금전으로 매매되기도 했다. 남송말에는 선종사찰이 시방주지제十方住持制에서 (같은 문하의 제자들이 계승하는) 도제원徒弟院으로 복귀하는 경향이 생겼는데, 그 이유는 주지의 교대 때마다 전임 주지가 집기류를 반출하여 사찰을 황폐화시키는 것을 막기 위해서였다. 당시 사찰의 사유화가 얼마나 심했는지를 보여주는 사례라고 할 수 있다.

그런데 다른 사람들이 사찰의 토지와 산림과 같은 재산을 횡령하는 것을 막고 유지를 잘하는 것은 용이한 일이 아니었다. 사원의 보수와 수리에도 일정한 비용이 소요되었고, 천재와 인재로 손실된 건물들을 복원하는 데도 막대한 자금이 필요했다. 그 때문에 주지가 각계의 명사와 정계의 실력자들과 적극적으로 교류하는 것은 직무상 어쩔 수 없이 필요한 것이었다. 주지들에게 요구된 것은 수행자로서의 높은 경지와 고상함, 제자들을 적절히 지도할 수 있는 자질만이 아니었던 것이다. 그와 같은 굴레를 피해서 사람들이 모르는 암자에 머물려고 하는 승려들도 많았는데, 뒤에 다루게 될 중봉 명본 등이 그런 승려의 전형이었다고 할 수 있다.

2. 금·원에서의 선의 전개

1_ 금에서 원으로

12세기말까지 중국은 금·서하·남송의 세 나라가 정립하는 상태가 계속되었지만, 이런 상황은 몽골의 흥기에 의해 종지부를 찍게 되었다. 테무진은 1205년 몽골고원의 대부분을 통합하고 다음 해에 열린 쿠릴타이(몽골의 부족회의)에서 칭기스칸의 칭호를 받았다(몽골의 태조, 1206~1227 재위). 칭기스칸은 국가의 체제를 정비한 후 우선적으로 중앙아시아의 여러 나라를 복속시켰다(1209~1211). 이어서 금나라에 대한 정복전쟁을 단행하여 (금나라의) 중도中都를 함락시키고 그들이 남쪽의 개봉開封으로 천도하지 않을 수 없게 만들었다(1211~1215). 그후 서쪽 지역에 대한 원정(1218~1225)을 단행하여 이란과 아프가니스탄을 지배하고 있던 호르무즈 제국을 멸망시켰다.

몽골고원으로 돌아온 칭기스칸은 다시 창끝을 동쪽으로 향하여 서하를 멸망시켰지만(1225년) 그 이후 곧바로 병으로 쓰러졌다. 그 뒤를 이어서 칸이 된 오고타이(태종, 1229~1241 재위)는 현안인 금나라에 대한 공격을 재개하여 마침내 멸망시켰다(1234년). 칭기스칸과

오고타이의 중국 정책에서 특별히 큰 역할을 담당했던 인물이 요나라 황족 출신인 야율초재(耶律楚材, 1190~1244)였다. 몽골인은 그후에도 능력주의에 기초하여 이민족을 적극적으로 활용했다.

오고타이 이후 구육(정종, 1246~1248 재위)이 뒤를 이었지만 불과 2년 만에 세상을 떠났고, 그뒤의 몽케(헌종, 1251~1259 재위)도 스스로 남송의 정복에 나섰다가 진중陣中에서 병으로 죽었다. 몽케가 죽은 이후 칸의 자리를 둘러싸고 내분이 일어났는데 결국은 쿠빌라이(세조, 1260~1294 재위)가 이를 제압하고 제5대 칸이 되었다.

쿠빌라이는 남송에 대한 침략을 재개하여 1276년에는 수도 임안臨安에 무혈입성했고, 다시 1279년에는 송의 잔당을 멸망시키고 중국 통일을 달성했다. 쿠빌라이는 스스로 중화제국의 황제가 되고자 하여 '중통中統'이라는 연호를 사용하고 국호를 《주역》의 내용에 기초하여 '원元'으로 정했다. 그리고 이와 더불어 새로운 수도로서 '대도大都'(지금의 북경)를 건설했다.

소수의 몽골인이 절대 다수의 중국인을 지배한 원 왕조는 강대한 군사력을 바탕으로 지배체제를 확립했으며, 동시에 유통의 요충지를 장악하여 세금을 징수하고 그것에 의해 국가 재정의 상당 부분을 조달했다. 중앙정부는 세제와 법제에 대해서는 거의 손을 대지 않고 과거 정권의 방법을 그대로 사용했다. 그 결과 우선적으로 중국식의 관료기구가 정비되긴 했지만, 그 중추부는 몽골인들에 의해 장악되고 전통적인 측근정치가 시행되었다.

쿠빌라이가 죽은 이후 테무르(성종, 1294~1307 재위)가 제6대 칸으로 즉위하자 오고타이 집안의 카이두와 다툼이 생겼다. 결국 테무르측이 승리하기는 했지만 테무르 자신은 술에 빠져 42세로 생애를 마감했다. 그후에도 단명한 황제가 많았고, 황제의 자리를 둘러싼 내분도 끊이지 않아 정국은 안정되지 못했다. 특히 1328년 제10대 이순 테무르(태정제泰定帝, 1323~1328 재위)가 죽은 후의 혼란은 '천력天曆 연간의 내란'으로 불리는데, 이를 수습하고 즉위하여 제12대 황제가 된 토쿠 테무르(문종, 1329~1332 재위)는 완전히 꼭두각시로, 이후의 실권은 비몽골계의 근위군단의 손으로 넘어가게 되었다.

7세에 즉위한 후 43일 만에 죽은 이린지바루(영종, 1332년 재위) 이후 제14대 토곤 테무르(순제, 1333~1370 재위)의 치세가 40년 가까이 계속되었는데, 그 기간 동안 지폐를 남발하여 경제 혼란을 일으켰다. 한편 이상 기후와 지진 등의 천재지변이 계속되었기 때문에 1350년대에는 각지에서 반란군이 봉기했다. 특히 1342년 이후 매년 반복된 황하의 범람은 미륵의 하생이라고 자칭한 한산동(韓山童, ?~1351)과 한림아(韓林兒, ?~1366) 부자를 받드는 백련교白蓮教의 난을 일으켰는데(붉은 천을 머리에 둘렀기 때문에 '홍건군紅巾軍'이라고 불렸다), 이들은 일단 진압되었다가 황실의 내분을 계기로 다시 세력이 크게 일어났다. 빈농 출신의 홍건군으로 지식인을 등용하는 정책 등으로 점차 세력을 확대해 간 인물이 주원장(朱元璋, 1328~1398)이었다. 그는 곧 진우량(陳友諒, 1316~1363)과 장사성(張士誠, 1321~1367) 등의 라이벌을 물리치고 중국의 남반부를 차지하고서 원에 대한 북벌을 개시했다. 1368년 그는 응천應天에서 황제로 즉위하여 국호를 명明이라고 하고 연호는 홍무洪武로 정했으니 명의 태조 홍무제(1368~1398 재위)이다. 홍무제는 같은 해에 대도를 함락시켜 몽골의 세력을 북방으로 쫓아내는 데 성공했다.

2 _ 선종 각파의 동향

요나라 때는 역대 황제가 불교에 귀의했다. 하지만 화엄, 법상, 밀교 등의 교학불교가 중심이었으므로 선종은 떨치지 못했다. 그러나 금나라가 요나라를 대체한 이후에는 선종의 세력이 확대되었다. 특히 금나라 말기에 나타난 조동종의 만송 행수(萬松行秀, 1167~1246)는 임천 종륜(林泉從倫, 생몰년 미상), 설정 복유(雪庭福裕, 1203~1275), 기옥 지온(其玉至溫, 1217~1267), 이병산(李屛山, 1185~1231), 야율초재 등과 같은 많은 뛰어난 제자들을 길러냈고, 황제 장종(章宗, 1189~1208 재위)의 귀의를 받기도 했다. 야율초재가 몽골의 창업에 깊이 관여했다는 것은 앞에서 이야기한 대로이며, 복유는 쿠빌라이에게 존숭되어 천하의 불교를 통괄하고 카라코룸의 궁정내에서 도교(전진교全眞敎)의 이지상(李志常, 1193~1256)과 대결하여 굴복시켰다(1255년). 복유는 숭산 소림사에 머물렀는데, 이것이 계기가 되어 소림사에는 조동종 승려들이 다수 주석하게 되면서 조동종의 북방 근거지가 되었다(그들은 명나라 중기 이후 '조동정종曹洞正宗'이라고 자처했다). 또한 이병산의 저작인 《명도집설鳴道集說》(1235년, 야율초재 서문)은 송나라 유학자들의 불교 비판을 반박한 책으로 유명하다.

원나라의 창업기에 활약한 선승으로 또 임제종의 해운 인간(海雲)

印簡, 1202~1257)이 있는데, 그는 오고타이에서 쿠빌라이에 이르는 4대의 황제들에게 존경받았고, 칙명에 의해 불교계를 통괄했다(그가 입적한 후 그의 지위를 계승한 것이 복유이다. 인간의 문하는 그후에도 원 조정과 밀접한 관계를 가졌기 때문에 14세기초경부터 '임제정종臨濟正宗'이라고 주장하게 되었다). 그러나 1269년 파스파(1235~1280)가 쿠빌라이의 신임을 얻어 '제사帝師'가 됨을 계기로 몽골인들의 관심은 티벳 불교로 향했고, 궁정에서의 맹신과 낭비는 원나라가 붕괴되는 하나의 원인이었다고 이야기되고 있다.

| 만송 행수 | 하내현(河內縣, 하남성) 출신으로 성은 채蔡씨다. 어려서 형주(邢州, 하북성)의 정토사에서 출가했고, 여러 지역을 돌아다니다 자주(磁州, 하남성) 대명사大明寺에서 설암만(雪巖滿, ?~1206)의 법을 계승했다. 그후에는 정토사에 돌아와 만송헌萬松軒이라는 암자를 짓고 살았다. 1193년 27세 때 금나라 장종의 부름을 받아 설법했고, 그후 각지의 명찰에 두루 주석하면서 많은 제자들을 양성했다. 1223년 연경燕京의 보은사報恩寺 안에 종용암從容庵을 짓고 주석하다가 원나라 초기에 입적했다. 종용암에서 행한 굉지 정각의 〈송고 100칙〉에 대한 강의를 제자들이 정리한 것이 《종용록》(1223년)인데, 굉지의 〈염고 99칙〉에 대한 강의록인 《청익록》(1230년)과 함께 이 시기의 선종을 대표하는 저작으로 여겨지고 있다.

원 왕조는 몽골의 전통에 따라서 지배하에 있는 여러 민족들 내부의 문제에 대해서는 각 민족 고유의 법(본속법本俗法)에 따라 처리

중봉 명본 정상頂相(센부츠지[選弗寺] 소장)

했고, 그 안으로 들어가 관여하려고 하지 않았다. 따라서 남송 이래 한족의 생활과 문화는 거의 그대로 유지되었다. 종교도 마찬가지여서 반몽골적인 활동을 하지 않는 한 그대로 용인되었다. 그로 인해 원대에서도 중국인에게 불교라고 하면 대부분 선종을 가리키는 것이었다.

이 시기에 활약한 선승들의 다수는 임제종 인물들로 대혜파에서는 물초 대관의 제자 회기 원희(晦機元熙, 1238~1319)와 언계 광문의 제자 운봉 묘고(雲峰妙高, 1219~1293)가 나왔다. 특히 원희의 문하에는 훌륭한 인물들이 많았다. 《포실집蒲室集》을 지은 소은 대흔(笑隱大訢, 1284~1344), 《칙수백장청규勅修百丈淸規》(1336~1343)를 편찬한 동양 덕휘(東陽德輝, 생몰년 미상), 《불조역대통재佛祖歷代通載》(1341년)의 편자인 매옥 염상(梅屋念常, 1282~?), 《석씨계고략釋氏稽古略》을 편찬한 각안 보주(覺岸寶洲, 1286~1355?), 화승으로 알려진 설창 보명(雪窓普明, 13~14세기) 등이 바로 그들이다. 또한 불조 덕광佛照德光의 제자 묘봉 지선(妙峰之善, 1152~1235)의 계통에서도 초석 범기(楚石梵琦, 1296~1370), 몽당 담악(夢堂曇噩, 1285~1373), 우암 지급(愚庵智及, 1311~1378) 등이 나왔다.

한편 파암파破庵派에서는 설암 조흠 문하의 활약이 눈부셨는데, 그 법계는 고봉 원묘(高峰原妙, 1238~1295), 중봉 명본(中峰明本, 1263~1323)을 거쳐 천암 원장(千巖元長, 1284~1357), 천여 유칙(天如惟則, ?~1354)으로 계승되어 갔다. 또한 송원파松源派의 주요 인물로는 고림 청무(古林淸茂, 1262~1329), 요암 청욕(了庵淸欲, 1288~1363), 즉휴 계료(卽休契了, 1269~1351), 호암 정복(虎巖淨伏, 생몰년 미상) 등을 들 수 있다.

조동종에서는 굉지파宏智派의 직옹 덕거(直翁德擧, 생몰년 미상)와 제자인 운외 운수(雲外雲岫, 1242~1324) 등이 있었으며, 일본에서 원나라로 유학한 코호 카쿠묘[孤峰覺明, 1271~1361], 기다 다이치[祇陀大智, 1290~1366], 베츠겐 엔시[別源圓旨, 1294~1364] 등이 그 밑에서 수학했다. 또한 덕거의 제자 동명 혜일(東明慧日, 1272~1340)과 운수의 제자 동릉 영여(東陵永璵, 1285~1365)는 일본으로 건너가서 일파를 이루었다.

원대를 통해 선은 일정한 세력을 유지했고, 5산도 권위를 유지했다. 그러나 원말의 전란으로 경산과 영은사 등의 명찰들이 병화兵火로 인해 당우의 대부분이 소실되었으며(정자사淨慈寺만은 예외적으로 병화를 피했다고 한다), 그 재흥은 명나라 때를 기다리지 않으면 안 되었다.

|중봉 명본| 원대의 인물. 임제종 양기파 중에서 파암파에 속하며 호를 환주도인幻住道人이라고 했다. 항주(절강성) 전당錢塘 출신으로 속성은 손孫씨다. 9세 때 어머니를 잃고 15세에 출가할 뜻을 가졌다. 1286년 서천목산西天目山 사자암獅子巖의 고봉 원묘를 찾아가 그 다음해에 원묘 밑에서 출가했다. 1288년에는 구족계를 받았으며 다음해에 원묘의 법을 이었

다. 스승이 입적할 때 대각사大覺寺를 물려주었지만 자기 대신 제일좌第一座를 추천하고 자신은 산을 내려왔다(1295년). 그후는 정해진 거처 없이 스스로 '환주암幻住庵'이라고 이름붙인 암자를 각지에 짓고 거처하면서 때때로 천목산에 돌아오는 생활을 했다. 그 사이 영은사와 경산에 초청되었지만 응하지 않았다. 한편 조맹부趙孟頫 등과 교류를 맺었다. 1318년 아유르바르와다(인종, 1311~1320 재위)가 금란가사와 '불자원조광혜선사佛慈圓照廣慧禪師'의 호, 그리고 '사자정종사獅子正宗寺'라는 원호를 내려주었다. 또한 시디바라(영종, 1320~1323 재위)도 그에게 귀의하여 금란가사와 향을 하사했다. 1323년 8월 14일 61세로 입적했다. 1329년 토쿠 테무르(문종)는 '지각 선사智覺禪師'라는 시호와 '법운法雲'이라는 탑호를 내려주었다. 또한 1334년 토곤 테무르(순제) 때는 《중봉화상광록中峰和尙廣錄》 30권을 대장경에 포함시키고 '보응 국사普應國師'라는 시호를 더했다. 교선일치 특히 선정쌍수의 사상을 이야기한 것으로 알려져 있고, 《환주암청규幻住庵淸規》《일화오엽一華五葉》《동어서화東語書話》《환주가훈幻住家訓》《회정토시백편懷淨土詩百篇》 등의 저작이 있는데 그 대부분은 《중봉화상광록》에 수록되어 있다. 코센 인겐[古先印元, 1295~1374], 엔케 소오[遠溪祖雄, 1286~1344], 후쿠안 소코[復庵宗己, 1280~1358], 무인 겐카이[無隱元晦, ?~1358], 묘소 사이테츠[明叟齊哲, ?~1347] 등 많은 일본 출신의 유학 승려들이 그의 문하에서 수학했다. 그들은 일본에 돌아온 이후에도 명본을 본받아 은둔적인 생활을 즐기며 전국 각지에서 착실하게 포교 활동을 펼쳤다. 그들을 일괄하여 '환주파幻住派'라고 부르는데, 그 중에는 명본의 선풍을 충실하게 이어받아 선정쌍수를 실천했던 인물들도 있었다는 것을 주목해야 할 것이다.

3_금·원 시대의 저작들

이 시기의 저작으로 후대까지 읽혀진 것들이 상당히 많다. 어록으로는 고봉 원묘의 《고봉원묘선사어록高峰原妙禪師語錄》과 중봉 명본의 《중봉화상광록》 등이 대표적이고, 공안집으로는 《벽암록》을 본떠 만들어진 《종용록》(1224년, 굉지 정각 송고, 만송 행수 시중·착어·평창), 《허당집》(1295년, 단하 자순 송고, 임천 종륜 평창), 《공곡집空谷集》(1285년, 투자 의청 송고, 단하 자순 착어, 임천 종륜 평창), 《격절록擊節錄》을 본뜬 《청익록》(굉지 정각 염고, 만송 행수 평창), 《종문통요》의 속편으로 고림 청무가 편찬한 《종문통요속집》(1320년), 금나라의 착암 지명(錯庵志明, 12~13세기)이 초학자를 위해 모은 공안에 만송 행수의 제자 설당 덕간(雪堂德諫, 13세기 중엽)이 주를 붙인 《선원몽구禪苑蒙求》(1225년, 1255년 주석) 등이 있다.

원대 선종의 저작 중에서 주목할 만한 것으로는 송나라에서 구양수의 《신5대사新五代史》(5대사기五代史記, 1053년)와 사마광의 《자치통감資治通鑑》(1084년) 등에 의해 사학이 융성한 것에 자극받아 매옥 염상의 《불조역대통재》와 보주 각안의 《석씨계고략》 등과 같은 불교 사서가 잇달아 편찬되었다고 하는 점이다. 이것들은 종래의 등사들과는 달리 선종뿐만 아니라 불교 전체의 역사를 다루었는데, 이런 책이 등장하게 된 배경에는 다른 종파의 쇠퇴에 의해 선종이 불교 전체를 떠받치지 않으면 안 되는 당시의 상황이 있었다고 생각된다(한편 이 시기에 대천 보제大川普濟에 의해 종래의 등사들을 종합하는 형태의 《오등회원五燈會元》이 편찬된 것도 기억되어야 한다).

그밖에 이 시기의 저작 중에서 특필할 만한 것으로는 동양 덕휘가 중수한 《칙수백장청규勅修百丈淸規》가 있는데, 송대의 《선원청규》 이상으로 국가주의적 성격이 강화되어 있다.

┃선원청규와 칙수백장청규┃ 《선원청규》는 1103년 송나라의 장로 종색이 당나라 때 백장 회해가 정했던 《백장청규》가 전해지지 않는 것을 안타깝게 여겨 당시의 총림에서 행해지고 있던 다양한 규칙들을 토대로 편집·간행한 것으로 성립된 해의 연호를 따서 '숭녕청규崇寧淸規'라고도 불린다. 현존하는 청규로서는 가장 오래된 것이고 이후에 등장하는 여러 청규의 기초가 되었다. 그런 이유 때문에 중국뿐만 아니라 한국과 일본에서도 널리 유포되었다. 일부에 증보가 행해지기는 했지만 한국에 전해지고 있는 《선원청규》는 오래된 형태를 잘 보존하고 있는 편이다. 한편 《칙수백장청규》(《지원청규至元淸規》, 《칙규勅規》)는 원나라 토곤 테무르(순제)의 명령에 의해 동양 덕휘가 편집하고 소은 대흔의 교정을 거쳐 1336년에서 1343년 사이에 완성되었다. 《선원청규》를 비롯하여 유면(惟勉, 생몰년 미상)의 《총림교정청규총요叢林校定淸規總要》(《교정청규校定淸規》, 《함순청규咸淳淸規》, 1274년)와 택산 일함澤山一咸의 《선림비용청규禪林備用淸規》(《지대청규至大淸規》, 1311년) 등 그 이전의 여러 청규를 종합한 것이다. 과거의 청규들 중에서 가장 정비가 잘된 것으로 일본에서도 자주 간행되었다. 전체는 〈축리祝釐〉〈보본報本〉〈보은報恩〉〈존조尊祖〉〈주지住持〉〈양서兩序〉〈대중大衆〉

〈절랍節臘〉〈법기法器〉의 9장으로 이루어져 있다. 첫머리에 국가의 안녕을 비는 〈축리〉를 두고(〈축리〉=〈축성祝聖〉이 청규에 처음 등장한 것은 《교정청규》이다), 〈보은〉에서도 '국은國恩'을 강조하는 등 국가주의적 색채를 현저하게 드러내고 있다. 또한 《선원청규》에서 주지가 지사知事와 두수頭首 등을 임명할 때는 대중의 동의가 필요하다고 한 규정이 《칙수백장청규》에서는 없다. 북송 때는 그래도 남아 있던 총림의 공동체적 성격이 원대에 이르러 완전히 사라졌음을 보여주는 것이라고 생각된다.

4 _ 선 문화의 전개

이 시기의 선 사상은 기본적으로는 송대의 것을 그대로 계승한 것이라고 할 수 있다. 5대 이후 송대를 거치면서 점차 널리 퍼져간 선정쌍수·교선일치·3교일치 등의 사상은 이 시기에는 중봉 명본과 천여 유칙을 비롯한 많은 사람들에게 받아들여졌고, 다시 명·청 시기로 계승되어 갔다. 그러나 이 시기의 선종에서 특히 주목해야 할 것은 남송시대 이상으로 총림이 다양한 문화와 관련 맺기를 강화시켰다고 하는 점이다.

특히 문학에 대한 관심이 높았는데, 14세기 초두에는 송파 종계(13세기 후반, 무준 사범의 제자)가 편찬했다고 하는 《강호풍월집》과 같은 많은 선승들의 시게詩偈를 모은 저작도 나타났으며, 시게의 내용도 점점 세속화되어 일반인들의 시와 다를 바가 없었다. 이것은 분명히 선승들의 본분에 어긋나는 행위였지만, 그들은 '시선일미 詩禪一味' 등의 이념을 제출하여 스스로를 정당화했다.

고림 청무는 불교적 내용의 '게송'을 중시하여 이런 경향에 제동을 가하려고 했지만, 소은 대흔이 나타나자 4·6문이 더욱더 존중받았다. 그의 저작인 《포실집》은 4·6문의 작법을 공부하기 위한 교과서로 여겨져 일본에서도 널리 유포되었다.

┃고림 청무와 소은 대흔┃ 고림 청무는 온주(溫州, 절강성) 출신으로 성은 임林씨며, 호는 '금강당金剛幢'이다. 13세에 출가하여 여러 지역을 두루 돌아다닌 후에 횡천 여공(橫川如珙, 1222~1289)의 법을 이었다. 건강(建康, 강소성)의 보령사保寧寺를 비롯한 각지의 명찰에 주석한 후에 입적했다. 제자에 요암 청욕(了庵清欲, 1288~1363), 축선 범선(竺仙梵僊, 1292~1348) 등이 있으며, 어록으로 《고림무선사어록古林茂禪師語錄》이 있다. 《종문통요속집》의 편찬자로도 알려져 있는 것처럼 문학에 대한 조예가 깊었기 때문에 그의 법을 이은 게츠린 도쿄[月林道皎, 1293~1351]와 세키시츠 젠큐[石室善玖, 1293~1389]를 비롯하여 코호 카쿠묘[孤峰覺明, 1271~1361], 베츠겐 엔시[別源圓旨, 1294~1364], 카오 소넨[可翁宗然, ?~1345], 텟슈 토쿠사이[鐵舟德濟, ?~1366], 텐간 에코[天岸慧廣, 1273~1335] 등 많은 일본 출신의 유학승들이 사대부적 교양을 흠모하여 그의 문하에서 수학했다. 이들은 귀국 후에도 사법嗣法의 계통을 초월하여 '금강당하金剛幢下'라는 공동 의식을 가지고 문학 활동 등을 통해 교류를 이어갔다. 그런데 문학에 접근한 점에서는 같지만, 대혜파의 사람들이 완전히 세속화된 시문을 쓴 것과 달리, 고림 청무는 제재를 불교에 한정하여 게송偈頌주의를 취했다. 한편 소은 대흔은 남창(南昌, 강서성) 출신으로 성은 진陳씨다. 회기 원희의 법을

이은 후에 중봉 명본 등에게도 참문했다. 항주의 대보국사와 중천축사, 금릉의 대용상집경사 등에 차례로 주석했다. 궁궐에서의 설법도 행했고, 1336년에는 '석교종주釋教宗主'로서 5산을 통괄했다. 선림에서의 4·6병려문의 대가로서 그의 출현에 의해 선림 문학은 게송에서 4·6문으로 그 중심이 옮겨갔다고 이야기되어진다. 저작으로 《포실집》《소은대흔선사어록》 등이 있으며, 특히 《포실집》은 4·6문을 짓는 교과서로서 일본의 5산에서도 존중되었다.

원대의 대표적인 문인으로는 송나라 황실의 피를 이어받은 조맹부로 시·서·화에 모두 뛰어났다. 그는 열렬한 불교신자로서 중봉 명본과 친밀하게 교류했으며, 그런 연유로 원대의 선승들은 한결같이 그의 서법을 배우려고 했다. 원나라에 유학한 승려들에 의해 일본으로 전해진 글씨들에는 그런 영향이 매우 강하게 나타나 있다.

또한 선승의 신분으로 그림을 즐기는 경향을 계승한 사람들도 많았다. 문인화의 계보를 이은 인물로는 〈포도도葡萄圖〉로 알려진 일관 자온(日觀子溫, ?~1293?)과 〈묵란墨蘭〉으로 유명한 설창 보명, 〈석창포石菖蒲〉의 자정 조백(子庭祖柏, 13~14세기) 등이 있다. 한편 도석인물화를 그린 사람으로는 인다라(因陀羅, 14세기 중엽)와 원에 유학하여 목계의 화풍을 배운 후 중국에서 죽은 일본 승려 모쿠안(默庵, ?~1345] 등이 있다(모쿠안의 그림은 다수 수입되었는데, 많은 경우 중국인의 그림으로 간주되었다).

모쿠안의 〈포대도〉(MOA미술관 소장)

그리고 조맹부의 화풍을 발전시켜 새로운 산수화를 창안한 인물들이 황공망(黃公望: 대치大癡, 1269~1354), 예찬(倪瓚: 운림雲林, 1301~1374), 오진(吳鎭: 매화도인梅花道人, 1280~1354), 왕몽(王蒙: 향광 거사香光居士, 1308~1385) 등으로 이른바 '원말 4대가'들이다. 그들은 모두 처사(處士: 벼슬하지 않은 사람들)였는데 선에 마음을 둔 사람도 많았다. 그들의 산수화에 흔히 나타나는 자연과의 일체감에는 선과 연결되는 부분이 상당히 많다.

원대에는 일본과 외면적으로는 외교가 단절되어 있었지만 사무역이 융성했고 선승들의 왕래도 빈번했다. 그 때문에 원나라 초기에 정부의 사절로 일본에 온 일산 일녕 이후에도 송원파의 명극 초준(明極楚俊, 1262~1336, 1329년 일본에 옴), 축선 범선(1329년 명극 초준을 따라서 일본에 옴), 파암파의 청졸 정징(清拙正澄, 1274~1339, 1326년 일본에 옴) 등과 같은 뛰어난 선승들이 연달아 일본에 왔다. 그들은 문학을 비롯하여 당시의 다양한 문화를 전해주었는데, 그들을 맞이한 상류계급의 무사들 사이에서는 선 그 자체보다도 문화적인 측면이 오히려 더욱 중시되는 경향이 있었다. 일산 일녕은 주자학을 처음으로 전했다고 하며, 시·서·화에도 모두 뛰어났다고 한다. 고림 청무 문하의 축선 범선은 중국에서도 문학으로 유명한 인물이었는데, 일본에 출판 기술과 범패를 전해준 것으로도 그가 담당한 문화사적 역할은 크다고 할 수 있다. 명극 초준과 청졸 정징도 문학에 뛰어났는데 게송주의라고 하는 점에서 고림 청무와 입장을 같이했다.

　모쿠안이 중국에 건너간 것은 바로 그들이 일본에 건너올 때였고, 그후에도 원나라에 유학했던 많은 승려들이 중국의 문학과 회화, 글씨 등을 가지고 돌아왔다. 이리하여 무로마치시대에는 선문화가 5산을 중심으로 정착했고, 후대에 일본 문화를 구성하는 중요한 요소가 되었다.

5 _ 신도교의 성립과 불도 논쟁

　남송에서는 선이 사회에 보급되어 가는 과정에서 유교에 커다란 영향을 미쳤지만, 금나라에서는 도교에 많은 영향을 미쳐 그 혁신을 이끌어냈다. 금의 영역내에서 연이어 성립한 유덕인(劉德仁, 생몰년 미상)의 진대도교(眞大道敎, 1142년 성립)와 왕중양(王重陽, 1112~1170)의 전진교(소眞敎, 1163년 성립) 등의 이른바 '신도교'가 그런 결과들이다.

　특히 전진교는 행각과 좌선을 장려하고 '청규'(《전진청규》)를 만들며, '견성'에 의한 깨달음을 추구하는 등 거의 선종과 다르지 않은 교의를 이야기했다. 전진교는 왕중양이 죽은 이후에 '4철四哲'로 불리는 마단양(馬丹陽, 1123~1183), 담장진(譚長眞, 1123~1185), 유장생(劉長生, 1147~1203), 구장춘(丘長春, 1148~1227) 등의 노력에 의해 점차 확대되었다. 특히 구장춘은 금나라의 세종과 칭기스칸의 외호를 받아 도교 관계의 일체를 일임받았으며, 동시에 그 교단만 유일하게 세금을 면제받았다. 그의 지위는 그후에도 전진교도들에게 계승되었기 때문에 다른 도교 교단을 압도할 정도의 세력을 구축했다.

그러나 이지상(李志常, 1193~1256) 때 《노자화호경老子化胡經》과 《노자80일화도老子八十一化圖》의 진위 문제가 계기가 되어 불교도와의 사이에 다툼이 일어났다. 몽케(헌종)의 어전에서 논쟁(1255~1258)을 벌인 결과 도교측이 패배하여 일시적으로 후퇴하지 않을 수 없었다[이 논쟁의 전말을 기록한 것이 석상매(釋祥邁, 생몰년 미상)의 《지원변위록至元辨僞錄》(1291년)이다]. 그러나 전진교는 그후에도 여전히 세력을 구축하여 강남지방의 정일교正一敎와 함께 도교계를 양분하는 세력으로 오늘날까지 이어지고 있다.

선 사상을 크게 도입한 전진교의 성립과 발전은 같은 시기에 남송에서 비슷한 성격으로 성립한 주자학과 함께 원대 이후 3교일치설이 사회에 수용되는 데 커다란 역할을 했다. 불·도 두 종교의 대립과 항쟁은 원대의 논쟁이 마지막이 되었는데, 이는 두 종교의 융합이 진전되어 고유한 교의에 대한 자각이 완전히 사라지게 돼 버린 것을 상징한다고 말할 수 있다.

┃전진교에 보이는 선 사상의 영향┃ 전진교는 종래의 도교가 목표로 했던 '불

로장생不老長生'을 부정하고, '득도得道'를 추구함과 동시에 거기에 도달하는 수행법을 제시했다. '득도'는 '견성見性' '식심견성識心見性' 등으로도 일컬어졌으며, 또한 그 경지는 '무심無心' '무념無念' 등과 같은 말로 표현되었다. 이는 모두 선종의 영향에 의한 것이었다. 한편 수행법에서도 출가주의를 채용하여 행각을 통해 여러 스승들을 찾아다니는 것[편참遍參]과 좌선의 필요성을 강조했으며, 생활 규범으로서 《전진청규》를 정하는 등 선종을 모방한 점이 많았다. 사상적인 측면에서도 '금단金丹'을 '본래의 진성眞性'이라고 재해석하는 등 초기 선종에서 나타났던 관심석觀心釋과 비슷한 면모들을 볼 수 있다. 또한 전진교에서 이야기하는 한나라의 동화제군東華帝君에서 금나라의 왕중양에 이르는 계보인 '5조'는 같은 시기에 주자학에서 주창된 '도통론道統論'과 마찬가지로 선종의 조통설祖統說을 계승한 것임이 분명하다. 뿐만 아니라 5조와 왕중양의 수제자들을 의미하는 '7진七眞'을 합하여 '5조 7진五祖七眞'이라고 부르는 것도 선종의 '5가 7종'을 모방한 것이다. 나아가 원나라 초기가 되면 전진교에서도 선종과 마찬가지로 '남종'과 '북종'의 구별이 생겨나는 것도 주목된다. 이상과 같이 전진교를 구성하는 여러 요소들 중에는 선종의 영향으로 보이는 것들도 몇 가지 보이지만, 전진교가 이상의 요소들만으로 이루어진 것은 결코 아니다. 전진교에는 전진교 나름의 독자적인 가치관의 체계가 있었음을 무시해서는 안 될 것이다.

[참고 문헌]

荒木見悟 《大慧書》(禪の語錄 17, 筑摩書房, 1969)

飯田利行 《湛然居士文集譯》(國書刊行會, 1985)

石井修道 〈中國の五山十刹制度の基礎的研究(一)~(四)〉(《駒澤大學佛教學部論集》 13~16, 1982~1985)

石井修道 〈大慧禪における禪と念佛の問題〉(藤吉慈海篇《禪と念佛―その現代的意義》, 大藏出版, 1983)

石井修道 《禪語錄》(大乘佛典 中國・日本篇 12, 中央公論社, 1992)

市川白弦 《大慧》(弘文堂書房, 1941)

伊吹 敦 〈《金剛經變相》について―宋代佛教の一面を傳える特異な文獻〉(《東洋學研究》 35, 1998)

宇井伯壽 〈投子義靑とその以後の法系〉(印度哲學研究 12《第三 禪宗史研究》, 岩波書店, 1943)

上田閑照・柳田聖山 《十牛圖―自己の現象學》(筑摩書房, 1982)

小笠原宣秀 〈宋代の居士王日休と淨土敎〉(《結城敎授頌壽記念 佛敎思想史論集》, 大藏出版, 1964)

梶谷宗忍・柳田聖山・辻村公一 《信心銘・証道歌・十牛圖・坐禪儀》(禪の語錄 16, 筑摩書房, 1974)

鏡島元隆 〈南宋禪林の一考察〉(《道元禪師とその門流》, 誠信書房, 1961)

鏡島元隆 《天童如淨禪師の研究》(春秋社, 1983)

鏡島元隆 〈《永平淸規》の背景としての《百丈淸規》〉(《道元禪師とその周邊》, 大東出版社, 1985)

久須本文雄 《宋代儒學の禪思想研究》(日進堂, 1980)

窪 德忠 《中國の宗敎改革―全眞敎の成立》(法藏館, 1967)

窪 德忠 〈元代佛道論爭研究序說〉(《結城敎授頌壽記念 佛敎思想史論集》(大藏出版, 1964)

小坂機融 〈淸規變遷の底流(一)〉(《宗學研究》 5, 1963)

佐藤秀孝 〈如淨禪師再考〉(《宗學研究》 27, 1985)

佐藤達玄 〈元代叢林の經濟生活―勅修百丈淸規を中心として〉(《印度學佛敎學研究》 16-1, 1967)

佐藤達玄 〈勅修百丈淸規にみる元代の叢林機構と性格〉(《佛敎史學》 26-1, 1983)

佐藤達玄 〈自得慧暉の活動とその禪風(上)―曹洞宗宏智派の源流として〉(《駒澤大學佛敎學部論集》 25, 1994)

佐藤達玄 〈自得慧暉の活動とその禪風(下)―曹洞宗宏智派の源流として〉(《駒澤大學佛敎學部研究紀要》 53, 1995)

椎名宏雄 《宋元版禪籍の研究》(大東出版社, 1993)

鈴木 敬 《中國繪畫史 上》(吉川弘文館, 1984)

高雄義堅 《宋代佛敎史の研究》(百華苑, 1975)

永井政之〈曹洞禪者と嵩山少林寺〉(《宗學研究》18, 1976)
永井政之〈萬松行秀と耶律楚材〉(《曹洞宗研究員・研究生研究紀要》9, 1977)
永井政之〈天童如淨と虛堂智愚〉(《宗學研究》22, 1980)
永井政之〈南宋禪林と中國の社會風俗―如淨錄・虛堂錄の因事上堂をめぐっての試論〉(《曹洞宗研究員・研究生研究紀要》13~15, 1981~1983)
永井政之〈南宋における一居士の精神生活―如如居士顏丙の場合〉(《駒澤大學佛教學部論集》15~16, 1984~1985)
永井政之〈中國禪の職業觀―如如居士顏丙の場合〉(《宗學研究》27, 1985)
永井政之〈中國における國家と宗教―宋代, 禪宗寺院の經濟をてがかりとして〉(《禪學研究》65, 1986)
中村　淳〈モンゴル時代の《佛道論爭》の實像―クビライの中國支配への道〉(《東洋學報》75, 1994)
西尾賢隆〈元代の叢林經營をめぐって〉(《禪文化研究所紀要》5, 1973)
西尾賢隆〈元朝における中峰明本とその道俗〉(《禪學研究》64, 1985)
西村惠信《無門關》(岩波文庫, 岩波書店, 1994)
忽滑谷快天《禪學思想史 下卷》(玄黃社, 1925)
野上俊靜〈元代道・佛二敎の確執〉(《大谷大學硏究年報》2, 1943)
野上俊靜〈金李屛山攷〉(《遼金の佛敎》, 平樂寺書店, 1953)
野上俊靜《元史釋老傳の硏究》(朋友書店, 1978)
野澤佳美〈明代南藏本《古尊宿語錄》について〉(《禪學研究》68, 1990)
服部顯道《天目中峰國師の硏究》(八千代出版, 1980)
林　秀薇〈梁楷研究序說〉(《東京大學東洋文化研究所紀要》117, 1992)
原田弘道〈公案禪の成立について〉(《駒澤大學佛敎學部硏究紀要》30, 1972)
原田弘道〈耶律楚材と萬松行秀〉(《駒澤大學佛敎學部硏究紀要》55, 1997)
平田高士《無門關》(禪の語錄 18, 筑摩書房, 1969)
藤吉慈海〈ヴェトナムの宗敎〉(《花園大學硏究紀要》5, 1974)
古田紹欽〈古林清茂とその主なる門下〉(《禪學研究》41, 1948)
古田紹欽〈公案の歷史的發展形態における眞理性の問題〉(宮本正尊編《佛敎の根本眞理》, 三省堂, 1956)
水谷乙吉《安南の宗敎》(高山書院, 1943)
水野弘元〈冬安居について〉(《宗學研究》17, 1975)
柳田聖山〈看話と默照〉(《花園大學硏究紀要》6, 1975)
柳田聖山〈古尊宿語錄考〉(《花園大學硏究紀要》2, 1971)
柳田聖山〈朱子と佛敎の周邊〉(《禪文化研究所紀要》8, 1976)
橫手　裕〈全眞敎の變容〉(《中國哲學硏究》2, 1990)
鎧本光信〈禪清規の禪淨倂修について〉(《印度學佛敎學研究》10-1, 1961)

[선의 계보 5]

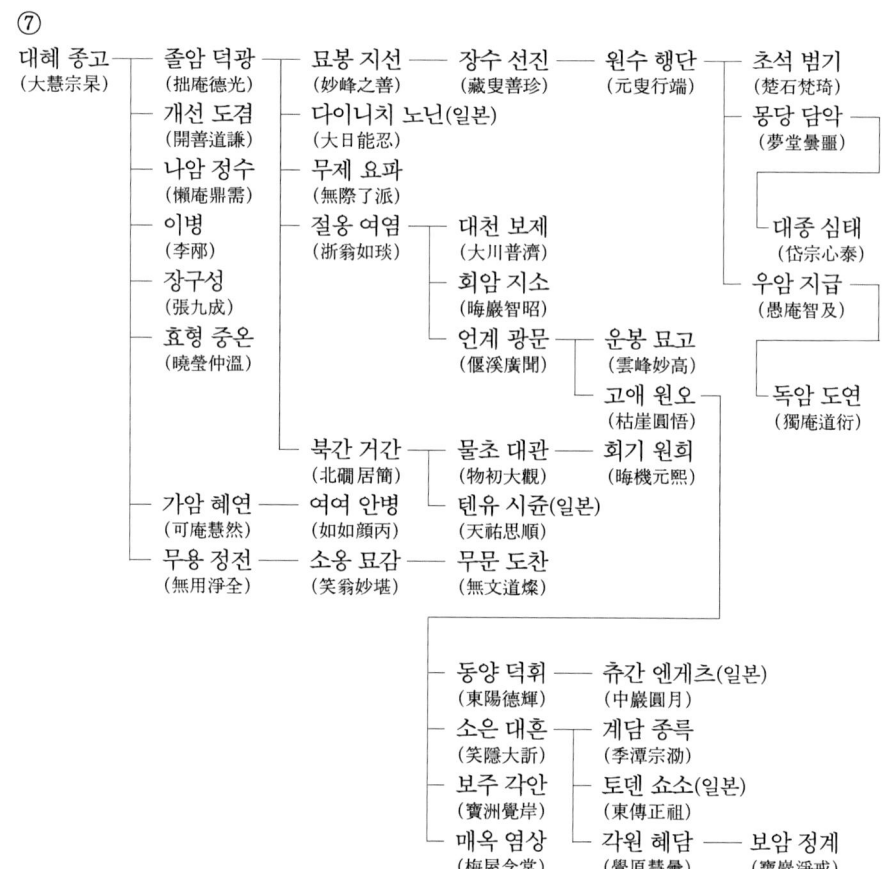

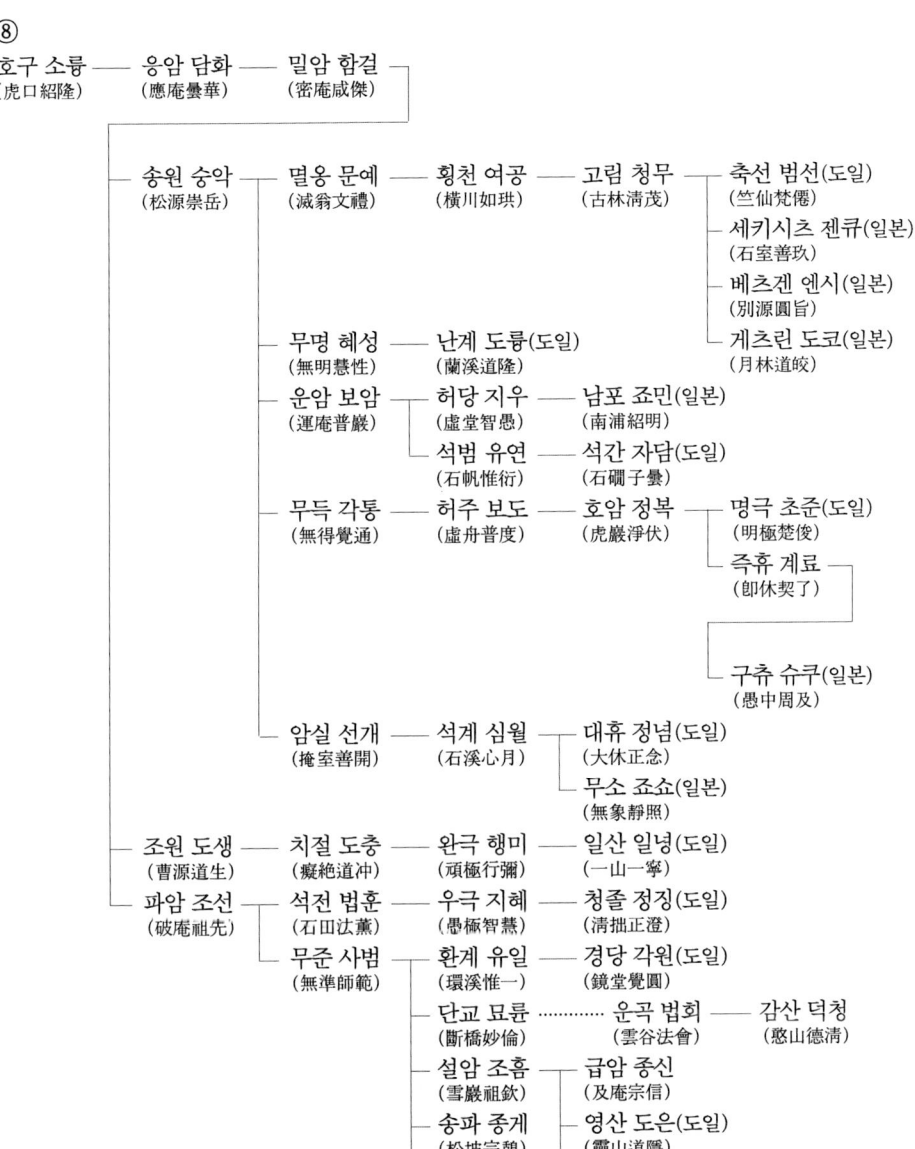

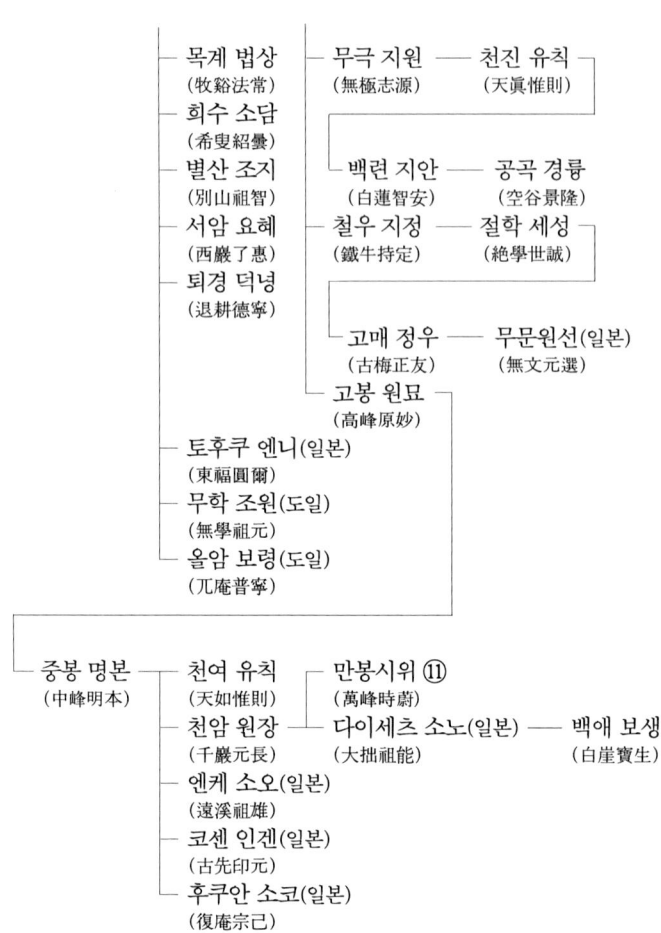

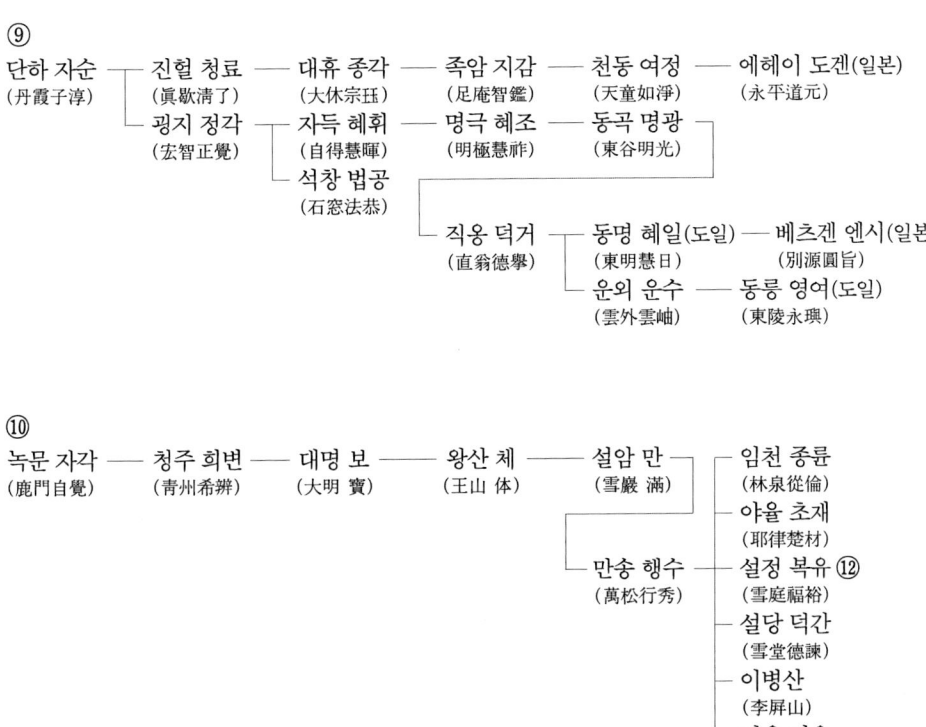

[선 관계 지도 5]

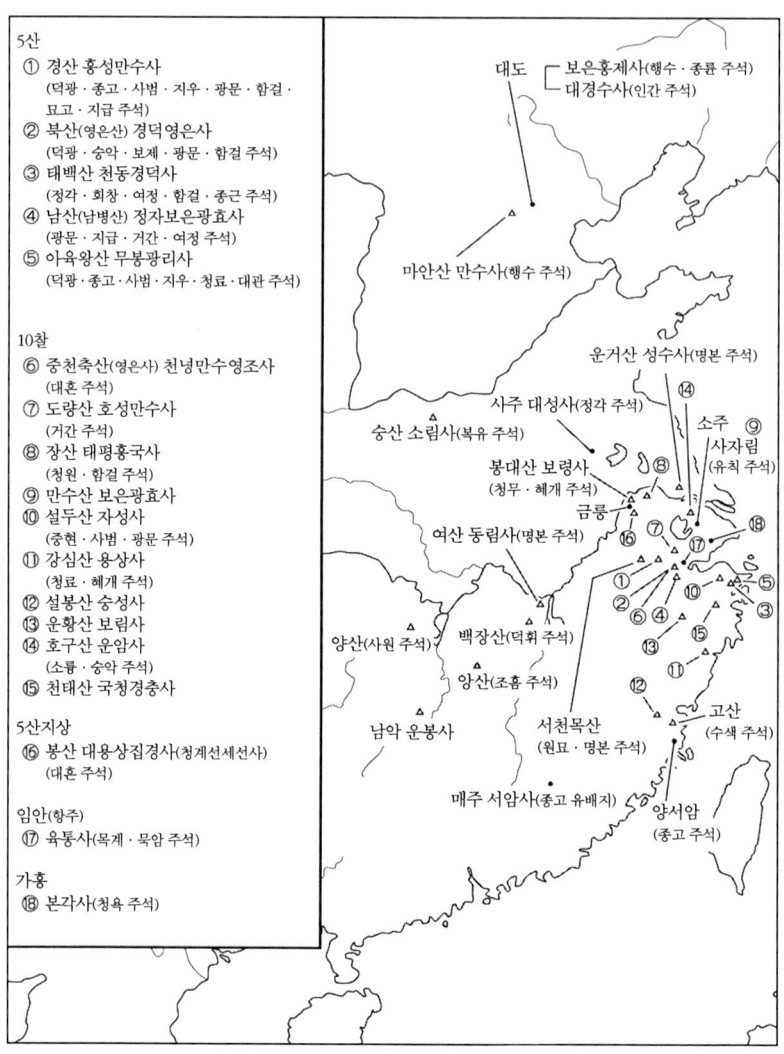

5산
① 경산 흥성만수사
(덕광·종고·사범·지우·광문·함걸·묘고·지급 주석)
② 북산(영은산) 경덕영은사
(덕광·숭악·보제·광문·함걸 주석)
③ 태백산 천동경덕사
(정각·회창·여정·함걸·종근 주석)
④ 남산(남병산) 정자보은광효사
(광문·지급·거간·여정 주석)
⑤ 아육왕산 무봉광리사
(덕광·종고·사범·지우·청료·대관 주석)

10찰
⑥ 중천축산(영은사) 천녕만수영조사
(대흔 주석)
⑦ 도량산 호성만수사
(거간 주석)
⑧ 장산 태평흥국사
(청원·함걸 주석)
⑨ 만수산 보은광효사
⑩ 설두산 자성사
(중현·사범·광문 주석)
⑪ 강심산 용상사
(청료·혜개 주석)
⑫ 설봉산 숭성사
⑬ 운황산 보림사
⑭ 호구산 운암사
(소륭·숭악 주석)
⑮ 천태산 국청경충사

5산지상
⑯ 봉산 대용상집경사(청계선세선사)
(대흔 주석)

임안(항주)
⑰ 육통사(목계·묵암 주석)

가흥
⑱ 본각사(청욱 주석)

제6장 선의 종언

명·청 시대의 선

1. 명대 선의 전개

1_ 명의 성립과 선

원나라 말기의 반란군 중 홍건군에 속했던 주원장이 점차 두각을 나타내어 마침내 원나라 황실을 북방으로 몰아내고 1368년 응천應天에서 황제의 자리에 즉위했으니 이가 곧 명(明, 1368~1644)의 태조 홍무제(洪武帝, 1368~1398 재위)이다. 홍무제는 남경南京에 머무르면서 유기(劉基, 1311~1375)와 송렴(宋濂, 1310~1381)과 같은 유학자들을 중용하여 중국의 전통을 따르는 여러 제도들을 정비하는 한편, 스스로의 지위를 다지기 위해 건국 공신들을 차례로 숙청하는 공포정치를 시행했다.

홍무제가 죽은 후에는 죽은 황태자의 아들인 건문제(建文帝, 1398~1402 재위)가 즉위했지만, 1399년 홍무제의 넷째 아들인 연왕燕王 주태(朱棣, 1360~1425)가 반기를 들었다(정강靖康의 변). 연왕은 마침내 남경을 함락시키고 황제에 즉위하여(성조成祖 영락제永樂帝, 1402~1424

재위) 북평(北平, 북경北京)으로 천도했다. 영락제 때는 대규모 원정을 단행하는 등 국력이 고양되었지만, 그후에는 범용한 황제들이 이어져 환관들의 전횡을 초래했고 대외적으로도 수세에 몰렸다.

원대에는 주자학이 과거科擧의 정식 해석으로 채용되었다. 주자학의 관학화인데, 명에서도 이것을 그대로 계승했다. 그러면서도 영락제는 《성리대전性理大全》《사서대전四書大全》《오경대전五經大全》 등을 편집시켜 사상 통제를 도모했기 때문에 주자학은 침체했다. 유교는 과거에 합격하기 위한 도구에 지나지 않았던 것이다.

홍무제는 즉위와 동시에 불교를 통제하기 위해 선세원善世院을 남경의 천계사(天界寺, 원대의 용상집경사)에 두었다(1381년에는 승록사僧錄司로 바꿨고, 영락제 때 북경으로 옮겼다). 또 스스로 《3교론三教論》을 지으면서 유교를 주主로 하고 불교와 도교를 종從으로 하는 '3교일치'를 정책으로 강력하게 추진했다. 그리고 실제로 진혼을 목적으로 하는 성대한 법회를 장산蔣山의 태평흥국사太平興國寺에서 자주 집행했다. 이것은 불교를 국가 보익을 위한 수단으로 위치시킨 것으로서, 송대 이후 강화된 불교의 국가주의적 성격을 그대로 확인할 수 있다. 홍무제는 그런 목적을 달성하기 위해 경전을 시험봐서 출가를 인정하는 시경도승試經度僧의 제도를 부활시키고, 승려들의 명부인 '주지책周知冊'을 만들어 비공식적인 승려들을 없애려고 했다(정식 승려들에게는 세제상 우대해주었다). 또한 금릉에서 대장경(남장南藏, 1372~1403)을 편집·간행하는 등(영락제 때도 북경에서 대장경의 편집·간행이 이루어졌다. 바로 이것이 1419년부터 1440년까지 간행되었다는 북장北藏이다) 명나라 초기에는 불교 부흥의 기운이 높았고 이름 있는 승려들도 많이 출현했다.

이 시기에 널리 알려진 선승들은 대개 대혜파의 인물들이었다. 먼저 소은 대흔의 제자로 금릉의 천계사에 주석했던 각원 혜담(覺原慧曇, 1304~1371)과 계담 종륵(季潭宗泐, 1318~1391)이 있었는데, 이들 중 종륵은 《금강반야바라밀경주해金剛般若波羅蜜經註解》와 《반야바라밀다심경주해般若波羅蜜多心經註解》의 찬자로서도 유명하다. 그외에도 각원 혜담의 제자로 남장의 편집을 담당하면서 많은 선종 문헌을 대장경에 포함시켰던 보암 정계(寶巖淨戒, 생몰년 미상), 우암 지급의 제자로 《도여록道餘錄》(1412년)의 저자인 독암 도연(獨庵道衍: 요광효姚廣孝, 1335~1418), 몽당 담악의 제자로 《불법금탕편佛法金湯篇》(1391년)을 지은 대종 심태(岱宗心泰, 1327~1415) 등이 있었고, 그들보다 조금 뒤늦게 《상직편尙直編》(1440년)을 지은 공곡 경륭(空谷景隆, 1393~1443?)이 나왔다. 《도여록》과 《상직편》은 송대 유학자들의 불교 비판에 답하는 것이었고, 《불법금탕편》은 역대의 불교 귀의자들의 전기를 모은 것으로서 역시 불교 옹호를 목적으로 한 것이었다. 또한 거사 심사영沈士榮이 지은 《속원교론續原敎論》(1385년) 역시 같은 성격의 책이었다.

| 독암 도연 | 본명은 요천희姚天禧이며 장주(長洲, 강소성 소주) 출신이다. 출가하여 독암 도연으로 불렸으며 우암 지급에게 사사하여 그의 법을 이었다. 1382년 홍무제의 황후가 죽었을 때 황제가 연왕 밑에서 추선追善을

하도록 파견했고, 그 이후 연왕을 따랐다. 홍무제가 죽자 연왕에게 권하여 정강의 변(1399년)을 일으키게 했으며, 그것이 성공하자 불교계 최고의 담당관인 승록사 좌선세左善世가 되었다. 그러나 황제는 그를 더욱 중용하기 위해 환속을 강요하여 옛 성을 회복시키고 '광효廣孝'라는 이름을 내린 다음 자선대부資善大夫 태자소사太子少師로 임명했다. 하지만 이후에도 그는 결혼을 거부하고 승원에서 생활했다고 한다. 일본과의 관계에서는 젝카이 츄신[絶海中津, 1336~1405]의 《초견고蕉堅稿》 서문(1403년)과 슈노 묘카[春屋妙葩, 1311~1388]의 《지각보명국사어록智覺普明國師語錄》의 서문(1404년)을 지어준 것으로 알려져 있다[젝카이 츄신이 직접 사사한 것은 계담 종륵으로, 종륵도 기도 슈신[義堂周信, 1325~1388]의 《공화집空華集》(1359년)과 남포 죠민[南浦紹明, 1235~1308]의 《원통대응국사어록圓通大應國師語錄》의 서문을 지어주었다].

명의 문화는 복고주의로서 독창성이 결여되었다고 흔히 말해지는데, 이 시기에 저술된 선종의 저작들도 주자학자들의 배불론을 반박하고 3교일치설에 의해 불교의 의의를 확인하려고 하는 것이 중심이어서 기본적으로는 명나라 정책을 따르는 내용들이었다. 특히 도연 등은 영락제의 고문으로 정강의 변에 가담했던 것으로 널리 알려져 있다. 그러나 이것은 선승들이 권력에 영합한 것이라기보다는 당시의 사회 통념으로 봐야 할 것이다. 예를 들어 명나라 건국 공신인 송렴도 유학자이면서 파암파의 천암 원장에게 참문하여 '무상 서사無相居士'로 불렸는데, 그의 사상에는 선의 영향을 강하게 드러내고 있다(송렴에게도 《호법록護法錄》이라는 저작이 있다). 송렴은 무소 소세키[夢窓疏石]의 비명을 쓰는 등 일본과도 관계가 깊은 인물이었다.

이렇게 강한 의지를 가지고 불교 통제를 했던 명나라였지만 영종(1435~1449 재위) 이후에는 도승度僧이 빈번하게 행해졌으며, 이어지는 경제景帝의 시대에는 오이라트와의 전쟁 비용 조달을 위해 도첩을 팔기 시작했고 승관에 대한 매매도 행해졌다. 도첩과 승관의 매매는 헌종(1464~1487 재위) 이후에는 상습적으로 행해졌다. 도첩은 승려의 인격을 평가하는 것이 아니라 국가의 재원이라는 의미만을 갖게 되었다. 나아가 세종(1521~1566 재위) 때는 계단戒壇을 폐쇄하는 등 불교에 대한 압박이 더욱더 심해졌다. 그래서 명나라 중기 이후에는 주목할 만한 선승들의 활동이 보이지 않으며, 저작들도 거의 전해지지 않고 있다. 명말에 활약했던 자백 진가紫柏眞可조차도 법계가 분명하지 않은 것은 이때가 선의 쇠퇴기였기 때문이다.

2 _ 양명학의 성립과 만력 연간의 세 고승

명대 중기 이후 방적·도자기·제당업·제지업 등의 다양한 산업이 발전하여 강남을 중심으로 도시가 융성했으며, '향신鄕紳'으로 불리는 지배층 사람들이 등장했다. 그에 동반하여 문화가 새롭게 발전하기 시작하자 다시 선에 대한 관심이 높아졌다. 선에 내재된 절대 자유를 추구하는 사상이 주자학을 중심으로 하는 경직화된 구조를 깨뜨리는 계기가 될 수 있다고 생각했기 때문이다.

운서 주굉(《불조도영佛祖道影》)

그런 흐름 속에서 출현한 것이 왕수인(王守仁: 양명陽明, 1472~1528)의 뛰어난 능력에 기초해서 새롭게 성립된 유학인 양명학陽明學이었다. 왕수인 자신이 젊은 시절 참선에 몰두했던 경력이 있던지라 그의 사상의 근간을 이루는 '심즉리心卽理' '지행합일知行合一' '치양지致良知' 등의 사상에도 선의 영향이 현저했다(주자학의 '성즉리性卽理'로부터 양명학의 '심즉리'로의 이행은 선에서의 '견성성불見性成佛'로부터 '즉심즉불卽心卽佛'로의 이행과 상통하며, '지행합일'과 '치양지'는 선의 '전체작용全體作用'과 '평상심시도平常心是道'에 대응한다고도 이야기되고 있다). 또한 왕수인은 주희처럼 종파적 감정에서 선을 배척하지도 않았기 때문에 선 사상은 그후에도 왕기(王畿: 용계龍溪, 1498~1583), 왕간(王艮: 심재心齋, 1483~1540), 진헌장(陳獻章: 백사白沙, 1428~1500), 임조은(林兆恩, 1517~1598) 등과 같은 그의 후계자들에게까지 지속적으로 큰 영향을 미쳤고, 드디어 유교인지 불교인지 구분할 수 없는 이지(李贄: 탁오卓吾, 1527~1602)와 같은 사상가를 배출하기에 이르렀다.

｜왕학좌파｜　섭표(聶豹: 쌍강雙江, 1487~1563)와 나홍선(羅洪先: 염암念庵, 1504~1564) 등의 '왕학우파王學右派'와 전덕홍(錢德洪: 서산緖山, 1496~1574) 등의 중간파에 대응하여 왕기, 왕간, 주여등(周汝登: 해문海門, 1547~1629) 등이 속한 학파를 가리킨다. 우파가 '양지良知'의 발동 이전에 그 본체를 확립할 것을 주장한 데 대해, '양지'는 본래 모든 인간들에게 완성되어 있다고 하며 수양의 필요성을 부정했다. 또한 '양지'는 욕망조차도 그 안에 포함하고 있다고 하면서, 이것은 일상 생활의 철저함에 의해 완전한 모습을 드러낼 수 있다고 주장했다. 이들의 사상에는 선의 영향이 강하게 나타나고 있으며, 실제로 그들 중에는 3교일치의 입장을 취하는 사람들이 적지 않았다. 이와 같은 주장을 더욱 밀고 나간 인물이 이지로서 순수하고 원초적인 마음[심心]을 '동심童心'이라고 부르며 중시하고, 형해화된 기성의 가치관을 비판했다. 또한 유교의 전통에 저항하여 욕망을 그대로 긍정하고 그런 독자적인 가치 기준에 입각하여 시 황제 등과 같은 역사상의 인물들을 재평가했다.

　이와 같은 양명학파 사람들의 활동에 호응이라도 하듯 선종측에서도 인재들이 배출되있다. 그 대표는 '만력 연간(1573~1620)의 세 고승'이라고 불리는 운서 주굉(雲棲袾宏: 파암파, 연지蓮池, 1535~1615), 자백 진가(紫柏眞可: 달관達觀, 1543~1603), 감산 덕청(憨山德淸: 파암파, 1546~1623) 세 사람이다[천태종의 우익 지욱(藕益智旭, 1599~1655)을 포함하여 '명말의 4대사'라고 부르기도 한다].

　다만 그들의 종풍이 동일하지는 않았다. 감산 덕청과 자백 진가가 대혜 종고를 모델로 하여 적극적으로 사회에 관여하려고 했던 데 비해, 운서 주굉은 약간 연배年配가 있었던 탓도 있지만 염불을 중시하는 온건한 사상으로 일관했다. 세 사람 중에서도 특히 주굉의 명성이 높았는데, 그런 연유에는 그의 사상이 당시 지배층에게 수용되기 쉬웠던 점과도 관계가 있다.

│자백 진가와 감산 덕청│ 자백 진가는 구곡(句曲, 강소성) 출신으로 성은 심沈씨, 자는 달관이다. 17세에 출가했으며, 장졸(張拙, 9세기 후반)의 게를 듣고 대오한 후 연경의 청량사에 주석했다. 감산 덕청 등과 함께 오대산과 경산에서 방책본方冊本의 만력판 대장경(가흥장嘉興藏)을 간행(1589~1643?)하는 등 적극적으로 포교를 했다[이 대장경은 그후 청나라 강희康熙 연간에 《속장續藏》(1666년), 《우속장又續藏》(1676년)으로 증보되면서 많은 선종 문헌이 포함되었다]. 그러나 관헌에 대한 비판을 반복했기 때문에 모함에 의해 죄를 얻어 옥중에서 자살했다. 많은 저작은 《자백존자전집紫柏尊者全集》(1621년), 《자백존자별집紫柏尊者別集》(1660년)에 수록되어 있다. 《자백존자전집》은 그의 맹우인 감산 덕청이 편집한 것으로, 탑명도 그가 지었다. 한편 감산 덕청은 금릉 출신으로 성은 채蔡씨다. 12세에 출가하여 19세에 구족계를 받았으며 선을 공부했다. 운곡 법회(雲谷法會, 1501~1575)의 법을 계승했고, 오대산과 청주(靑州, 산동성)의 뇌산牢山 등에 주석했다. 한때 사적으로 사원을 창건했다고 하여 감옥에 갇히기도 했지만 뒤에 풀려나 조계(曹溪, 광동성)에 머물며 포교와 가람의 부흥에 노력했으며, 《육조단경》 등을 출판하기도 했다. 그의 방대한 저작은 《감산대사몽유전집憨

山大師夢遊全集》(1660년)에 수록되어 있다.

|운서 주굉| 항주 출신으로 성은 심沈씨고 호는 '연지蓮池'다. 31세에 출가하여 선을 공부하고 소암 덕보(笑巖德寶, 1512~1581)의 법을 이었다. 37세 때 항주의 운서산雲棲山에 들어갔고, 이후 이곳을 중심으로 포교 활동을 전개했다. 거대한 불교결사를 일으킨 것으로도 유명하다. 그의 탑명은 감산 덕청이 지었다. 사상적으로는 정토교를 중시하는 한편, 도교적인 요소도 수용하여 사람들의 지도에 노력했다. 그 때문에 《연종9조전략蓮宗九祖傳略》에는 연종의 제8조로 받들어지고 있다. 《아미타경소초阿彌陀經疏鈔》 《치문숭행록緇門崇行錄》(1585년) 《선관책진禪關策進》(1600년) 《자지록自知錄》(1605년) 《죽창수필竹窓隨筆》(1615년) 등의 많은 저작이 있으며, 《운서법휘雲棲法彙》(1624년)에 수록되어 있다. 《치문숭행록》은 고금 승려들의 효행과 충군의 사례를 들어 칭찬한 것이고, 《자지록》은 도교의 공과격功過格을 불교에 도입한 것이다. 이런 사상은 송대 이후의 3교일치설을 더욱 진전시킨 것이었다. 그의 영향은 심대하여 명말의 고승치고 그와 어떠한 형태로든 관계를 갖지 않은 인물은 없다고 이야기될 정도이다. 또한 그가 승려들의 공동 생활을 위해 편집한 《공주규약共住規約》은 오늘날에 이르기까지 중국 총림에서의 생활 규범의 기초가 되고 있고, 송나라 지반(志磐, 1220~1275)이 편찬한 《법계성범수륙승회수재의궤法界聖凡水陸勝會修齋儀軌》를 중정重訂하여 시주자 일족뿐만 아니라 많은 비명 횡사자들의 영혼을 위로하는 '수륙회'를 활성화시킨 것도 오늘날에 이르기까지 영향을 미치고 있다. 그는 후대에 청나라 옹정제(雍正帝, 1722~1735 재위)에 의

해 표창되기도 했는데, 이는 그의 사상이 체제 순응적인 온건한 성격에 기인하는 바가 컸다고 할 수 있다.

선이 사회의 주목을 끌게 된 시대에 부응하여 그들은 불교계에만 치중하지 않고 사대부계급에서도 많은 신봉자들을 끌어들임으로써 사회 전반에 커다란 영향을 미쳤다. 운서 주굉의 영향을 받은 주요 거사에 풍몽정(馮夢禎: 개지開之, 1548~1605), 관지도(管志道: 동명東溟, 1537~1608), 엄눌(嚴訥: 민경敏卿, 1511~1584), 엄징(嚴澂: 도철道徹, 1547~1625) 등이 있었다. 자백 진가의 문하에는 육광조(陸光祖: 5대, 16세기 중엽), 풍몽정, 구원립(瞿元立: 여직汝稷, 관지도의 문하, 1548~1610) 등이 있었다. 감산 덕청의 문하에는 양기원(楊起元: 복소復所, 1547~1599)과 주여등(周汝登: 해문海門, 1547~1629) 등이 있었다(주여등은 담연 원징湛然圓澄 및 자백 진가 등과도 교류했다).

그러나 특히 주목해야 할 것은 예술가들과의 관계이다. 화정파華亭派 화가인 송욱(宋旭, 1525~1606)은 선을 직접 배웠고, 같은 화정파 화가이면서 서예가·미술품 수집가로서 이름이 높은 동기창(董其昌, 1555~1636)도 진가 및 덕청과 교류했다. 동기창이 《화선실수필畫禪室隨筆》에서 전개한 남종화南宗畵·북종화北宗畵의 설은 유명한데, 이는 선종에서의 남북 양종의 종풍의 차이를 화풍에 투영한 것이었다. 또한 문학자로서 '성령설性靈說'을 주창한 원종도(袁宗道, 1569~1610)에게도 감산 덕청과의 관계가 알려져 있고, 《모란정환혼기牡丹亭還魂記》 등으로 유명한 희곡작가로서 '정설情說'을 주창한 탕현조(湯顯祖, 1550~1616)에게도 달관 및 주굉의 영향이 보이고 있다. 이 시기에는 도시의 경제 발전을 배경으로 하여 '음탕함을 가르치고, 도둑질을 가르친다'고 일컬어진 속어체 소설 《금병매金瓶梅》(1600년경)가 출현하는 등 개성과 감정의 해방을 추구하는 사조가 고양되고 있었다. 예술가들이 선에 주목한 것은 선 사상이 그런 사조에 기초를 제공해줄 것이라고 생각했기 때문이었다.

이와 같이 선은 양명학자들에 의한 사상혁신운동과 연동되는 형태로 한때 발전하기도 했지만 곧 반동이 일어났다. 1587년에는 과거에서의 불교 용어의 사용이 금지되었고, 1595년에는 진가가 모함에 의해 죄를 얻었다. 1602년에는 이지와 진가의 '양대 교주'가 체포되어 옥사하게 되는 등 선=양명학의 과격한 흐름은 종말을 향해 나아가고 있었다.

3 _ 선승의 배출과 쟁론의 발생

선에 대한 기대가 높아지는 가운데 이 시대에는 '만력 연간의 세 고승' 외에도 뛰어난 승려들이 많이 배출되었다. 이 시기에 활약한 승려들은 대부분 임제종 파암파와 조동종 승려들로 상당히 국한되었다. 전자에는 환유 정전(幻有正傳, 1549~1614)과 그의 제자인 천은 원수(天隱圓修, 1575~1635), 밀운 원오(密雲圓悟, 1566~1642), 어풍 원신(語風圓信, 1571~1647), 원오의 제자인 한월 법장(漢月法藏, 1573~1635), 비은 통용(費隱通容, 1593~1661), 목진 도민(木陳道忞, 1596~1674) 등이 있었다. 또 후자에는 무명 혜경(無明慧經, 1547~1617)과 담연 원징(湛然圓

澄, 1561~1626), 혜경의 제자인 무이 원래(無異元來, 1575~1630)와 영각 원현(永覺元賢, 1578~1657), 회태 원경(晦台元鏡, 1577~1630)과 원현의 제자인 위림 도패(爲霖道霈, 1615~1702), 원경의 제자인 각랑 도성(覺浪道盛, 1592~1659) 등이 있었다.

이 중에서도 밀운 원오는 1628년 천동산의 주지가 되어 1587년의 홍수로 폐허가 되어 있던 사찰을 부흥시켜 '임제臨濟의 재래再來'로 일컬어졌다(그후 천동산은 그의 제자들에 의해 계승되었다). 한편 담연 원징은 《능엄경억설楞嚴經臆說》《금강삼매경주해金剛三昧經注解》 등 많은 저작을 남겼고, 무이 원래와 함께 '조동曹洞의 중흥'으로 불러졌다. 그외에 연고가 없는 유해 처리와 빈민 구제에 노력하고 계율과 염불, 방생을 고취시켜 서민 교화에 힘썼던 영각 원현의 존재도 주목된다.

또한 비은 통용도 《5등엄통五燈嚴統》(1650년)을 지어 불교계에 커다란 파란을 일으킨 것으로 유명하다. 그밖에 한월 법장의 《5종원五宗原》(1628년)에 대해 스승인 밀운 원오가 《벽망구략설闢妄救略說》로 비판하자, 한월 법장의 제자인 담길 홍인(潭吉弘忍, 1599~1638)이 《5종구五宗救》(1637년)로 다시 반박했다. 그런가 하면 목진 도민이 계기 홍저(繼起弘儲: 법장의 제자, 1605~1672)와 대립하는 등 명말에서 청초에 걸쳐 불교계 내부에는 격렬한 논쟁이 여러 차례 반복되었다.

|비은 통용과 그의 영향| 비은 통용은 민(閩, 복건성) 출신으로 성은 하何씨다. 어려서 부모를 잃고 14세에 출가하여 교학을 공부했다. 이후 선으로

전향하여 담연 원징, 무이 원래, 밀운 원오 등에게 차례로 참문하고 원오의 법을 이었다. 아육왕산(절강성), 황벽산(복건성), 경산(절강성) 등의 명찰에 차례로 주석했다. 《비은선사어록費隱禪師語錄》(은원 융기隱元隆琦 편찬) 《5등엄통五燈嚴統》 《조정겸추록祖庭鉗鎚錄》 《선종어초집禪宗漁樵集》(1652년) 등의 저작이 있다. 임제종의 전통인 할喝·방棒을 구사하는 거친 종풍을 지녔고, 동문인 한월 법장과 일찍이 자신이 사사했던 무이 원래 등을 비판했다. 그외에 담연 원징의 제자인 서백 명설(瑞白明雪, 1584~1641)과 옥림 통수(玉林通琇, 1614~1675) 등과도 논쟁을 반복했다. 더욱이 《5등엄통》에서는 각범 혜홍(1071~1128)의 설을 계승하여 천왕 도오의 존재를 인정하여 운문종과 법안종을 청원의 문하에서 남악의 문하로 옮겨놓았다. 또한 무명 혜경과 무이 원래 등은 사승師承이 명확하지 않다고 꼬집었고, 천복 승고가 운문 문언의 제자임을 부정하는 등 독자적인 설을 전개하여 점차 주목받게 되었다(이런 설들은 목진 도민의 《선등세보禪燈世譜》에서도 주장되고 있는 것으로 보아 이미 스승인 밀운 원오에게 있었다고 여겨진다). 이런 주장에 대해 각랑 도성, 원문 정주(遠門淨柱: 1601~1654, 《변혹편辨惑篇》을 지음), 백우 정사(百愚淨斯: 1610~1665, 《벽류설闢謬說》을 지음) 등이 격렬한 비판을 가했다. 이런 비판들에 답한 것이 《5등엄통해혹편五燈嚴統解惑篇》(1654년)이지만 결국은 주석하고 있던 경산을 떠나게 되었고, 마침내 《5등엄통》의 판목을 폐기하는 형태로 사태는 마무리되었다. 그러나 그후에도 비은 통용의 설을 이어서 회산 계현(晦山戒顯, 1610~1672)이 천왕사비天王寺碑를 짓는 등의 일이 있었기 때문에 백암 정부(白巖淨符: 위중 정부位中淨符, 생몰년 미상)는 《법문서귀法門鋤宄》(1667년)를 지어 이를 규탄하는 등 논쟁이 계속되었다.

통용과 원징, 원래, 원현 등에게는 어록이 전해지고 있다. 이 시대 저작의 특징으로서는 구원립의 《지월록指月錄》(1602년), 목진도민의 《선등세보》(1631년), 원문 정주의 《5등회원속략五燈會元續略》(1648년), 통용의 《5등엄통》(1650년), 원현의 《계등록繼燈錄》(1651년) 등의 등사가 연이어 편찬된 것을 우선 들지 않을 수 없다. 이에 수반하여 조통상의 문제점을 해명하려는 시도들이 행해져 정주의 《변혹편》(1654년), 통용의 《5등엄통해혹편》, 도패의 《벽류》 등이 저술되었다. 이와 같은 저술들이 다수 나타나게 된 배경에는 선종 각 파가 자신들의 전통을 강하게 의식하게 된 상황이 있었다. 임제종에서 선의 계보를 명확히 하면서 조사의 약전과 송頌을 붙인 '원류송源流頌'들이 성립·간행된 것(통용에게 《조계원류송曹溪源流頌》이 있다)과 조동종의 선풍을 '5위五位' 등에 의해 재확인하려고 한 영각 원현의 《동상고철洞上古轍》(1644년)이 출현·유포된 것은 이를 잘 보여준다고 할 수 있다(《동상고철》은 원래의 《박산참선경어博山參禪警語》(1611년)와 함께 에도시대 일본의 총림에도 큰 영향을 미쳤다).

이런 의식의 고양은 종파성의 강화와 일체를 이루는 것이었다. 그러나 종파화가 총림에 가져온 것은 이상의 것들에 그치지 않았다. '시방주지'(당시는 이 제도를 채용한 사원을 '시방선현총림十方選賢叢林'이라고 불렀다)의 주지 임용 방식이 점차 기능하지 못하게 되었고, 각지의 명찰은 특정한 문파의 사람들 사이에서 계승·유지되는 경향이 강화되어 점차 '일류상승찰一流相承刹'과 같은 양상을 보이게 되었다(이와 같이 특정 문파의 사람들이 번갈아 주지를 맡는 사원을 '전법총림傳法叢林'이라고 했다), 초산 정혜사(焦山定慧寺, 강소성 단도현丹徒縣), 박산 능인사(博山能仁寺, 강서성 광풍현廣豊縣), 고산 용천사(鼓山湧泉寺, 복건성 민현閩縣), 수창사(壽昌寺, 강서성 신성현新城縣) 등이 각기 담연 원징, 무이 원래, 영각 원현, 각랑 도성 일파의 거점이 되고, 천동산과 아육왕산이 밀운 원오 일문에 의한 전법총림, 영은사靈隱寺와 정자사淨慈寺가 한월 법장 일파의 전법총림이 된 것은 그 예들이다. 이 무렵부터 사지寺志 편찬이 활발해졌는데 이것도 이런 상황과 관계있는 것이었다(대표적인 사지들로는 고칙손高則巽 편찬의 《경산지徑山志》, 죽창 덕개竹窓德介 편찬의 《천동사지天童寺志》, 곽자장郭子章 편찬의 《명주아육왕산지明州阿育王山志》, 제상際祥 편찬의 《정자사지淨慈寺志》, 계현戒顯 편찬의 《영은사지靈隱寺志》 등이 있다).

이외에 이 시대의 저작으로 주목해야 할 것으로는 주시은(朱時恩: 심공거사心空居士, 1564~?)의 《거사분등록居士分燈錄》(1631년), 어풍 원신과 곽응지(郭凝之, 17세기 전반) 두 사람이 편찬한 《선각종승先覺宗乘》 같은 선종 거사들의 전기 집성이 연이어 편집된 것이다(어풍 원신과 곽응지 두 사람은 《5가어록五家語錄》의 편집과 간행도 행한 것으로 알려져 있다). 주시은에게는 편년체의 불교통사인 《불조강목佛祖綱目》(1633년)이라는 저작도 있어 청나라 이후 서사 중심 불교의 선구가 된 인물로 주목된다. 이들 거사들은 향신층 출신으로 출가교단과도 밀접한 관계를 맺고 있었다. 한편 이 시기에는 무위교無爲敎나 서래교西來敎 등과 같은 농민을 중심으로 하는 선종결사도 생겨났다. 거사들은 이들을 이단이라고 비판했지만 이런 결사의 성립에 가장 커다란 영향을 미친 것은 이들 거사들의 존재였음에 틀림없다.

4 _ 명말 선 사상의 특징

명나라 중기에는 호거인(胡居仁: 경재敬齋, 1434~1484)의 《거업록居業錄》(1504년 간행)이나 나흠순(羅欽順: 정암整庵, 1465~1547)의 《곤지기困知記》(1552년경 간행)와 같이 유학자측에서의 배불론이 주창된 것도 있었다. 그러나 이 시기가 되면 양명학과 선의 관계로 상징되는 것처럼 이미 '선교일치'와 '3교일치'는 유·불·도 3교의 범위를 초월한 통념으로까지 발전되어 있었다.

임조은(林兆恩: 용강龍江·3교 선생三敎先生, 1517~1598)과 관지도(管志道: 동명東溟, 1536~1608), 도륭(屠隆, 1577년의 진사) 등은 유학자였지만 3교일치론자로서도 유명하다[임조은에게는 《3교회편三敎會編》(1562년), 도륭에게는 《불법금탕록佛法金湯錄》(1602년)의 저술이 있다]. 이런 상황은 과거시험에도 파급되어 1568년의 회시會試에는 선종의 설과 노장의 용어가 사용되기에 이르렀다. 불가에서는 감산 덕청이 《중용직지中庸直指》(1597년) 《노자해老子解》(《도덕경해道德經解》, 1607년) 《장자내편주莊子內篇註》(1620년) 등을 지었고, 운서 주굉이 《자지록自知錄》(1605년)에서 도교로부터 비롯된 '공과격功過格'을 불교에 수용한 것이 유명하다(당시에는 유교에서도 '거관공과격居官功過格'이 만들어지고 있었다). 도교측에서도 두문환(杜文煥: 원학자元鶴子, 생몰년 미상)이 《3교회종三敎會宗》을 지었다.

선승이면서도 이지李贄 밑에서 깨달음을 얻은 무념 심유(無念深有, 1544~1627)와 같은 인물이 나타나고, 3교의 사상이 혼연일체가 되어 나타난 잠언집 《채근담菜根譚》(1602년)이 홍자성(洪自誠: 응명應明, 16~17세기)에 의해 저술된 것 등도 이미 3교의 구별 자체가 거의 의미를 갖지 않게 되었음을 보여주는 것이었다. 이런 상황 속에서 《3교원류수신대전三敎源流搜神大全》 등과 같이 3교를 종합적으로 언급하는 통속 서적의 출판도 계속되었고, 3교일치를 기반으로 하여 윤리의 준수를 가르치려고 한 '선서善書'들로 전개되어 갔다.

|자지록| 공과격은 금나라 때인 1129년 서산(西山, 강서성 남창부南昌府)의 유유관游帷觀을 중심으로 활동했던 도사道士 하진공(何眞公, 생몰년 미상)이 창시한 신흥 도교인 정명도淨明道에서 유래했다. 정명도의 《대미선군공과격大微仙君功過格》(1171년)을 기초로 원본의 '공과功過'를 '선과善過'로, '천존天尊'과 '진인眞人' 등을 '제천諸天'으로, '부족符箓' '재초齋醮'를 '불사佛事'로 바꾸어 불교적으로 번안한 것이 《자지록》이다. 《자지록》은 자기의 행위를 반성하기 위해 매일의 선행과 악행을 기록하고 그 경중에 따라 배당된 점수(1부터 20까지 20단계로 되어 있다)를 하루, 한 달, 일년마다 집계하도록 함으로써 선인선과善因善果 · 악인악과惡因惡果의 사상을 민중들에게 퍼뜨리는 데 대단히 유용했다고 한다. 그러나 여기에서 말하는 '선善'은 '충효忠孝' '인자仁慈' '3보공덕三寶功德' '잡선雜善'의 네 항목에 대응하는 것으로서(그에 반대되는 행위가 '과過'이다) 단순히 사회적인 통념을 추인하는 데 불과했고 불교적인 가치관을 추구하려고 했던 것은 아니었다.

송 · 원대에 두드러졌던 '선정쌍수'와 '교선일치'라고 하는 선의 새로운 경향은 명대에도 계승됨과 동시에 한층 강화되었다. 선

정쌍수에 관한 종래의 설을 모은 《귀원직지집歸元直指集》(1553년)이 천의 종본(天衣宗本, 생몰년 미상)에 의해 편집된 것도 이 시기였고, 감산 덕청 등도 여산에서 염불 수행을 했다. 또한 운서 주굉의 《선관책진禪關策進》(1600년)에 보이는 것처럼 총림에서도 염불을 공안으로 사용하는 '염불공안念佛公案'이 일반화되었다. 주굉 등은 선종의 인물로서보다 오히려 정토교가로서 알려져 있을 정도이다. 또한 천태종을 중심으로 하여 여러 교학들을 종합한 우익 지욱(藕益智旭, 1599~1655)이 덕청과 주굉에게 사숙하고 실천적인 면에서 선과 염불을 조화시키려고 한 것과 이지에게 선을 배운 원굉도(袁宏道, 1568~1610)가 후에 정토교로 전향하여 《서방합론西方合論》(1599년)을 지은 것 등도 주목된다.

│선관책진과 염불공안│ 《선관책진》은 '명말 4대사' 가운데 한 사람인 운서 주굉이 《선문불조강목禪門佛祖綱目》을 기초로 초학자들을 위한 선 수행에 도움이 되는 요문들을 모은 것으로, 1600년에 간행되었다. 전체 110장인데, 전집(前集: 중국 조사들의 어록과 저작 등에서의 인용문을 모음)과 후집(後集: 제경인증절략諸經引證節略, 경론과 선인들의 저작에서 인용한 내용을 모음)으로 구성되어 있다. 전집은 다시 〈제조법어절요제1諸祖法語節要第一〉(법어)과 〈제조고공절략제2諸祖苦功節略第二〉(일화)로 분류되어 있으며, 전체에 걸쳐 중요한 장에는 편자가 비평을 추가했다. 주굉의 입장은 이 시기에 일반화되어 있던 선정쌍수의 사상으로, 이 책에서도 〈사자봉천여칙선사보설師子峰天如則禪師普說〉과 〈지철선사정토현문智徹禪師淨土玄門〉 등과 같이 염

불선을 이야기하는 장이 여러 곳 보이고 있다. 전자에는 "단지 아미타불 네 글자를 화두(공안)로 하여 늘 염두에 두고 전혀 망상이 생기지 않도록 하면 단계를 거치지 않고 곧바로 부처가 될 것이다"는 내용이 있고, 후자에는 "염불을 1회, 혹은 3·5·7회 하고서 그냥 묵묵히 자신에게 이 염불소리가 어디에서 왔는가 하고 물으라. 또한 이렇게 염불하는 주체는 누구인가 하고 묻고서 알지 못하겠으면 오로지 일편단심으로 계속하여 생각하라"고 이야기하고 있다. 이것들은 염불을 '공안'으로 사용한 것이기 때문에 '염불공안'이라고 불린다. '염불공안'은 송나라 때의 진헐 청료가 처음 시작했는데, 명대에는 초산 소기(楚山紹琦, 1403~1473)와 독봉 계선(毒峰季善: 본선本善, 공곡 경륭空谷景隆의 제자, 1419~1482), 감산 덕청 등에 의해 활발하게 주창되었다. 이런 사상은 송나라의 선 전통에 입각하고 있어 일본의 선과는 맞지 않는 것이지만, 이 책에 나오는 선사들의 격려 문구와 수행에 대한 정열 등은 후진들을 지도하는 데 대단히 유효했으므로 일본에서도 자주 판본으로 간행되었다. 특히 하쿠인 에가쿠[白隱慧鶴, 1685~1768]가 수행시대에 이 책을 늘 곁에 두는 책으로 삼았던 것은 유명하다.

한편 교선일치의 측면에서 보면, 이 사상 자체가 본래 방일로 흐르기 쉬운 선사들의 자기 규제를 위한 것이면서도 동시에 외부에서의 선종 비판에 대응하기 위한 것이었으므로, 선에서 정신적 지주를 찾았던 사회 속에서는 더욱더 중요성이 커져 갔다. 그리고 이 시기의 교선일치 사상의 특색은 그 사상적 근거로 《능엄경》이 자주 이용된 것과 그것이 남·북 양종의 조화를 이야기하는 '돈오점수론頓悟漸修論'으로 전개된 것 등을 들 수 있다. 어느 것이든 선이 지닌 급진적인 사상을 궤도 수정하는 것이었음을 부정할 수 없다.

이 시기의 선승들은 교선일치 사상에 기초하여 다양한 경론을 연구했고 주석서를 지었다. 예를 들면 주굉은 《능엄경》《아미타경》《범망경》에, 덕청은 《법화경》《원각경》에, 원현은 《능엄경》《금강경》에 각각 주석을 붙였다. 진가와 덕청이 만력판 대장경(가흥장, 방책본)의 간행(1589~1677)을 담당한 것도 이런 입장에서 행한 것이었다.

이와 같은 상황이 나타났던 또 하나의 배경으로 당나라 말기 이래 선종 외의 종파들이 모두 쇠퇴하는 바람에 당시엔 선종계의 사람들만이 불교계를 거의 장악하고 있었던 점을 들 수 있다. 즉 선승이 불교 교학을 지탱해 가지 않으면 안 되는 상황이 되었던 것이다. 여기에 이르러 교학에 대한 안티테제로서의 '교외별전敎外別傳'이나 '불립문자不立文字' 등은 그 의미를 완전히 상실하게 되었다고 할 수 있다.

이 시기 선종 사상의 특징으로서 계율이 대단히 중시된 점도 빠뜨릴 수 없다. 이것은 계율의 부흥과 호응하는 것으로서 남산율종의 중흥자로 불리는 고심 여경(古心如馨, 1541~1615)에게 수계受戒했던 한월 법장은 '선계일치禪戒一致'라고 할 수 있는 선풍을 제시했고, 스스로 《홍계법의弘戒法儀》를 편집하고 수계를 자주 행했다(일본으로 건너온 은원隱元이 같은 이름의 책을 찬술하고 수계受戒를 행한 것은 그의 영향을 받은 것이다). 그런 이유 때문에 그의 이름은 《율종등보律宗燈譜》에도 게재될 정도였다. 그후에도 3봉파三峰派에서는 계율을 대단히 중시하여 선禪·정淨·율律 3종을 겸수하는 회산 계현 등이 나왔다. 계율을 중시하는 것은 무이 원래 일파도 마찬가지였고, 우익 지욱 등과도 통하는 것으로 이 시기의 일반적인 경향이었다고 할 수 있다.

한편 명대에는 포르투갈과 스페인 사람들이 들어와서 기독교를 전래시켰기 때문에 서광계(徐光啓, 1562~1633)와 이지조(李之藻, ?~1630) 같은 고위 관료의 신자가 나왔고, 운서 주굉과 밀운 원오, 비은 통용 등은 기독교에 대한 열렬한 비판을 전개했다(원오의《변천설辨天說》, 통용의《원도벽사설原道闢邪說》등은 이 문제를 논한 대표적인 저작이다). 그러나 기독교의 포교 대상은 일부의 지식인에 제한되었으므로 신자는 명나라 말기까지도 그다지 확대되지 않았고, 불교의 존재 자체를 흔들리게 할 만큼 중대한 문제가 되지는 않았다.

2. 청대 이후의 선

1_ 청의 불교 정책과 선

여진족 출신의 누르하치는 교역 등으로 힘을 축적하자 1616년 후금국後金國을 세우고 자립했다(태조, 1616~1626 재위). 그뒤를 이은 혼타이지(태종, 1626~1643 재위)는 1636년 국호를 대청大淸으로 바꾸고 몽골 동부에서 한반도까지 지배를 확대했다. 당시 마침 농민반란

옹정제

중에 두각을 나타냈던 이자성(李自成, 1606~1645?)에 의해 명 왕조가 붕괴되자 (1644년) 순치제(順治帝: 세조, 1643~1661 재위)는 이를 틈타 북경으로 진주했고, 다음 해에는 남경까지 함락시켜 중국을 거의 평정했다. 뒤이은 강희제(康熙帝: 성조 聖祖, 1661~1722 재위)는 삼번三藩의 난 (1673~1681)을 진압함과 동시에 대만에 거점을 두고 있던 정鄭씨 일족도 항복시킴으로써 청조의 지배를 확립시키고 옹정제(雍正帝: 세종, 1722~1735 재위), 건륭제(乾隆帝: 고종, 1735~1795 재위) 등으로 이어지는 청조 황금시대의 기반을 마련했다.

청조는 중국의 전통 문화를 존중했다. 과거시험의 기초로 주자학을 채용했으며, 동시에 대규모의 문화사업도 거행했다. 강희제 때의 《명사明史》《강희자전康熙字典》《패문운부佩文韻府》《고금도서집성古今圖書集成》 편찬과 건륭제 때의 《사고전서四庫全書》 편찬은 대표적인 것들이다. 그러나 한편으론 '문자文字의 옥獄'과 금서禁書를 통해 사상 통제를 했으며, 불교와 도교에 대해서도 매우 엄격하게 규제했다. 그 결과 명말에 활기를 띠었던 사상계는 청대에 들어와 침체되었다.

청조는 대장경(용장龍藏) 간행과 같은 사업 등도 벌였지만, 전체적으로 볼 때 불교를 대단히 낮게 평가했다. 사원의 창건과 가두에서의 승려의 포교 활동, 부녀자의 사찰 참배 등을 금지하는 등 규제를 다양하게 했다. 특히 옹정제는 시경試經·도첩度牒 제도를 폐지하여 승려의 질을 떨어뜨렸지만, 본인은 참선에 힘써 '원명 거사圓明居士'라고 자칭했다. 그런 자신감을 배경으로 직접 《어선어록御選語錄》(1733년)을 편찬하고, 명대의 운서 주굉을 표창했다. 한편 《간마변이록揀魔辨異錄》(1733년)을 지어 밀운 원오와 그의 제자 한월 법장, 손제자 담길 홍인 사이에서 벌어진 논쟁에 대한 자신의 의견을 개진하면서 한월 법장 일파(삼봉파三峰派)를 탄압하는 등 선사상 자체에 대해 권력을 행사하려고도 했다.

명대에는 재정난으로 인해 공명도첩과 승관의 매매가 행해졌으며, 시간이 지나면서 그 정도가 더욱더 심해졌다. 특히 가정嘉靖 연간(1522~1566) 이후에는 출가할 수 있는 길이 도첩을 사는 방법밖에 없었기 때문에 승려의 자질이 눈에 띄게 저하되었다. 더구나 명나라가 멸망한 이후 청조에서 벼슬하는 것을 깨끗하게 여기지 않은 신하들 사이에서 외형만 승려가 되는 풍조가 널리 퍼져 있던 것도 승려의 자질을 떨어뜨리는 요인이었다. 그들은 수행에 대한 열의가 결여되어 있을 뿐 아니라 가족을 거느리고 들어와 총림을 혼란스럽게 만들었기 때문에 불교는 점차 쇠퇴의 길로 접어들기 시작했다. 청조의 불교 정책은 이런 경향에 박차를 가해 승려에 대한 사회의 신뢰를 무너지게 했다.

다만 청나라 초기에는 명말의 유풍이 아직 남아 있고, 순치제가 선의 신봉자이기도 해서 많은 선승들의 활약이 보이고 있다. 순치제와 관계를 가졌던 선승으로는 목진 도민(木陳道忞, 1596~1674), 감박 성총(憨璞性聰, 1610~1666), 옥림 통수(玉林通琇: 천은 원수의 제자, 1614~1675) 등이 있으며, 그외에도 《선해10진禪海十珍》의 편찬자로 알려진 위림 도패 등의 존재가 주목된다(위림 도패는 일본의 도쿠안 겐코[獨庵玄光: 조동종, 1630~1698]와도 교류했다).

또한 이 시기에는 비은 통용의 제자인 은원 융기隱元隆琦와 각랑 도성의 손제자인 심월 흥주(心越興儔, 1639~1696) 처럼 만주족의 지배를 견디지 못하고 활로를 찾아 일본으로 건너온 사람들도 있었다. 특히 은원이 도쿠카와 막부의 비호하에서 '명조선明朝禪'을 전하여 황벽종黃檗宗으로 불리는 일파를 개창한 것은 일본 문화 사상에서 중요한 의의를 갖는다.

그밖에 이 시기의 저작으로는 백암 정부(白巖淨符, 생몰년 미상)의 《조통대통祖統大統》(1672년), 별암 성통(別庵性統, 17세기 후반)의 《속등정통續燈正統》(1691년), 제륜 초영(霽崙超永, 생몰년 미상)의 《5등전서五燈全書》(1693년) 등의 등사와 정부의 《종문염고휘집宗門拈古彙集》(1664년), 가릉 성음(迦陵性音: 집운당集雲堂, ?~1726)의 《종감법림宗鑑法林》(1714년) 등의 공안집, 그리고 통용에 의해 야기된 법계 논쟁에 관련된 저작으로 정부의 《법문서귀法門鋤宄》(1667년) 등이 있다. 《조통대통》은 정부의 조통에 관한 생각에 따라서 편집된 것인데, 이 역시 목진 도민과 위림 도패의 비판을 불러일으켰고(도민에게 《보탁성미론寶鐸醒迷

論》, 도패에게 《동종원류변류洞宗源流辨謬》가 있다), 다시 그에 대한 반론이 행해지는 등 논쟁이 계속되었다.

이 시기에는 사회에 미친 선의 영향이라는 관점에서도 볼 만한 것들이 많았다. 통속소설의 가치를 높게 평가했던 문예비평가 김성탄(金聖嘆, 1608~1661), '선시일미禪詩一味'를 지향하여 '선운설禪韻說'을 주창한 문학자로서 산수화의 '신안파新安派'를 연 것으로도 유명한 왕사정(王士禎, 어양漁洋: 1634~1711) 등에는 선의 영향이 현저했다. 또한 청나라 초기의 '4화승四畵僧'으로 불린 홍인(弘仁, 1610~1664), 곤잔(髡殘, 생몰년 미상), 팔대산인(八大山人, 1624~1705), 석도(石濤, 1642~1707) 등의 개성적인 회화의 바탕에도 선 사상이 깔려 있다고 이야기되어진다.

|팔대산인과 석도| 팔대산인은 남창 출신으로 본명은 주탑朱耷이고, 명나라 영왕寧王의 후예이다. 명나라가 멸망한 이후 승려가 되었고, 다시 도사가 되었다. 팔대산인이라고 불리면서 그림을 그리는 데 종사했다. 산수화에는 원나라 황공망(黃公望, 1269~1354)과 명나라 동기창 등의 영향이 보이며, 화조화에도 뛰어났다. 그의 그림들에는 명나라의 멸망에 대한 강한 억울함과 원망에서 비롯된 비통한 외침이 깔려 있다고 곧잘 이야기 되곤 한다. 한편 석도는 본명이 주약극朱若極이며, 명나라 정강왕靖江王의 후예이다. 출가하여 원제原濟라고 이름했다가 선을 배우고 나서는 석도라는 호를 사용했다. 명나라의 멸망에 대한 분함을 안은 채로 황산黃山, 화악華岳, 금릉金陵, 양주揚州 등을 방랑하면서 산수화를 그리며 일생

을 보냈고, 서예가로서도 이름이 높았다. 저작에 《화어록畵語錄》이 있어 내면성을 중시하는 그의 회화관을 살펴볼 수 있다. 팔대산인과 석도는 처한 상황이 비슷해서 비록 면식은 없었지만 〈난죽도蘭竹圖〉(팔대산인이 난초를 그리고, 석도가 대나무와 돌을 보충했다)에서 볼 수 있는 것처럼, 글을 통해 그림을 합작하고 서로의 그림에 제발題跋을 써주는 등의 교류를 했다.

2 _ 선의 종언

청조의 엄한 사상 통제 속에서 유일하게 성과를 거둔 것은 황종희(黃宗羲, 1610~1695)와 고염무(顧炎武: 정림亭林, 1613~1682)를 선구로 하여 염약거(閻若璩, 1636~1704), 대진(戴震, 1723~1777), 전대흔(錢大昕, 1728~1804) 등으로 계승된 고증학이었다. 과학적인 방법을 채용한 고증학의 진전은 역사학, 지리학, 음운학, 금석학, 서지학 등의 발달을 촉진시켰지만, 그런 반면에 정치나 실제 생활과의 관계는 점점 희박해지게 되었다.

고증학이 성립하게 된 배경에는 명말 양명학자들의 공리공담에 대한 비판이 있었다. 명 왕조가 멸망한 원인의 일단이 거기에 있었다고 생각했던 것이다. 이런 비판은 당초에는 청조를 후원자로 한 주자학자들에 의해 제기되었지만 곧 주자학 자신들에게까지 미쳤다. 그리고 주자학과 양명학에 영향을 미쳤던 선도 그들과 마찬가지로 그런 공리공담의 원흉으로 몰려 한층 더 철저하게 부정되었다.

명말청초 시기의 선의 융성은 결국 사회의 요구에 수동적으로 대응한 것에 지나지 않았다. 표면적으론 융성하는 것처럼 보였지만 사상적으로는 점점 더 통속화되었고, 3교일치 사상 속에서 스스로 차지하는 위치를 찾아내어 겨우 자신의 가치를 주장하려고 한 것이 현실이었다. 그 때문에 청조의 종교 정책이 궤도에 오르고 고증학이 확립되자 눈에 띄는 선승들의 활동은 완전히 자취를 감추게 되었다. 더욱이 태평천국의 난(1851~1864)은 거기에 박차를 가했다. 기독교의 영향을 받은 홍수전(洪秀全, 1813~1864)이 거느린 반란군이 강남지방을 석권하면서 오랫동안 이 지역에서 발전했던 선종 사원들이 괴멸적인 타격을 입게 되었던 것이다.

청조의 불교는 승려보다도 오히려 일부의 열렬한 지식인 거사들에 의해 지탱되었다고 이야기되어진다. 실제로 송문삼(宋文森, ?~1702), 주안사(周安士, 1656~1739), 팽제정(彭際淸, 1740~1796), 전부(錢馥 : 이암伊庵, 18~19세기) 등의 거사는 학식은 물론 수행면에서도 출가자들에 못지 않았다. 그들은 승려들에게 사사하기보다는 주로 문헌으로 불교 사상을 접했기 때문에 팽제정이 《거사전居士傳》(1775년)을 편집하고, 전부가 《종범宗範》(1835년)을 지은 것처럼 스스로 저작을 남기거나 불전의 출판을 담당하는 경우가 많았다. 그러나 사상적으로는 '3교일치' '교선일치' '선정쌍수'의 경향이 진전되어 이미 종파를 문제로 삼는 것 자체가 무의미한 상황이 되어 있었으므로 그들에게 선 사상의 의의가 어느 정도 이해되어 있었는지, 또한 그들의 사상에 선 사상이 어느 정도의 비중을 차지하고 있었는지는 의문의 여지가 있다.

호적과 스즈키 다이세츠

한편 청말에는 열강들의 외압이 심화되는 속에서 현실의 문제에 대처하는 것을 중시하는 공자진(龔自珍, 1792~1841)과 위원(魏源, 1794~1856) 등의 공양학公羊學이 일어나 양무운동과 변법자강운동을 이끌었다. 이들은 불교 신자였다. 그후에 등장한 강유위(康有爲, 1858~1927)와 담사동(譚嗣同, 1865~1898), 그리고 공양학과는 거리를 둔 장병린(章炳麟, 1869~1936)의 사상에도 불교의 영향이 현저했던 것으로 보인다. 그러나 그들의 사상은 유식 사상과 정토 사상이 중심이었고 중국 선이 주목된 적은 거의 없었다. 아마도 그것은 선 사상이 불교 사상 중에서도 가장 중국적인 것이었고, 일상적이었던 탓에 재평가될 만한 요소를 찾기 힘들었기 때문이라고 생각된다.

그후에도 신해혁명(1911년)에 의해 중화민국이 성립하고(1912년) 열강과 어깨를 나란히하기 위한 근대화가 추진되어 가는 상황 속에서 불교는 도교와 함께 극복되어야 할 과거의 유물로 간주되는 경향이 강했다. 특히 청나라 말기에서 중화민국 초기에 활발했던 묘산흥학운동廟産興學運動은 불교 사원과 도교의 도관들을 교육시설로 전용하려 한 것으로서 그 영향은 대단히 컸다. 이런 상황에 맞서서 경안(敬安: 기선寄禪, 팔지두타八指頭陀, 1851~1912)과 태허(太虛,

1890~1947) 등에 의해 추진된 불교부흥운동은 불교인들의 연대와 학교에서의 승려 교육, 기관지를 통한 포교 활동 등 불교의 근대화라고 하는 점에서 대단히 중대한 의의를 지닌 것이었다. 하지만 그들도 반드시 '선'의 의의를 재확인하는 방향으로 나아간 것은 아니었다(경안은 선승으로 천동산의 기구 개혁을 추진하여 시방주지제를 복귀시킨 것으로 알려져 있지만, 일반인에게는 오히려 시승詩僧으로 유명하다). 장기간에 걸쳐 다양한 형태로 현실과의 타협을 계속한 결과, 선은 그렇게 사상적인 활력을 잃어버리게 되었던 것이다.

그러나 그렇다고 해서 지식인들의 선에 대한 관심이 완전히 사라지고 말았던 것은 결코 아니었다. 각지에 새로 설립된 대학에서는 불교와 중국철학사에 관한 강의들을 했는데, 그 일환으로서 선도 연구의 대상이 되었다. 특히 탕용동(湯用彤, 1893~1964)의 《한위양진남북조불교사漢魏兩晉南北朝佛敎史》(1938년), 진원(陳垣, 1880~1971)의 《청초승쟁기淸初僧諍記》(1941년), 호적(胡適, 1891~1962)의 《신회화상유집神會和尙遺集》(1930년) 등의 저작으로 대표되는 선종사의 해명은 주목할 만한 업적들이다. 이 책들은 서구적인 학문 방법에 입각하여 과거의 선에서 새로운 의의를 찾아내려 한 것으로서 종래의 전통과는 거의 완전히 단절된 것이었다.

물론 그렇다고 해서 종래부터의 전통적인 수행이 완전히 행해지지 않았다는 것은 아니다. 앞에 열거한 인물들과 같은 시기에 활약한 선승들로는 허운(虛雲, 1840?~1959)과 내과(來果, 1881~1953) 등의 이름이 알려져 있고, 20세기 전반에도 진강鎭江의 강천사(江天寺,

금산사)와 양주(揚州, 남경)의 고민사高旻寺는 선의 중심지로 간주되고 있었다. 그러나 그 영향력이 불교계를 넘어서는 것은 아니었다.

|호적| 적계(績溪, 안휘성) 출신으로 자字는 적지適之다. 1910년 미국으로 유학하여 콜롬비아대학에서 듀이(1859~1952)에게 배웠다. 귀국 후인 1919년 북경대학 교수가 되었고, 백화白話 문학(구어체의 문학)의 필요성을 강조했다. 1938년부터 1942년까지는 중국의 주미대사를 역임했다. 제2차 세계대전 후인 1948년 국민당과 공산당의 내전 속에 미국에 망명했다가 후에 대만으로 돌아와 중앙연구원원장 등을 역임하고 대만에서 세상을 떠났다. 《중국철학사대강中國哲學史大綱》(1919년) 《백화문학사白話文學史》(1928년) 등의 저작이 있다. 1925년경부터 선 관계의 논문을 발표하기 시작했으며, 사후에 〈배휴의 당고규봉정혜선사전법비 발문跋裴休的唐故圭峰定慧禪師傳法碑〉(1962년)이 유고로 간행된 것에서 볼 수 있는 것처럼 죽기 직전까지 선에 관한 연구를 계속했다. 특히 1926년 파리의 프랑스 국립도서관과 런던의 대영박물관에서 돈황 문서를 조사하여 《남양화상문답잡징의》 등 하택 신회와 관계된 유문들을 발견하여 《신회화상유집》(1930년)으로 출판한 것은 유명하다. 또한 1949년 하와이대학에서 열린 제2회 동서철학자회의에서 스즈키 다이세츠[鈴木大拙, 1870~1966]와 선을 둘러싸고 논쟁을 벌인 것도 유명하다.

3_전쟁 이후의 동향

중·일전쟁(1937~1945) 이후 중국대륙을 수중에 장악한 것은 모택동(毛澤東, 1893~1976)의 공산당 정권이었다. 그 때문에 호적을 비롯한 많은 학자들이 사상의 자유를 구하여 대만의 국민당 정권이나 영국이 통치하는 홍콩 등으로 피신했고, 승려들의 다수도 신앙을 지키기 위해 대륙을 뒤로 했다. 따라서 중국 불교의 전통은 대륙보다도 오히려 대만과 홍콩에서 유지되었다고 할 수 있다. 그러나 승려들의 '선'에 대한 인식은 이미 이전의 것과는 상당히 달라졌다. 인순(印順: 성정盛正, 1906~?)의 《중국선종사》(1971년) 등에서 볼 수 있는 것처럼 국내외 학자들의 의견들도 참고해 가면서 '선'의 역사적 의의를 객관적으로 논급하는 '학술적'인 저작들이 나타나고 있으며, 또한 그런 비율이 증가해 가고 있는 것이다. 오늘날 일본의 상황과도 통하는 것이며, 또한 새로운 문제를 잉태하는 것이라고도 볼 수 있다.

| 인순 | 인순은 해령(海寧, 절강성) 출신으로 본명은 장록근張鹿芹이다. 농민의 아들로 태어나 소학교의 교원으로 근무하다가 1929년 아버지가 돌아가신 것을 기회로 출가하여 인순이라고 칭했다. 태허가 원장으로 있던 하문(廈門, 복건성)의 남보타사南普陀寺 민남불학원閩南佛學院에서 불교를 공부했고, 후에는 이곳에서 교편을 잡았다. 1936년에는 무창불학원(武昌佛學院, 호북성) 교수로 있다가 일본군의 공격을 피해 중경(重慶, 사천성)의 한장교리원漢藏敎理院으로 옮겼다. 이곳에서 같은 태허의 제자로 티벳에 유학했던 법존 법사(法尊法師, 1902~1980)와 친교를 맺고 중국 불교에 대한 비판적인 시각을 확립했다. 그후에도 법왕불학원(法王佛學院, 사천성)의 원

장 등을 역임하다가 2차 세계대전 이후의 내란을 피해 홍콩을 경유하여 대만으로 이주했다. 대만에서는 혜일강당(慧日講堂, 대북)을 중심으로 포교를 펼쳤고 대학 등에서도 자주 강연을 했다. 수십 권에 이르는 방대한 저작이 있으며, 스승인 태허의 전집도 편집했다. 그 중에서도 선의 형성 과정을 해명하려고 한 《중국선종사》는 일본의 타이쇼大正대학에 제출된 박사학위 논문으로, 일본과 중국 학자들의 주장을 받아들이면서도 여러 곳에서 독자적인 견해를 제시했는데, 주목해야 할 저작이다.

한편 공산당이 통치하는 대륙에서는 종교는 아편이라고 해서 거의 가치가 인정되지 못했다. 특히 문화대혁명(1966~1969) 동안 사원은 철저하게 파괴되었고, 승려들은 강제로 환속되어 불교는 괴멸적인 타격을 입게 되었다. 사상적으로도 마르크스주의의 시각에 서서 여러 사상의 가치를 판단하려고 하는 것이 유행하면서 불교 사상은 유심론적인 것으로 신랄한 비판을 받았다.

그러나 모택동이 죽은 1976년에는 불교 활동의 재개가 인정되었고, 그후 개혁 개방 정책으로 전환됨에 따라 불교계도 다시 숨을 돌리게 되었다. 국가의 주도하에 사원에 대한 정비가 진전되어 이제는 승려의 수도 수만 명에 이르렀다. 하지만 문제가 없는 것은 아니다. 오늘날 사원을 방문하는 사람들은 대단히 많지만 그 대부분이 관광을 목적으로 하는 사람들로서 신앙과는 거의 무관한 사람들인 것이다. 물론 열렬한 신자들도 있지만 그 신앙은 조상들에 대한 공양과 현세 이익적인 것에 머무르고 있으며, 선을 비롯한 불교 사상에 대해 관심을 가진 사람은 드물다. 최근에는 기공의 유행에 따라서 젊은 층에서도 불교에 대한 관심이 높아지고 있다고는 하지만, 이해 수준은 대단히 얕은 편이다.

한편 대학 등의 연구기관에서는 서구와 일본에서 도입된 불교에 대한 학문적인 연구가 성행되고 있으며, 그 중에서도 선에 대한 연구가 차지하는 비중이 높다. 하지만 이들 연구는 스스로의 실존 문제와는 완전히 분리되어 행해지는 것으로서 불교 사상이나 선 사상 자체의 활성화를 촉진하는 방향으로는 나아가지 못하고 있다.

이처럼 오늘날 불교와 선에 대한 관심은 완전히 양극화되어 있는데, 이 두 가지 흐름을 이어줄 가능성을 가진 것으로서 주목되고 있는 것이 최근 지식인들을 중심으로 퍼져 가고 있는 '선 열풍'이다. 이것은 개혁개방 정책이 추진되는 과정에서 서구와 일본으로부터 유입된 정보에 의해 '선'을 재평가하려고 하는 움직임으로써, 스즈키 다이세츠의 《선과 일본 문화》와 《선 입문》은 중국에서도 널리 수용되고 있다. 또한 대만에서 활동하는 남회근南懷瑾 등의 저작도 계속하여 소개되고 있다. 다만 이들의 활동이 불교 교단과 거의 아무런 관련을 갖지 않고 행해진다는 점에서 문제가 있다고 생각된다. 이 점과 관련해서는 허운虛雲의 제자로 조주 종심이 머물렀던 백림사柏林寺 주지로 있는 정혜淨慧, 1933~?)가 추진하고 있는 '생활선生活禪' 운동을 주목할 만하다. 그는 '선학연구소'의 설립에도 관계하고 있어 앞으로의 활동이 기대되고 있다.

[참고 문헌]

荒木見悟《佛教と儒教》(平樂寺書店, 1963)
荒木見悟《竹窓隨筆》(明德出版社, 1969)
荒木見悟《明代思想の研究―明代における儒教と佛教の交流》(創文社, 1972)
荒木見悟《明末宗教思想研究》(創文社, 1972)
荒木見悟《佛教と陽明學》(レグルス文庫, 第三文明社, 1979)
荒木見悟《陽明學の展開と佛教》(研文出版, 1984)
荒木見悟《雲棲袾宏の研究》(大藏出版, 1985)
荒木見悟〈明淸思想史の諸相〉(《中國思想史の諸相》, 中國書店, 1989)
荒木見悟《憂國烈火禪―禪僧覺浪道盛のたたかい》(研文出版, 2000)
印順/伊吹敦譯《中國禪宗史―禪思想の誕生》(山喜房佛書林, 1997)
ウイン-チット=チャン/福井重雅譯《近代中國における宗教の足跡》(金花者, 1974)
橫超慧日〈明末佛敎と基督敎との相互批判〉(《大谷學報》29-2·3·4, 1949~1950)
神田喜一郎〈董其昌の思想について〉(《禪學研究》58, 1970)
久須本文雄《王陽明の禪的思想硏究》(日進堂, 1958)
黃　依妹〈今文學家龔自珍と魏源の佛教信仰〉(《東方學》81, 1991)
胡適·鈴木大拙/工藤澄子譯《禪についての對話》(筑摩書房, 1967)
酒井忠夫〈明代における三教合一思想と善書〉(酒井忠夫著作集 1,《增補中國善書の研究 上》, 國書刊行會, 1999)
酒井忠夫〈功過格の研究〉(酒井忠夫著作集 1,《增補 中國善書の研究 上》, 國書刊行會, 1999)
酒井忠夫〈儒教者と善書文化〉(酒井忠夫著作集 2,《增補 中國善書の研究 下》, 國書刊行會, 2000)
酒井忠夫〈〈居官功過格〉より《得一錄》へ〉(酒井忠夫著作集 2,《增補 中國善書の研究 下》, 國書刊行會, 2000)
椎名宏雄〈明代以降の大藏經と宋元版禪籍〉(《宋元版禪籍の研究》, 大東出版社, 1993)
釋東初/河村孝照編·椿正美譯著《中國佛教近代史》(日本傳統文化研究所, 1999)
末木文美士〈現代中國佛教の研究〉(《東洋文化研究所紀要》119, 1992)
末木文美士·曹章祺《現代中國の佛教》(平河出版社, 1996)
野口善敬〈費隱通容の臨濟禪とその挫折―木陳道忞との對立を巡って〉(《禪學研究》64, 1985)
野口善敬〈明末に於ける「主人公」論爭―密雲圓悟の臨濟禪の性格を巡って〉(《九州大學哲學年報》45, 1986)
野口善敬《淸初僧諍記》(中國書店, 1989)

長谷部幽蹊〈無異元來禪師略傳〉(《愛知學院大學禪研究所紀要》4・5合併號, 1975)
長谷部幽蹊〈《祖統大燈》について〉(《宗學研究》19, 1977)
長谷部幽蹊《明清佛教史研究序說》(新文豊出版公司, 1979)
長谷部幽蹊〈明清佛教文獻著者別小目錄〉(《愛知學院大學論叢 一般教育研究》27-4, 28-1・2, 1980)
長谷部幽蹊〈智沄編《洞上祖憲錄》について〉(《愛知學院大學禪研究所紀要》11, 1982)
長谷部幽蹊〈明朝禪における淨業の行修〉(《日本佛教學會年報》42, 1976)
長谷部幽蹊《明清佛教教團史研究》(同朋舍出版, 1993)
藤吉慈海《禪關策進》(禪の語錄 19, 筑摩書房, 1970)
藤吉慈海〈禪佛教の問題—胡適と鈴木大拙との對論をめぐって〉(《禪と淨土論》, 平樂寺書店, 1994)
牧田諦亮〈居士佛教に於ける彭際靖の地位〉(《中國近世佛教史研究》, 平樂寺書店, 1957)
牧田諦亮〈道衍傳小稿—姚廣孝の生涯〉(《東洋史研究》18-2, 1959)
牧田諦亮《策彥入明記の研究 上・下》(法藏館, 1955~1959)
間野潛龍〈明代の佛教と明朝〉(《明代文化史研究》, 同朋舍出版, 1979)
間野潛龍〈儒佛道三教の交涉〉(《明代文化史研究》, 同朋舍出版, 1979)
ワルド・ライアン〈明末清初の禪宗とその社會觀—覺浪道盛の場合〉(《禪學研究》77, 1999)

[선의 계보 6]

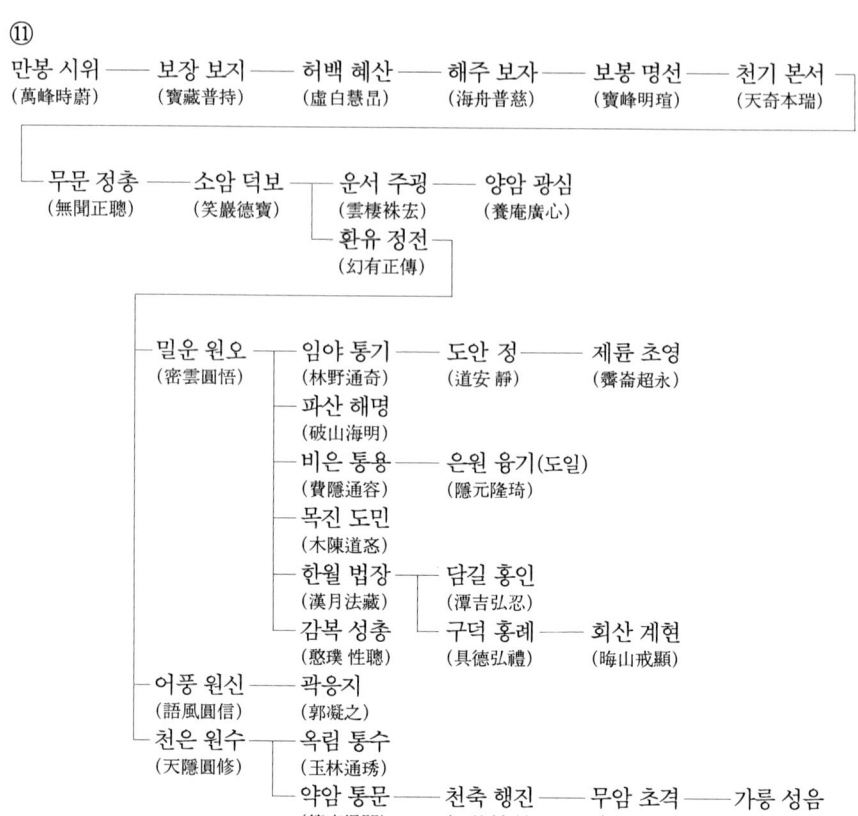

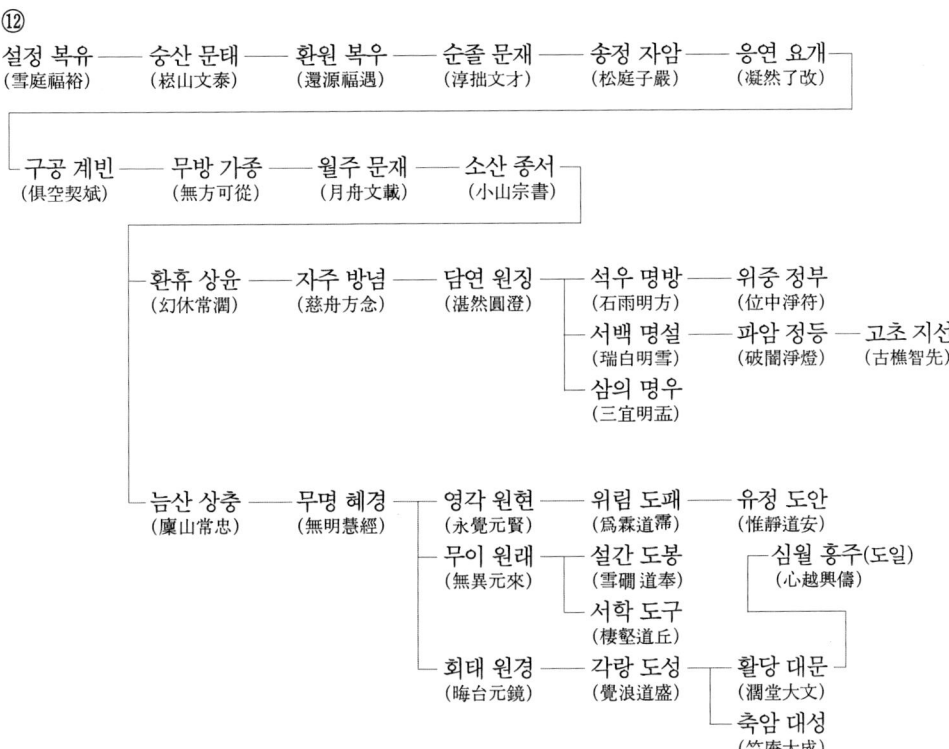

[선 관계 지도 6]

옮긴이 글

역사는 시간이 지나면서 매번 다시 쓰여진다. 각각의 시대는 이전과는 다른 새로운 가치관을 갖게 되고 과거를 새롭게 정리함으로써 이를 정당화시킨다. 새로운 역사의 등장은 새로운 가치관의 성립을 알리는 것이고, 이 새로운 역사에 의해 과거는 이전과는 전혀 다른 모습으로 등장하게 된다. 그래서 과거의 사건과 인물에 대한 기존의 평가는 크게 바뀌며, 이전에는 중요시되었던 인물과 사건 들이 완전히 역사에서 지워지기도 한다. 과거에 하나의 역사만 있었던 것이 아니라 시대에 따라 수많은 역사가 있었듯이, 현재와 미래에도 지금 우리기 알고 있는 것과는 다른 수많은 역사들이 존재할 수 있는 것이다.

근래 역사학계에서 활발하게 논의되고 있는 이러한 '역사의 다양성'은 한편으론 역사서술의 한계를 드러내기도 하는데, 그것을 가장 극명하게 보여주는 구체적인 사례가 바로 선종의 역사를 다룬 '선종사禪宗史'에 대한 서술이다. 동아시아의 다른 불교 종파들과 달리 선종은 남북조시대 후기부터 현재에 이르기까지 1천5백 년이 넘는 긴 역사를 지녀왔고, 이를 반영하듯 수많은 역사서술을 남기고 있다. 하지만 수많은 역사서술들은 선종의 과거를 이해하는 데 도움이 되기보다 오히려 방해가 되는 것처럼 보이기도 한다. 역사서술에 따라서, 동일한 인물과 사건이 서로 다른 사실들로 이야기되어지고 있을 뿐만 아니라, 선종의 기본적 입장과 발전 방향도 상반된 내용으로 서술되고 있기 때문이다. 초기 선사들의 위상은 역사서술에 따라 전혀 다르게 나타나고 있다. 한 역사서술에서 대단히 중시된 인물들이 다른 역사서술에서는 아예 무시되거나 언급되지 않는 경우들도 적지 않다. 각각의 역사서술은 자신만의 역사를 이야기하면서 다른 역사서술들과 대립하고 있으며, 특히 후대의 역사서술들은 앞 시기의 역사서술들을 참고했으면서도 이를 계승하기보다는 무시하고 부정하면서 전혀 새로운 역사를 다시 서술하고 있다. 이렇게 수많은 선종의 역사서술들이 선종의 진짜 과거를 알려주는 자료로서의 제역할을 하지 못하고 선종이 발전해 나가는 과정에서 계속하여 자신들의 역사를 새롭게 서술해 갔다는 사실은 정말 흥미롭다.

선종의 역사서술이 이처럼 다양하고 상호 모순적이라는 사실은, 근대에 이르러서야 비로소 밝혀졌다. 언제나 새롭게 등장한 역사서술은 이전의 역사서술들을 부정하고 말살함으로써 사람들로 하여금 그러한 역사서술이 있었는지조차도 기억하지 못하게 했다. 이것은 선종의 역사서술에서도 마찬가지였다. 각 시대에 살았던 사람들은 자기 시대의 선종에 대한 역사서술만이 유일하게 올바른 역사서술이라고 생각하면서 그와는 다른 역사서술이 있었다는 것은 물론 있을 수 있다는 것도 생각하지 못했던 것이다. 특히 11세기초에 완성된《경덕전등록》이 송나라 황제의 칙령으로 대장경에 편입되는 권위를 확보하면서 이 책에 정리된 선종의 역사가 별다른 이견 없이 전승되어 왔다. 그 이후 남종선南宗禪만을 보리달마의 계승자로 여기고, 조사선祖師禪이 선종 본래의 모습이라고 하는 선종의 역사가 유일한 선종사로서 근대에까지 이어졌다. 하지만 이러한 인식은 20세기에 들어와 돈황에서 그때까지 알려져 있지 않던 옛 선종 문헌들이 발견되면서 완전히 깨지게 되었다. 새로 발견된 선종 문헌들에는 이전에 알려진 것과는 전혀 다른 선종의 역사들이 기록되어 있었고, 그로 인해 기존의 선종의 역사는 단지 여러 역사서술들 중의 하나에 불과하다는 사실이 비로소 밝혀지게 되었다. 그때부터 하나의 역사서술에만 의존하던 태도에서 벗어나 다양한 역사서술을 토대로 선종의 본모습을 찾으려는 노력들이 꾸준히 전개되어 오고 있다.

처음에는 수많은 역사서술 가운데서 어느 것이 진실을 이야기하는지를 따지는 데 초점이 맞춰졌지만, 연구가 진전되면서부터는 단순히 역사서술의 진위를 따지는 것에 머물지 않고 각각의 역사서술들을 만들어낸 배경과 함께 각각의 역사서술들이 반영하는 선 사상의 차이에 대해서까지 검토해 나가게 되었다. 이러한 연구들을 통해 그동안 알려지지 않았던 선종의 다양한 모습들이 드러났다. 그 결과 선종이 단일한 사상적 흐름으로 수미일관해온 것이 아니라 다양한 사상적 흐름들이 서로 영향을 주고받으면서 시대마다 새롭게 발전되어 왔다는 사실도 알게 되었다. 또한 후대의 선종이 선종 초기의 모습과 동일시될 수 없음을 인식하면서 선종의 기원과 출현 배경, 나아가 선종의 본질에 대한 물음들이 꾸준히 이루어지고 있다.

이렇게 돈황의 선종 문헌들이 발견되고 난 후 선종의 역사에 대한 재검토가 이루어지면서 시대에 따라 변화되어 온 선종 흐름의 구체적인 모습과 다양한 선종의 흐름들에 대해 많은 사실들이 밝혀졌다. 한편 전통시대에는 선종사에 대한 이해가 주로 어느 선사가 누구를 계승하여 누구에게 가르침을 전했다고 하는 계보적인 이해에 머물렀다. 그와 비교하면 오늘날은 선종사에 대한 이해가 각 시기별 선 사상의 특징과 그러한 사상이 어떠한 과정을 통해 형성되고 이후 어떻게 발전되어 갔는지, 그리고 나아가 그러한 사상적 변화가 같은 시기의 다른 사상들과는 어떠한 관계를 가졌고 사회의 변화와는 어떠한 영향을 주고받았는지에 대해서까지 설명할 정도가 되었다.

하지만 이러한 선종사에 대한 이해의 심화에도 불구하고 그러한 심화된 이해를 체계적으로 정리한 개설서나 입문서는 보기 힘들었다. 대부분의 개설서나 입문서들은 여전히 전통시대의 선종사 서술을 토대로 하여 서술되고 있으며, 역사적 사실로 확인된 내용들보다는 전통적으로 전해져 온 전설적인 전승을 보다 중시하고 있다. 그 때문에 학계에서는 이미 역사적 사실이 아닌 것으로 부정된 사실들을 그대로 개설서에 서술하고 있으며, 의심할 바 없는 역사적 사실로 통용하고 있는 실정이다.

이런 점에서 이부키 아츠시 교수의《선의 역사》(《새롭게 다시 쓰는 중국 禪의 역사》)는 기존의 개설서나 입문서들과 큰 차이를 보여주는 책이라고 할 수 있다. 이 책은 일반인과 초보자 들을 대상으로 한 간략한 개설서임에도 불구하고 20세기 이후 축적된 선종사에 대한 연구 성과들을 망라하여 종합적이면서도 체계적으로 정리하고 있기 때문이다. 저자는 일반적으로 널리 알려진 전통적인 선종사 이해에 전혀 구애받지 않으면서 현재까지 축적된 연구들에 기초하여 실제 역사적 사실로서의 선종사를 서술하고 있다. 따라서 이 책을 읽는 일반 독자들은 이 책의 내용이 그동안 알고 있던 전통적인 선종사에 대한 설명과 너무나 다른 데 대해 크게 놀라지 않을 수 없을 것이다.

이 책에서는 선종의 사상적 기원에 대해 초조初祖인 보리달마보다도 혜가慧可를 비롯한 제자들의 활동을 중시하는 한편, 선종의 등장이 당시 중국 불교계의 내적 욕구에 부응하는 필연적인 일이었음을 강조하고 있다. 또한 초기 선종의 흐름이 단일한 집단이 아니라 서로 다른 성격을 가진 여러 집단들로 구성되어 있었음을 밝히면서 보리달마에서 5조 홍인 및 그 문하로 이어지는 단일한 계보는 역사적 사실이 아니라 후대에 만들어진 것이라고 이야기하고 있다.

아울러 후대 선종에서는 무시되어 버린 북종北宗과 우두종牛頭宗, 정중종淨衆宗 등의 흐름에 대해서도 자세히 설명하면서 종래 남종의 사상적 특성으로 이야기된 돈오 사상과 《금강경》에 대한 중시가 이미 이들 종파에서 나타났음을 밝히고 있다. 이러한 내용들은 일반인들이 기존에 알고 있던 선종사에 대한 통념을 깨뜨리는 것이긴 하지만, 이러한 설명들을 통해 비로소 전통적인 선종사의 이해에서 벗어나 선종이 실제로 어떻게 발전되어 왔는지를 객관적으로 이해할 수 있을 것이다.

이부키 교수의 《선의 역사》가 이처럼 기존의 개설서나 입문서들과 달리 전문적인 연구 성과들을 반영하여 선종의 역사를 종합적·객관적으로 서술할 수 있었던 것은, 저자인 이부키 교수 자신이 선종사 연구의 전문가로서 이 분야의 연구를 선도하고 있기 때문일 것이다. 이부키 교수는 1980년대초 이래 20여 년에 걸쳐 중국 선종의 형성과 발전에 대해 수많은 연구를 진행해 왔다. 특히 초기 선종과 관련되는 여러 문헌들을 면밀하게 검토하여 그들의 사상적 성격과 선종 발전에 미친 역할들에 대해 연구하는 과정을 통해, 선종이 인도에서 건너온 보리달마에 의해 갑자기 출현한 것이 아니라 남북조시대에 크게 성행했던 지론종 계통의 유식 사상과 《열반경》 사상을 기반으로 하여 점진적으로 형성되었음을 밝혀냈다. 또한 초기 선종이 발전해 가는 과정에서 비슷한 시기에 존재했던 다른 종파들과 밀접한 사상적 영향을 주고받은 모습들도 분석해냈다(이부키 교수의 연구 성과들은 이 책 각 장의 뒤에 수록된 '참고 문헌'에 망라되어 있다). 이러한 연구들을 통해 선종의 형성과 발전이 중국 불교사의 흐름에서 차지하는 위상이 확실하게 드러나게 되었고, 선종사가 선종만의 고립된 흐름이 아니라 중국 불교 사상사 전체와 밀접한 관련을 맺고 있음을 분명하게 인식하는 계기가 되었다. 이런 연구 성과를 바탕으로 하여 이부키 교수는 그동안의 선종사에 대한 연구들을 정리하여 선종의 흐름을 정확하게 이해하는 데 필요한 주요한 문제들을 망라하고 이에 대한 기존의 연구 성과들을 체계적으로 정리함으로써, 근대 이후의 선종사에 관한 연구 성과들을 충실하게 반영한 선종사 개설서를 저술할 수 있었던 것이다.

역자는 일본에 머물던 2001년 겨울에 이 책을 처음 접하고서 근대 이후의 새로운 연구 성과를 빠뜨림 없이 반영하면서도 중국 선종의 흐름을 일목요연하게 정리한 내용에 큰 감명을 받았다. 게다가 기존의 개설서들과는 다른 이 책의 '사상사적' 서술방식, 즉 선사들의 행적과 사상에 대한 설명에 그치지 않고 선종이 등장하게 된 사상적 배경 및 선종이 사회에서 담당한 역할에 관심을 두고 서술하는 방식에도 적지 않게 공감했다. 이런 이유 때문에 이 책을 국내에 소개해야겠다고 생각했으며, 특히

2003년 귀국하여 불교사 강의를 하면서 이런 생각이 더욱 굳어지게 되었다. 강의의 교재 혹은 참고 도서로 이용하기 위해서는 초보자들이 읽기 쉬우면서도 학계의 연구 성과들이 반영되어 있는 책이 절실한데, 불교사 특히 선종에 관해서는 그러한 책을 찾기 어려웠기 때문이다. 이부키 교수의 《선의 역사》라면 교재로 사용하기에 적당할 뿐 아니라 선종에 관해 알고자 하는 사람들에게도 매우 훌륭한 개설서 겸 입문서가 될 수 있겠다는 생각이 들었다. 다만 이부키 교수의 《선의 역사》는 본래 중국과 일본의 선종의 역사를 함께 서술한 것이지만, 한국어로 간행되는 《새롭게 다시 쓰는 중국 禪의 역사》가 한국 선종의 역사를 빠뜨린 채 중국과 일본 선종의 역사만으로 구성되는 것은 부자연스럽다고 생각되어 일단은 중국 선종의 역사 부분만을 번역하기로 했다. 원서에서도 중국 선종의 역사 부분을 독립된 내용으로 구성하고 있기 때문에 별도의 단행본으로 간행되어도 별다른 문제는 없을 것으로 생각된다. 비록 이번에 번역하지는 못했지만 일본 선종의 역사 부분도 동아시아 선종 전체의 흐름을 이해하거나 일본 문화의 내용을 이해하는 데 있어서 중요한 내용을 담고 있으므로 추후 별도의 단행본으로 번역된다면 관심 있는 사람들에게 큰 도움이 될 수 있을 것이다.

오랫동안 간행되지 못했던 전문 연구자에 의한 선종 개설서가 21세기 초에 비로소 간행된 것은 이부키 교수의 노력의 결과이기도 하지만 한편으론 학계의 상황을 반영한 것이라고도 할 수 있다. 돈황의 선종 문헌들이 발견된 이후 기존의 선종사에 대한 인식은 크게 흔들리게 되었고 선종사 전반에 대해 기존의 인식을 뒤엎는 새로운 연구들이 끊임없이 진행되었다. 기존의 인식은 무너지고 새로운 정설은 확정되지 않은 상황에서 그러한 상황을 누구보다도 잘 알고 있는 전문 연구자가 선종사의 전체적 흐름을 개관하려는 생각을 하기는 쉽지 않았을 것이다. 그런 점에서 선종사 전문가인 이부키 교수가 이러한 개설서를 간행할 수 있었던 것은 선종사에 대한 연구가 정리되는 단계에 접어들어 많은 문제들에 대해 다수의 사람들이 공감할 수 있는 새로운 정설이 제시되었기 때문이라고 생각된다. 아마도 당분간은 여기에 정리된 내용이 가장 신뢰할 만한 선종의 역사로서 대부분의 사람들에게 받아들여질 것이다. 하지만 선종의 역사가 보여주듯이 역사는 시대에 따라서 다시 검토되고 새로운 입장에서 다시 쓰여지기 마련이다. 이 책에 정리된 내용도 선종에 대한 이해와 입장에 따라 부정되거나 새로 정리될 때가 있을 것이다. 특히 일본과 달리 선종이 불교 전체를 대변하고 그 중에서도 간화선이라는 특정한 선 수행법이 선종을 대변하는 한국의 현실에서는 선종에 대한 입장이 일본인 연구자와 같기는 어려울 것으로 생각된다. 하지만 한국에서도 현재 선종에 대한 학문적 관심이 증대되고 연구자가 나날이 늘어가고 있는 추세이므로 머지 않아 한국 연구자의 입장을 반영하는 선종사 개설서가 출현되리라 믿는다. 그러한 책이 나올 때까지는 이 책이 이제는 너무 낡아 버린 과

거의 선종사에 대한 인식을 대체하는 입문서로서 활용될 수 있을 것이다.

　이 책의 번역은 2003년 12월에 완료되었지만 일본측과 연락하는 과정에서 원서 초판본의 일부 내용을 수정한 개정판이 준비되고 있다는 사실을 알게 됨에 따라 출판을 미루지 않을 수 없었다. 원서의 개정판이 나온 2004년 여름 이후에 원서의 수정된 내용을 반영하여 번역을 새롭게 정리한 후 본격적인 출판 작업을 시작할 수 있었다. 저자인 이부키 교수는 이 과정에서 일본측 출판사와의 교섭에 적극적으로 도와주었을 뿐 아니라 원서에 실린 사진 자료를 기꺼이 제공해주는 등 한국어판의 간행에 많은 협조를 아끼지 않았다. 또한 한국에서의 출판이라는 특수성을 고려하여 원서 그대로가 아닌 중국 선종의 역사 부분만 번역하는 것을 허락하고 한국어판 서문까지 써주었다. 저자 이부키 교수의 호의와 도움에 깊은 감사를 표하는 바이다. 아울러 어려운 여건임에도 불구하고 선뜻 이 책의 출판을 맡아준 대숲바람의 박효열 사장님께도 깊은 감사를 드린다. 그 덕분에 이제 이 책의 모습을 드러낼 수 있게 되었다. 선종의 역사가 신비와 전설의 외투를 벗고 본래의 모습 그대로 전해지게 한 공덕이 좋은 결과를 맺게 되기를 기원하는 바이다.

2005년 10월

2005년 말에 번역 초판이 나온 지 6년 만에 출판사를 바꾸어 새롭게 번역본 개정판이 나오게 되었다. 번역본이 간행된 후 중국 선의 흐름을 체계적으로 이해할 수 있게 하는 체계적 개론서라는 칭찬은 적지 않게 받았지만, 처음 염려했던 것처럼 책의 판매는 그다지 순조롭지 못하였다. 실제 선의 수행에 대한 관심에 비해 선의 기원과 역사에 대한 이론적 관심은 상대적으로 높지 않은 한국 불교계의 현실을 보여주는 것으로 생각된다. 번역 초판은 이미 지난해에 모두 품절되었지만 책의 부진한 판매 상황으로 인해 출판사와 역자 모두 선뜻 2쇄를 간행할 엄두를 내지 못하였다. 이런 가운데 일부 교수님들로부터 수업 교재로 쓰려 하는데 책을 구할 수 없다는 염려의 말씀을 듣게 되었다. 아직까지는 이 책이 우리 학계에서 담당해야 할 역할이 남아 있다는 생각에 급히 재간행의 방법을 모색하였고, 도서출판 씨·아이·알로부터 기꺼이 간행하겠다는 승낙을 받게 되었다. 어려운 경영 여건상 2쇄 간행을 단념하였던 대숲바람의 박효열 사장님도 이 책이 조속히 출판될 수 있도록 초판본의 파일 자료를 아무 조건 없이 제공하는 호의를 베풀어 주셨다. 어렵게 다시 간행된 만큼 이 개정판이 보다 많은 사람들의 관심을 받아 우리 불교계와 학계에 보다 큰 기여를 할 수 있기를 기대한다. 어려움 속에서도 불교문화와 학문 발전을 위해 노력하는 대숲바람과 도서출판 씨·아이·알 두 출판사의 발전을 기원한다.

2011년 10월

최연식

사항 해설 목록

이입사행론 37
달마·혜가 전기의 성장 43
능가종 47
혜가와 열반론 48
도신과 홍인 51
동산법문 53
초기의 선종에서 이용된 위경들 55
삼론종과 선종 56
홍인의 10대 제자 58
수심요론 61
능가사자기와 전법보기 62
옥천 신수 70
남종과 북종 70
북종과 다른 종파의 인적 교류 72
자민 삼장 혜일과 정토자비집 75
신수=보적계의 북종 문헌 79
후막 진염 82
반야심경소 84
하택 신회의 전기 87
신회의 신설 88
육조단경 96

우두종 계보의 허구성 98
절관론 100
티벳의 종론 104
청량 징관과 그의 선종관 107
마조 도일 120
석두 희천과 석두종 123
보림전 123
우두종과 홍주종·석두종 사이의 인적 교류 126
규봉 종밀 128
황벽 희운 131
위산 영우 131
덕산 선감 131
동산 양개 132
조주 종심 132
설봉 의존 132
임제록 135
두보의 시에 보이는 선 138
백거이와 선승들의 교류 138
이고와 복성서 140
운문 문언 144

법안 문익 144
영명 연수와 그의 저작 146
양기 방회와 황룡 혜남 164
설두 중현과 불일 설숭 165
선과 천태의 논쟁 168
보교편 172
경덕전등록 174
5가와 가풍 176
임제 4요간과 동산 5위 177
달관 담영과 천왕 도오 179
투자 의청 185
소식과 황정견 187
벽암록 195
각범 혜홍 199
대혜 종고 210
고존숙어요와 고존숙어복 216
공안 집성 220
묵조선 224
무문관 225
10우도 226
5산10찰 223

만송 행수 241
중봉 명본 243
선원청규와 칙수백장청규 243
고림 청무와 소은 대흔 248
전진교에 보이는 선 사상의 영향 252
독암 도연 265
왕학좌파 269
자백 진가와 감산 덕청 270
운서 주굉 271
비은 통용과 그의 영향 274
자지록 279
선관책진과 염불공안 280
팔대산인과 석도 287
호적 292
인순 293

찾아보기

【1】

《10불이문지요초十不二門指要鈔》 169
10우도十牛圖 224, 225, 226
《10지경론十地經論》 38
10찰十刹 223, 234
12우도十二牛圖 225
1천7백칙의 공안 175

【3】

3교 선생三教先生 278 → 임조은林兆恩
《3교론三教論》 264
《3교원류수신대전三教源流搜神大全》 279
3교일치三教一致 127, 137, 169, 171, 227, 228, 229, 247, 252, 264, 266, 269, 271, 278, 279
《3교평심론三教平心論》 228
《3교회종三教會宗》 278
《3교회편三教會編》 278
3구어三句語 83, 101
3불三佛 183
3불기三佛忌 190
3패三牌 171
3학三學 83

【4】

4·6(병려)문四六(騈儷)文 231, 249
《4가록四家錄》 220
4권본 능가楞伽 → 《능가경楞伽經》
4대 서원四大書院 168
《4부록四部錄》 226
4우도四牛圖 225
4절四節 190
4종상승四種相承 73
4지사四知事 189
4화승四畫僧 287

【5】

5가 7종五家七宗 183, 253
5가五家 145, 150, 163, 175, 176, 177, 179, 183
《5가변五家辨》 179
《5가어록五家語錄》 177, 277
《5가정종찬五家正宗贊》 177, 212
《5가종파五家宗派》 175, 176, 179
《5가참상요로문五家參詳要路門》 177
5계五戒 172
5교교판五教教判 58
《5대사기五代史記》 → 《신5대사新五代史》
5등록五燈錄 174
《5등엄통五燈嚴統》 192
《5등엄통해혹편五燈嚴統解惑編》 275, 276
《5등전서五燈全書》 286
《5등회원五燈會元》 174
《5등회원속략五燈會元續略》 276
《5미선五味禪》 226

5산10찰五山十刹 231, 233, 234
5산五山 233, 234, 243, 249, 251
5산문학五山文學 231
5산지상五山之上 234
5산판五山版 219
5상五常 172
5위五位 178, 276 → 〈정편5위송正偏五位頌〉·동산 5위洞山五位
〈5위현결五位顯訣〉 178
5조(전진교全眞教) 253
5조 7진(五祖七眞, 전진교) 253
5조五祖 → 홍인弘忍·사계師戒·법연法演·오조산五祖山 → 동산東山·빙무산憑茂山
《5종구五宗救》 274
《5종원五宗原》 274
5회염불五會念佛 83

【6】

6두수六頭首 189
《6우도六牛圖》 223, 225
6조六祖 → 혜능慧能·조계曹溪
6지사六知事 189

【7】

7조七祖 87, 138

【8】

8우도八牛圖 225

【9】

9산파(九山派, 9山門) 131

【ㄱ】

가곡家曲 149
가관可觀 214
가마쿠라 5산鎌倉五山 234
가방街坊 189
가사袈裟 43, 88, 244
가사도賈似道 208
가오쿠[瓦屋] → 노코[能光]
가지산문迦智山門 130
《가태보등록嘉泰普燈錄》 174, 194, 209
가흥장嘉興藏 → 만력판 대장경 萬曆版大藏經 270, 282
각랑覺浪 → 도성道盛
각범覺範 → 혜홍慧洪
각신[覺心] 225
각안覺岸 → 보주寶洲
각운覺運 → 지련智連
각원覺原 → 혜담慧曇
각현覺賢 → 불타발타라佛陀跋陀羅
《간마변이록揀魔辨異錄》 285
간연소斡緣疏 231
《간화결의론看話決疑論》 227
간화선看話禪 221
감박感朴 → 성총性聰
감사監寺 189
감산憨山 → 덕청德清
《감산대사몽유전집憨山大師夢遊全集》 270
감수監收 189
감원監院 189
감진鑑眞 72
갑찰甲刹 234
《강서마조도일선사어록江西馬祖道一禪師語錄》 120
강서시파江西詩派 187, 188
강승회康僧會 28
강심산江心山 233
강유위康有爲 290

강천사江天寺 291
강호소江湖疏 231
《강호풍월집江湖風月集》 232, 247
강희제康熙帝 284
개봉開封 159, 170, 181, 182, 237
개선開善 → 도겸道謙
개원사판 대장경開元寺版大藏經 215
거간居簡 209, 218, 231, 232
거관공과격居官功過格 278
거란판 대장경契丹版大藏經 215
거사居士 167
《거사분등록居士分燈錄》 277
《거사전居士傳》 289
《거업록居業錄》 278
건륭제乾隆帝 284
건문제建文帝 263
건봉乾峰 144
《건중정국속등록建中靖國續燈錄》 174, 184, 194
게송偈頌 175, 194
게송주의偈頌主義 248, 251
게츠린[月林] → 도교[道皎]
겐묘[玄妙] 76
겐카이[元晦] 244
겝파[月坡] → 도인[道印]
《격절록擊節錄》 245
견성 대사見性大師 132 → 선감宣鑑
견성見性 132, 251, 253
〈견성서見性序〉 124
견성성불見性成佛 198, 268
경덕영은사景德靈隱寺 233 → 영은사靈隱寺
《경덕전등록景德傳燈錄》 37, 43, 62, 98, 120, 122, 123, 135, 139, 174, 175, 215 → 《전등록傳燈錄》

경륭景隆 258, 265
경보慶甫 130
경산徑山 → 법흠法欽
경산지徑山志 277
경소敬昭 168
경안敬安 290
경저慶諸 130, 137
경정·함순景定咸淳 연간의 사치 풍조 232
경종景宗 160
경현敬賢 72
경현警玄 179, 185
계담戒潭 → 종륵宗泐
《계등록繼燈錄》 276
계료契了 243
계선季善 281
계조契稠 165
계차啓省 231
계차契此 145
계침桂琛 144
계현戒顯 275, 277, 283
고두庫頭 189
고려高麗 76, 130, 143, 146, 168, 212, 215
고려판 대장경 215
고림古林 → 청무清茂
《고림무선사어록古林茂禪師語錄》 248
고봉高峰 → 원묘原妙
《고봉원묘선사어록高峰原妙禪師語錄》 245
고산孤山 → 지원智圓
고산鼓山 → 신안神晏
《고산선흥성국사화상법당현요광집鼓山先興聖國師和尚法堂玄要廣集》 145, 217
고애崖 → 원오圓悟
《고애만록枯崖漫錄》 223
고염무顧炎武 288
고원古源 288
고정림顧亭林 → 고염무顧炎武

315

288
《고존숙어록古尊宿語錄》 216, 217, 218
《고존숙어요古尊宿語要》 212, 216, 218
고종(송나라) 207
고종(청나라) 284 → 건륭제
고증학考證學 288, 289
고칙古則 193 → 공안公案·화두話頭
고탑주古塔主 192
곡은谷隱 → 온총蘊聰
곤잔髡殘 287
공곡空谷 → 경륭景隆
《공곡집空谷集》 196, 245
공과격功過格 278, 279
공관空觀 99
공명도첩空名度牒 172, 285
공산당共産黨 292, 293, 294
공안 비평公案批評 193, 194, 220, 221
공안公案 79, 132, 176 → 고칙古則·화두話頭
공안선公案禪 190, 211, 220, 221, 222, 223, 224, 225, 226, 227
공안선의 완성자 222
공안집公案集 196, 224, 225, 226, 245, 286
공양학公羊學 290
공자진龔自珍 290
《공주규약共住規約》 271
《공화집空華集》 266
공훈 5위功勳五位 178
과거科擧 140, 162, 167, 172, 229, 230, 232, 264
과거관료科擧官僚 161, 171, 230
곽상정郭祥正 186
곽응지郭凝之 177, 277
관동명管東溟 272 → 관지도管

志道
관료제官僚制 162
《관무량수경觀無量壽經》 29
《관미륵보살상생도솔천경觀彌勒菩薩上生兜率天經》 29
《관보현보살행법경觀普賢菩薩行法經》 29
관불경전觀佛經典 31
《관불삼매해경觀佛三昧海經》 29
관사官寺 230, 233
《관세음경찬觀世音經讚》 80
관심觀心 77
《관심론觀心論》 77, 79
관심석觀心釋 56, 77, 253
《관심파상론觀心破相論》 79
관종觀宗 124
관지도管志道 272, 278
관찰사觀察使 122
《관허공장보살경觀虛空藏菩薩經》 29
관휴貫休 137 → 선월禪月
광리사廣利寺 233
광목光穆 145
광문廣聞 210, 223, 242
광요光瑤 95
광인匡仁 130, 132, 145
광조光祚 165, 217
광종光宗 146
《광지전오선사廣智全悟禪師》 218
광진 대사匡眞大師 143, 144, 217 → 문언文偃
광통 율사光統律師 38
광혜廣慧 → 원련元璉
광효사光孝寺 233
굉정(宏正, 홍정弘正) 103
굉지宏智 → 정각正覺
굉지파宏智派 243
교선일치敎禪一致 56, 103, 127, 146, 147, 247, 279,

281, 282, 289
교연皎然 139
교외별전敎外別傳 282
《교원청규敎苑淸規》 214
《교정청규校定淸規》 246
구나발타라求那跋陀羅 42, 62
구마라집鳩摩羅什 56
구순피선口脣皮禪 132
구양수歐陽修 166, 171, 179
구여직瞿汝稷 272
구원립瞿元立 272, 276 → 구여직瞿汝稷
구육 238
구장춘丘長春 252
구현소丘玄素 179
국가불교 170
국가주의國家主義 227, 246, 247, 264
국민당國民黨 292, 293
국은國恩 247
국일 대사國一大師 125 → 법흠法欽
국청경충사國淸敬忠寺 233
군신 5위君臣五位 178
권덕여權德輿 137, 139
귀성歸省 185, 204
《귀원직지집歸元直指集》 280
귀종歸宗 → 지상智常·의유義柔
규당 거사圭堂居士 228
규봉圭峰 → 종밀宗密
《균주대우지화상어록筠州大愚芝和尙錄》 217
《균주황벽단제선사어록筠州黃檗斷際禪師語》 218
극근克勤 166, 183, 186, 194, 195, 196, 211 → 불과 선사佛果禪師·원오圓悟
극문克文 164, 183, 187, 199, 217
《금강(반야바라밀)경金剛(般若

波羅蜜)經》 48, 82, 94
《금강경해의金剛經解義》 95
금강당金剛幢 → 청무淸茂 243
금강당하金剛幢下 248
《금강반야경주金剛般若經註》 80
《금강반야바라밀경주해金剛般若波羅蜜經註解》 265
《금강삼매경金剛三昧經》 37
《금강삼매경주해金剛三昧經註解》 274
금강장보살金剛藏菩薩 80
금나라 대장경金刻大藏經 123, 215
금산金山 179
금산사金山寺 292
기다[祇陀] → 다이치[大智]
기담紀談 223
기도[義堂] → 슈신[周信]
기독교 283, 289
기선寄禪 → 경안敬安
《기신론》 → 《대승기신론大乘起信論》
《기신론주소起信論註疏》 128
기옥其玉 → 지온至溫
기주蘄州 51
길장吉藏 50, 56, 57
김성탄金聖嘆 287
김화상金和尙 82

【 ㄴ 】

나 선사那禪師 42, 45, 47
나부산羅浮山 51
나염암羅念庵 → 나홍선羅洪先
나정암羅整庵 → 나흠순羅欽順
나한羅漢 → 계침桂琛
나한화羅漢畵 139
《나호야록羅湖野錄》 223
나홍선羅洪先 269
나흠순羅欽順 278

《낙방문류樂邦文類》 198
《낙양가람기洛陽伽藍記》 40, 41
난계[蘭溪] → 도륭[道隆]
난포[南浦] → 죠민[紹明]
남경南京 263
남돈북점南頓北漸 88, 94
남·북양종南北二宗의 조화 282
남산염불선종南山念佛禪宗 83
남산율종南山律宗 53, 282
난젠지[南禪寺] 141, 234
남악南嶽 → 혜사慧思·회양懷讓·승원承遠·유경惟勁
《남악대혜선사어南嶽大慧禪師語》 218
남양南陽 → 하택荷澤·혜충慧忠·신회神會 119
《남양화상돈교해탈선문직료성단어南陽和上頓敎解脫禪門直了性壇語》 74, 88, 90, 92
《남양화상문답잡징의南陽和尙問答雜徵義》 88, 93, 97, 134, 292
남원南院 → 혜옹慧顒
남인南印 84, 128
남장南藏 216, 217, 264
남전南泉 → 보원普願
남종南宗 69, 70, 71, 88
남종선南宗禪
〈남송오갱선南宗五更轉〉 88
남종화南宗畵·북종화北宗畵 272
《남천축국보리달마선사관문南天竺國菩提達摩禪師觀門》 73
남천축일승종南天竺一乘宗 71
남회근南懷瑾 295
낭야琊琊 163, 166, 168, 202 → 혜각慧覺
내외과來外果 291
《냉재야화冷齋夜話》 197, 199

노안老安 → 혜안慧安
《노자81화도老子八十一化圖》 252
노자老子 27
《노자건재구의老子鬳齋口義》 228
《노자해老子解》 278
《노자화호경老子化胡經》 252
노장 사상老莊思想 100, 126, 228
노장老莊 228, 278
노코[能光] 131
녹문鹿門 → 자각自覺
뇌암雷庵 → 정수正受
누르하치 283
늑나마제勒那摩提 38
《능가경楞伽經》 42, 45, 46, 47, 49, 95 → 4권본 능가
《능가경소楞伽經疏》 46, 49
《능가사자기楞伽師資記》 33, 43, 52, 53, 58, 59, 60, 62, 77, 79, 80, 173
《능가인법지楞伽人法志》 62
능가종楞伽宗 47, 48
《능엄경楞嚴經》 31, 56, 281 → 《수능엄경首楞嚴經》·《대불정여래밀인수증료의제보살만행수능엄경大佛頂如來密因修證了義諸菩薩萬行首楞嚴經》·《불정경佛頂經》
《능엄경어설楞嚴經臆說》 274
〈능엄주楞嚴呪〉 56
능인사能仁寺 277

【 ㄷ 】

다이치[大智] 243
《단경壇經》 → 《육조단경六祖壇經》
단교斷橋 → 묘륜妙倫
단망旦望 190

《단어壇語》→《남양화상돈교
해탈선문직료성단어南陽和
上頓教解脫禪門直了性壇語》
88, 90
단제 선사斷際禪師 131 → 황
벽黃蘗·희운希運
단하丹霞 → 자순子淳·천연天
然
달관達觀 → 진가眞可·담영曇
穎
달마達摩 → 보리달마菩提達摩
달마다라達摩多羅 88
《달마다라선경達摩多羅禪經》
29, 88
달마론達摩論 35, 44
달마보리達摩菩提 48
담길潭吉 → 홍인弘忍
담당湛堂 → 문준文準
담림曇琳 37, 40, 42, 45, 46
담밀曇密 214
담사동譚嗣同 290
담성曇晟 132
담수曇秀 223
담악曇噩 242, 265
담연(湛然, 천태종) 106
담연湛然 → 원징圓澄
담영曇穎 163, 175, 176, 179
담장진譚長眞 251
《담주도오진선사어요潭州道吾
眞禪師語要》 217
《담주신정산제일대인선사어
록潭州神鼎山第一代諲禪師語
錄》 217
담준曇逡 39
담천曇遷 51
〈당동도봉국사선덕대사조공
탑명병서唐東都奉國寺禪德
大師照公塔銘幷序〉 138
당파党派 162
대각 선사大覺禪師 125 → 도
륭道隆

《대각선사어록大覺禪語錄》
214
대관大觀 210, 218, 242 → 물
초物初
대기대용大機大用 121, 129,
211
《대당소주쌍봉산조후계보림
전大唐韶州雙峰山曹侯溪寶林
傳》 123 →《보림전寶林傳》
대동大同 130, 135
대매大梅 → 법영法英·법상法
常
대명 국사大明國師 41, 50 →
보문普門
대명 법사大明法師 57
《대미선군공과격大微仙君功過
格》 279
《대방광원각수다라요의경大方
廣圓覺修多羅了義經》 54, 56
→《원각경圓覺經》
대범사大梵寺 96
대법안 선사大法眼禪師 124 →
문익文益·법안法眼
대복大福 104
대부대付 185
《대불정여래밀인수증료의제
보살만행수능엄경大佛頂如
來密因修證了義諸菩薩萬行首
楞嚴經》 54, 56 →《수능엄
경수首楞嚴經》·《불정경佛頂
經》·《능엄경楞嚴經》
대선정사大禪定寺 50, 51
대수大隋 → 법진法眞
《대수신조선사어요大隋神照禪
師語要》 217
대승5방편大乘五方便 80
《대승5방편북종大乘五方便北
宗》 77, 80
《대승개심견성돈오진종론大乘
開心見性頓悟眞宗論》 104
《대승기신론大乘起信論》 31,

80 →《기신론起信論》
《대승무생방편문大乘無生方便
文門》 77, 80, 90
대승화상大乘和尙 104 → 마하
연摩訶衍 선사
대양大陽 → 경현警玄
대어代語 147
대용상집경사大龍翔集慶寺
234, 249
대우大愚 → 수지守芝
대운사大雲寺 87
대원 선사大圓禪師 131
대의명분론大義名分論 228
대장경大藏經 123, 163, 166,
167, 172, 173, 174, 175,
189, 214, 218, 244, 264,
265, 270, 285, 303
대적 선사大寂禪師 120 → 도
일도一·마조馬祖
대전 선사大顚禪師 140
대조 선사大照禪師 69 → 보적
普寂
대조大照 → 혜광(慧光,《돈오진
종론頓悟眞宗論》)
대종代宗 125
대종岱宗 → 심태心泰
대주大珠 → 혜해慧海
대지 선사大智禪師 69 → 의복
義福
대진戴震 288
대천大川 → 보제普濟
대치大癡 → 황공망黃公望
대통 선사大通禪師 70 → 신수
神秀
대행大行 75
대혜 선사大慧禪師 → 회양懷
讓·종고宗杲
대혜大慧 → 종고宗杲
《대혜무고大慧武庫》 223
《대혜법어大慧法語》 211
《대혜보설大慧普說》 211

《대혜서大慧書》 211, 223
《대혜선사어록大慧禪師語錄》 215
《대혜어록大慧語錄》 211, 227
대혜파大慧派 209, 242, 248, 265
대홍大洪 → 보은報恩
대흔大訢 218, 234, 242, 246, 248, 249 → 소은笑隱
덕간德諫 245
덕개德介 277
덕거德擧 243
덕광德光 209, 218, 242
덕녕德寧 212
덕보德寶 271
《덕산4가록德山四家錄》 192
덕산德山 → 연밀緣密·선감宣鑑
덕소德韶 143, 144, 146, 148, 165
덕청德淸 173, 269, 270, 271, 272, 278, 280, 281, 282
덕홍德洪 → 혜홍慧洪
덕휘德輝 242
도겐[道元] 56, 177, 213, 224
도겸道謙 209, 223, 229
도경道鏡 75
도교道教 60, 125, 127, 163, 240, 251, 252, 264, 271, 278, 279, 284, 290
《도덕경해道德經解》 278
도량산道場山 233
도륭屠隆 278
도릉道隆 213, 214
도문사度門寺 70
도미道微 210
도민道忞 273, 274, 275, 276, 286
《도범취성심결導凡趣聖心訣》 55, 61
《도범취성오해탈종수심요론導凡趣聖悟解脫宗修心要論》 61
도비道조 145
도빙道憑 39
도사都寺 189
도석인물화道釋人物畵 197, 249
도선道宣 33, 53
도선道璿 72, 104
도성道盛 274, 275, 277, 286
도솔兜率 → 종열從悅
도신道信 51
도안道安 28
도연道延 149
도연道衍 265
도오(道悟, 천왕天王) 179, 275
도오(道悟, 천황天皇) 122, 123, 126
도원道原 173, 174
도원道圓 128
도육道育 38, 40, 45, 46 → 혜육慧育
도윤道允 130
도융道融 223
도응道膺 130, 132, 145, 192
도인道印 227
도의道義 130
도일道一 84, 103, 107, 117, 119, 120, 123, 126, 137, 179, 218, 221 → 마조馬祖·대적 선사大寂禪師
도작道綽 53
도잠道潛 144, 148
도전道全 149
도제道齊 165
도제원徒弟院 236
도종道蹤 130, 135, 144, 216 → 목주睦州
도찬道燦 231
도첩度牒의 폐지 285
도첩度牒·자의紫衣·사호師號의 판매 230, 236
도충道冲 214
도코[道皎] 248
도쿠안[獨庵] → 겐코[玄光]
도태道泰 221
도통론道統論 253
도패道霈 274, 276, 286, 287
도해道楷 184, 185, 203
《도행반야경道行般若經》 28
도흠道欽 125 → 법흠法欽
독고급獨孤及 103, 137
독봉毒峰 → 계선季善
독암獨庵 → 도연道衍
돈교頓教 58
돈오頓悟 55, 77, 82, 88, 92, 94, 102, 117, 121
《돈오대승정리결頓悟大乘正理決》 105
《돈오무생반야송頓悟無生般若頌》 88
《돈오입도요문론頓悟入道要門論》 55, 133
돈오점수론頓悟漸修論 282
《돈오진종금강반야수행달피안법문요결頓悟眞宗金剛般若修行達彼岸法門要決》 82, 92, 104, 134
돈황 문서 54, 62, 80, 88, 105, 292
동광同光 103
동기창董其昌 272
동당東堂 191
동리산문桐裏山門 130
동림 화상東林和尙 → 사규士珪
동림東林 → 상총常聰
《동림화상운문암주송고東林和尙雲門庵主頌古》 217
동반東班 188
동사東寺 → 여회如會
동산5위洞山五位 175, 177 → 5위五位·정편5위송正偏五位頌
동산東山 70 → 오조산五祖

山・빙무산憑茂山
동산洞山 → 수초守初・도미道
　微・양개良价・효종曉聰
동산법문東山法門 48, 50, 51,
　53, 57, 58, 59, 60, 61, 69,
　70, 74, 77, 84, 92
동서東序 188
동선사판 대장경東禪寺版大藏
　經 215
동심童心 269
동안同安 → 도비道丕
동안거冬安居 236
동양東陽 242, 246
《동어서화東語書話》 244
동오東吳 → 정선淨善
《동종원류변류洞宗源流辨謬》
　287
《동파선희집東坡禪喜集》 187
동행童行 191
동화사桐華寺 76
두문환杜文煥 278
두보杜甫 137, 138
두비杜胐 62
두수頭首 247
두순杜順 128
두타頭陀 56
《두타경頭陀經》 → 《불위심왕
　보살설두타경佛爲心王菩薩
　說頭陀經》
등사燈史 33, 173

【ㅁ】

마 대사馬大師 120
마곡麻谷 → 보철寶徹
마공현馬公顯 232
마르크스주의 294
마원馬遠 232
《마조4가록馬祖四家錄》 192
마조馬祖 → 도일道一
《마조대적선사어馬祖大寂禪師
　語》 218
마조선馬祖禪 120, 127, 129,
　131, 134, 136, 139
마하연 선사 104
만(滿, 설암雪巖) 241
만겐[卍元] → 시반[師蠻] 175
만력萬曆 연간의 세 고승 269,
　273
만력판 대장경萬曆版大藏經
　270, 282
만물제동설萬物齊同說 100
《만선동귀집萬善同歸集》 146,
　147
만송萬松 → 행수行秀
만송헌萬松軒 241
만수산萬壽山 233
만참晚參 190
매옥梅屋 → 염상念常
매화도인梅花道人 250
멘잔[面山] → 즈이호[瑞方]
면수面授 185, 192
면정전免丁錢 208
명각 대사明覺大師 166 → 중
　현重顯・설두雪竇
명교 대사明教大師 166, 173 →
　설숭契嵩
《명도집설鳴道集說》 240
명말 4대사末四大師 280
명본明本 173, 237, 242, 243,
　244, 249
《명사明史》 284
명설晚雪 275
명조선明朝禪 286
《명주대매산상선사어록明州大
　梅山常禪師語錄》 135
《명주아육왕산지明州阿育王山
　志》 277
모쿠안[默庵] 249, 250
모택동毛澤東 294
목계牧谿 212, 231, 249
목암牧庵 → 법충法忠
목암睦庵 → 선경善卿
목우도牧牛圖 225
목주睦州 → 도종道蹤
《목주화상어록睦州和尙語錄》
　135, 216
목진木陳 → 도민道忞
몽당夢堂 → 담악曇噩
몽케 238, 252
묘감妙堪 223
묘고妙高 242
묘륜妙倫 212
묘봉妙峰 → 지선之善
묘산홍학廟産興學 290
묘소[明叟] → 사이테츠[齊哲]
묘카[妙葩] 266
무념無念 → 심유深有
무림산武林山 166 → 영은산靈
　隱山 166
무명無名 95, 106
무명無明 → 혜경慧經
무문無文 → 도찬道燦
무문無門 → 혜개慧開
《무문관無門關》 212, 224, 225
무문인無文印 231
무봉광리사鄧峰廣利寺 233
무상無相 74, 82
《무생의無生義》 125
무소구행無所求行 37
무심無心 252
《무심론無心論》 100
무억無憶・무념無念・막망莫妄
　83
무염無染 130
무위교無爲教 277
무인[無隱] → 겐카이[元會]
무정유불성설無情有佛性說 99,
　100
무제(武帝, 북주) 39
무제(武帝, 양나라) 39
무종武宗 128
무주無住 74, 81, 101

무준無準 → 사범師範
무진 거사無盡居士 → 장상영張商英
무창불학원武昌佛學院 293
무칸[無關] → 후몬[普門]
《묵조명默照銘》 224
묵조사사默照邪師·묵조사선默照邪禪 224
묵조선默照禪 211
문답問答 193 → 선 문답禪問答
문동文同 187
문수文殊 → 응진應眞
《문수설반야경文殊說般若經》 60
문승文勝 165
문언文偃 133, 143, 144, 146, 192, 217, 275 → 운문雲門
문열文悅 164, 217 → 운봉雲峰
문익文益 143 → 대법안大法眼·법안法眼
문인화文人畵 249
문인화가文人畵家 187, 197
문제文帝 39, 50
문종文宗 → 토구 테무르
문준文準 211
문혜文慧 → 중원重元
문화대혁명 294
물초物初 → 대관大觀
《물초관선사어物初觀禪師》 218
《물초췌어物初膣語》 251
민남불학원閩南佛學院 293
민절무기종泯絶無寄宗 123
밀교密敎 72, 240
밀암密庵 → 도겸道謙·함걸咸傑

【ㅂ】

바이얀(백안伯顔) 209
박산博山 277
《박산참선경어博山參禪警語》

276
《반야바라밀다심경주해般若波羅蜜多心經註解》 265
《반야심경소般若心經疏》 83, 84 → 혜정소慧淨疏·지선소智詵疏
《반주삼매경般舟三昧經》 28
《반주삼매찬般舟三昧讚》 76
《반주찬般舟讚》 76
방榜 189, 231
《방거사어록龐居士語錄》 135
방온龐蘊 120
방회方會 163, 183, 217 → 양기楊岐
배불론排佛論 266, 278
배휴裵休 128, 131, 137
《배휴습유문裵休拾遺問》 128, 169
백거이白居易 137, 138
백낙천白樂天 137 → 백거이白居易
백련교白蓮敎 239
백림사柏林寺 295
백암白巖 → 정부淨符
백우百愚 → 정사淨斯
백운白雲 → 수단守端
《백운단선사어白雲端禪師語》 218
《백장광록百丈廣錄》 55
《백장청규百丈淸規》 246
《백장회해선사어百丈懷海禪師語》 218
번뇌즉보리煩惱卽菩提 92
번진梵鎭 129
범기梵琦 242
《범망경梵網經》 282
범선梵僊 248, 250 → 축선竺仙
범패梵唄 251
법감法鑑 → 법경法鏡
법경法鏡 125
《법계관문法界觀門》 128

《법계관현경法界觀玄鏡》 107
《법계성범수륙승회수재의궤法界聖凡水陸勝會修齋儀軌》 271
법구法久 214
《법구경法句經》 → 《불설법구경佛說法句經》
《법구경소法句經疏》 80
법당法堂 148
법랑法朗 57
《법문서귀法門鋤宄》 275, 286
법상(法常, 대매大梅) 119, 135
법상法上 39
법상法常 212 → 목계牧谿
법상종法相宗 53
법선法詵 107
법수法秀 183, 227
법안法眼 → 대법안大法眼·문익文益 143, 144, 150, 165, 174, 175, 176
법안 4기法眼四機 175
법안종法眼宗 144, 148, 150, 163, 165, 177, 179, 275
법여法如 52
법여法如 → 지여智如
법연法演 183, 211, 217, 222
법영法英 76, 184
법완法玩 103
《법왕경法王經》 → 《불설법왕경佛說法王經》
법왕불학원法工佛學院 293
법원法遠 185
법융法融 57, 97, 98, 124
법응法應 220
법장(法藏, 한월漢月) 273, 274, 275, 277, 282, 285
법장(法藏, 화엄종) 53
법조法照 214
법존 법사法尊法師 293
법지法持 71, 84, 97
법진法眞 217

법천法泉 186
법충法忠 214
법충法沖 33
법해法海 125
법현法顯 57
법화法華 → 전거擧
《법화경法華經》 93, 282
법회法會 270
법흠法欽 125
베츠겐[別源] → 엔시[圓旨] 243, 248
벽관壁觀 37
《벽류闢謬》 276
《벽류설闢謬說》 275
《벽망구략설闢妄救略說》 274
《벽암록碧巖錄》 166, 194, 195, 225, 226, 245
변의辯義 33
《변천설辨天說》 283
《변혹편辨惑篇》 275, 276
별산別山 → 조지祖智
별암別庵 → 성통性統
병불秉拂 234
《병주승천숭선사어幷州承天嵩禪師語》 217
보각원명 선사寶覺圓明禪師 → 덕홍德洪・혜홍慧洪 199
《보경삼매寶鏡三昧》 132
《보교편輔教編》 166, 171, 172
보당종保唐宗 55, 83
보령普寧 212, 213 → 올암兀庵
보령保寧 → 인용仁勇
보령사保寧寺 248
보리달마菩提達摩 30, 32, 37, 41, 43, 44, 48, 88, 89 → 달마達摩
《보리달마남종정시비론菩提達摩南宗定是非論》 70, 71, 86, 87, 89
보리류지菩提流支 38

보림사寶林寺 118, 233
《보림전寶林傳》 43, 62, 94, 122, 123, 124, 139, 146, 174, 215
보명(普明, 설창雪窓) 242, 249
보명(普明, 10우도) 227
보복保福 → 종전從展
《보봉운암진정선사어록寶峰雲庵眞淨禪師語錄》 217
보살계菩薩戒 74
보설普說 190
보암寶巖 → 정계淨戒
보원普願 119, 122, 130, 132, 137, 216
보원행報怨行 30
보월寶月 98
보은報恩 246
보은광효사報恩光孝寺 233
보응 국사普應國師 244 → 중봉中峰・명본明本
보적普寂 69
보제普濟 170, 210, 246
보주寶洲 242, 245
보지寶智 125
보철寶徹 120, 130
《보탁성미론寶鐸醒迷論》 286
보통普通 140
보회普會 221
《복성서復性書》 140
복우伏牛 → 자재自在
복유福裕 240
본선本善 → 계선季善
본속법本俗法 241
본적本寂 130, 132, 144, 145, 149, 178 → 조산曹山
본칙本則 195
부법付法 61, 149
《부법장인연전付法藏因緣傳》 89, 169
부사副司 189
부산浮山 → 법원法遠

부용芙蓉 → 도해道楷・태육太毓・영훈靈訓
《부톤 불교사》 105
부필富弼 186
북간北磵 → 거간居簡
《북간간선사北磵簡禪師》 218
《북간문집北磵文集》 231
《북간시집北磵詩集》 231
북봉北峰 → 종인宗印
북산北山 233
《북산록北山錄》 82, 101
북장北藏 264
북종北宗 69
북종선北宗禪 59, 61, 70, 71, 72, 73, 74, 77, 78, 79, 80, 81, 85, 88, 89, 92, 103, 104, 106, 107, 117, 118, 121, 221
분양汾陽 → 선소善昭
《분양소선사어汾陽昭禪師語》 218
불감 선사佛鑑禪師 → 혜근慧懃・사범師範
불강탄회佛降誕會 190
불과 선사佛果禪師 → 극근克勤
《불과원오격절록佛果圓悟擊節錄》 196
불국 선사佛國禪師 → 유백惟白
불굴佛窟 → 유칙惟則
불굴학佛窟學 124
불도징佛圖澄 30
불립문자不立文字 282
《불법금탕록佛法金湯錄》 256
《불법금탕편佛法金湯篇》 265
《불법대명록佛法大明錄》 228
《불설법구경佛說法句經》 54, 55
《불설법왕경佛說法王經》 54, 55
《불설선문경佛說禪門經》 54, 55

322

불성도회佛成道會 190
불안佛眼 → 청원淸遠
불열반회佛涅槃會 190
《불위심왕보살설두타경佛爲心王菩薩說頭陀經》 54, 55
불일佛日 → 설숭契嵩
불일산佛日山 166
불자원조광혜선사불자원조광혜선사佛慈圓照廣慧禪師 244 → 중봉中峰·명본明本
불전佛殿 148, 171
《불정경佛頂經》→《수능엄경首楞嚴經》·《능엄경楞嚴經》·《대불정여래밀인수증료의제보살만행수능엄경大佛頂如來密因修證了義諸菩薩萬行首楞嚴經》 54, 56
불조 선사佛照禪師 → 덕광德光
《불조강목佛祖綱目》 277
《불조선사경산육왕어佛照禪師徑山育王語》 218
《불조선사주대록佛照禪師奏對錄》 218
《불조역대통재佛祖歷代通載》 245
불타발타라佛陀跋陀羅 29
비은費隱 → 통용通容
《비은선사어록費隱禪師語錄》 275
빙무산冰茂山 52 → 오조산五祖山

【ㅅ】

사건師虔 130, 145, 149
사계師戒 164, 188
사계판 대장경思溪版大藏經 215
《사고전서四庫全書》 284
사관師寬 164
사규士珪 217
사대부계급士大夫階級 161, 162, 170, 182, 196, 197, 199, 228, 232, 272
사대부적 교양 248
사마광司馬光 245
사명四明 → 담수曇秀·지례知禮
사명師明 218
사미沙彌 191
사미원史彌遠 208, 230
사범師範 211, 212, 213, 232, 247
사법嗣法 191, 248
사비師備 130, 133, 135, 143, 144
사서嗣書 149, 150, 192
사시四時의 좌선 236
사심死心 → 오신悟新
사원師遠 225, 226
사원 경제寺院經濟 234, 235
사의寫意 187
사이테츠[齊哲] 244
사이쵸[最澄] 73, 100, 118, 125
《사익경思益經》 80
《사자혈맥전師資血脈傳》 62, 88
사조산四祖山 53
사찰의 사유화私有化 236
산가파山家派 168
산문소山門疏 231
산수화山水畵 250, 287
산외파山外派 168
삼계교三階敎 50, 58
삼론종三論宗 49, 50, 54, 55, 56, 57, 99
삼봉파三峰派 285
삼성三聖 → 혜연慧然
《삼성원융관三聖圓融觀》 107
삼예의 종론宗論 104
상국사相國寺 170
상당上堂 190
상매祥邁 252
상인商人 177, 219
《상직편尙直編》 265
상총常聰 164, 183, 185, 186, 187
색장주賾藏主 212, 216 → 수색守賾
〈서경흥선사전법당비명병서西京興善寺傳法堂碑銘并序〉 138
서기書記 189, 191
서당西堂 → 지장智藏
서래교西來敎 277
서반西班 188, 189
서방왕생西方往生 61, 77, 198
《서방찬西方讚》 76
《서방합론西方合論》 280
서백瑞白 → 명설明雪
서산西山 53
서서西序 188
서암西巖 → 요혜了惠
서원書院 167
《서주백운산해회연화상어록舒州白雲山海會演和尙語錄》 217
《서주용문불안화상어록舒州龍門佛眼和尙語錄》 217
서천23조설西天二十三祖說 169
서천28조설西天二十八祖說 43, 94, 169
서천29조설西天二十九祖說 43, 89, 94
서천8조설西天八祖說 88
서천西天의 계보 43, 86
서천목산西天目山 243
석계石溪 → 심월心月
석교종주釋敎宗主 249
석도石濤 287, 288
석두石頭 → 희천希遷
석두종石頭宗 89, 119, 122, 123, 125, 126, 127

323

석문石門 → 온총蘊聰 · 헌온獻蘊
《석문문자선石門文字禪》 197, 199
《석문산자조선사봉암집石門山慈照禪師鳳巖集》 217
석상石霜 → 경저慶諸 · 초원楚圓
《석씨계고략釋氏稽古略》 242, 245
석호石虎 30
선 문답禪問答 193 → 문답문답
선 문화禪文化 230, 231, 232, 247, 251
선 열풍 295
《선 입문禪入門》 295
선 체험禪体驗 60, 93, 176
《선각종승先覺宗乘》 277
선감宣鑑 131, 132, 133 → 덕산德山
선경善卿 184
선경禪經 31
선계일치禪戒一致 282
《선과 일본 문화》 295
《선관책진禪關策進》 271, 280
선기화禪機畵 232
선도善導 53, 74
《선등세보禪燈世譜》 275, 276
선림문학禪林文學 249
《선림보훈禪林寶訓》 223
《선림비용청규禪林備用清規》 246
《선림승보전禪林僧寶傳》 199
《선림유취禪林類聚》 221
선무외善無畏 72
《선무외삼장선요善無畏三藏禪要》 72
《선문경禪門經》 → 《불설선문경佛說禪門經》 54, 55
《선문불조강목禪門佛祖綱目》 280
선병禪病 56
선복善伏 57
《선비요법경禪秘要法經》 29
선서善書 279
선세원善世院 264
선소善昭 163, 167, 178, 194, 218
선습宣什 59, 82, 83
선어록禪語錄 134, 216 → 어록語錄
《선원몽구禪苑蒙求》 245
《선원제전집도서禪源諸詮集都序》 99, 127, 128
《선원청규禪苑清規》 184, 188, 189, 235, 246, 247
선월禪月(대사) → 관휴貫休
선월양식[禪月樣] 139
선정禪定 28
선정쌍수禪淨雙修 146, 147, 198, 244, 247, 279, 280, 289
선종결사禪宗結社 277
《선종송고연주통집禪宗頌古聯珠通集》 220, 221
《선종어초집禪宗漁樵集》 275
선준善俊 221
《선해10진禪海十珍》 286
선회도禪會圖 197
설당雪堂 → 덕간德諫
설두雪竇 → 중현重顯
《설두명각선사어록雪竇明覺禪師語錄》 166
설두산雪竇山 146, 166, 179, 233
설봉雪峰 → 의존義存
설봉산雪峰山 133, 233
《설봉진각선사어록雪峰眞覺禪師語錄》 133, 135
설숭契嵩 165, 166, 168, 169, 171, 172, 173, 175, 216 →

불일佛日
설암雪巖 → 만满 · 조흠祖欽
설정雪庭 → 복유福裕
설창雪窓 → 보명普明
《섭대승론攝大乘論》 40
섭론종攝論宗 51, 53
섭쌍강聶雙江 → 섭표聶豹
섭표聶豹 269
섭현葉縣 → 귀성歸省
성념省念 163, 167, 217
성령설性靈說 272
성실학成實學 31
성오省悟 214
성음性音 286
성정盛正 → 인순印順
성조成祖 263 → 영락제
성조聖祖 284 → 강희제
성종成宗 → 테무르
성종聖宗 160
《성주집聖胄集》 123, 124
성즉리性卽理 268
성총性聰 286
세 황제의 국사國師 70
세조世祖(원나라) → 쿠빌라이
세조世祖(청나라) → 순치제
세종世宗(금나라) 252
세종世宗(청나라) → 옹정제 284
세종世宗(후주) 159
세키시츠[石室] → 젠큐[善玖]
소疏 189, 231
소기紹琦 281
소넨[宗然] 248
소담紹曇 177, 212
소동파蘇東坡 → 소식蘇軾
소륭紹隆 211
소림사少林寺 43, 240
소산疎山 → 광인匡仁
소순蘇洵 187
소식蘇軾 180, 185, 186, 187, 188, 197

소암笑厳 → 덕보德寶
《소여물うしかひぐさ》 227
소연儵然 124
소오[祖雄] 244
소옹笑翁 → 묘감妙堪
소은笑隱 → 대흔大訢
《소은대흔선사어록笑隱大訢禪師語錄》 249
소참小參 190
소철蘇轍 180, 186, 187
소코[宗己] 244
《속개고존숙어요續開古尊宿語要》 216, 218
《속고승전續高僧傳》 33, 37, 41, 44, 47, 48, 51, 52, 57, 71, 95, 98
《속등정통續燈正統》 286
《속보림전續寶林傳》 124
《속원교론續原教論》 173, 265
《속장續藏》 270
송고頌古 193, 194, 195, 196, 220
〈송고100칙頌古百則〉 166, 194, 195, 241
《송고승전宋高僧傳》 99
《송고연주통집頌古聯珠通集》 220, 221 → 《선종송고연주통집禪宗頌古聯珠通集》
송렴宋濂 263, 266
송문삼宋文森 289
송욱宋旭 272
송원파松源派 211, 213, 243
송정宋鼎 86, 87
송파松坡 → 종계宗誡
송판宋版 219
송학宋學 140, 208 → 주자학
수계授戒 87, 96, 146
《수고경지선사비명병서階故鏡智禪師碑銘幷序》 103
《수능엄경首楞嚴經》 → 《대불정여래밀인수증료의제보

살만행수능엄경大佛頂如來密因修証了義諸菩薩萬行首楞嚴經》・《불정경佛頂經》・《능엄경楞嚴經》 54
《수능엄삼매경首楞嚴三昧經》 56
수단守端 164, 183, 186, 194, 218
수륙회水陸會 271
〈수보살계의授菩薩戒儀〉 74
수산首山 → 성념省念
수색守賾 212
《수소연의초隨疏演義鈔》 107
수시垂示 195
수식관隨息觀 28
수심守心 60, 61, 77
《수심요론修心要論》 55, 60, 61, 84, 92
수연행隨緣行 37
수좌首座 189, 191
수지守芝 217
수진守眞 72
수징守澄 145
수창사壽昌寺 277
수초守初 144, 165, 217
숙종肅宗 87, 119
순제順帝 → 토곤 테무르
순지順之 130
순치제順治帝 284, 286
숭녕청규崇寧清規 246
숭산嵩山 43, 82
숭성사崇聖寺 233
숭수崇壽 → 계조契稠
숭신崇信 131, 179
숭악崇岳 211 → 송원松源
숭혜崇慧 125
슈노[春屋] 266 → 묘카[妙葩]
슈신[周信] 266
스즈키 다이세츠[鈴木大拙] 290, 292
승가僧可 → 혜가慧可

승고承古 165, 192, 275
승당僧堂 189
승록사僧錄司 264, 266
승원承遠 72, 76
승찬僧璨 33, 34, 44, 98, 103
승천承天 → 지숭智嵩
승호僧皓 188
시경試經 285
시경도승試經度僧 264
시다바라 244
시렌[師錬] 179
시론詩論 188
시문詩文 161, 197, 199, 232, 248
시문집詩文集 231
시반[師蟠] 175
시방선현총림十方選賢叢林 276
시방주지十方住持 190, 214, 276, 291
시선일미詩禪一味 247
시승詩僧 139, 143, 291
시자侍者 188, 191
시자국侍者局 188
시축詩軸 231
시화詩話 197
식심견성識心見性 253
신도교新道教 251
신력 선사神力禪師 → 이종리종李蹤
《신서안양부神栖安養賦》 147
신수神秀 52, 58, 59
《신심명信心銘》 33
신안晏 133, 143, 145, 217
신안파新安派 287
《신5대사新五大史》 245
신정神鼎 → 홍인洪諲
신조 선사神照禪師 → 법진法眞
신조神照 128, 138
신종神宗 172, 180
신청神清 82, 101
신치[心地] → 각신[覺心]
신해혁명 290

신행信行 50
신행神行 104
신회(神會, 정중사淨衆寺) 82
신회(神會, 하택荷澤) 43, 47, 62, 71, 74, 81, 82, 85, 86, 87 → 남양 화상南陽和尙·하택 화상荷澤和尙
《신회어록神會語錄》 93 →《남양화상문답잡징의南陽和尙問答雜徵義》
《신회화상유집神會和尙遺集》 291, 292
신흥지주계급新興地主階級 142
《심경주心經注》 183
심공 거사心空居士 → 주시은朱時恩
심관석心觀釋 77
심사영沈士榮 173, 265
《심왕경心王經》→《불위심왕보살설두타경佛爲心王菩薩說頭陀經》 54, 55
《심왕경주心王經註》 56, 80
심월心月 221
심월心越 → 홍주興儔
심유深有 278
심즉리心卽理 268
《심진문집鐔津文集》 166, 172
심태心泰 265
쌍봉산雙峰山 53
쌍천雙泉 → 사관師寬·인욱仁郁

【ㅇ】

《아미타경阿彌陀經》 282
《아미타경소초阿彌陀經疏鈔》 271
아유르바르와다 244
아육왕산 211, 233, 235, 275, 277
악비岳飛 207

안름安廩 39
《안반수의경安般守意經》 28
안병顔丙 228
안사의 난 87, 117, 122, 141, 161
안세고安世高 27, 28
암두巖頭 → 전활全豁
앙산仰山 → 혜적慧寂
애산崖山 209
야율덕광耶律德光 160
야율아보기耶律阿保機 160
야율초재耶律楚材 238, 240
약산藥山 → 유엄惟儼
〈약산이고문답도藥山李翺問答圖〉 141
약석藥石 235
《약제경론염불법문왕생정토집略諸經論念佛法門往生淨土集》 76 →《정토자비집淨土慈悲集》
양개良价 129, 130, 131, 132, 133, 178 → 동산洞山
양걸楊傑 186
양귀산楊龜山 185
양기楊岐 → 방회方會
양기산楊岐山 164
양기원楊起元 272
양기파楊岐派 164
양대 교주兩大教主 272
양명학陽明學 268, 273, 278, 288
양반兩班 188, 214
양복소楊復所 → 양기원楊起元
양숙梁肅 140
양억楊億 167, 174
양이론攘夷論 228
양제煬帝 50
《양주동산제이대초선사어요襄州洞山第二代初禪師語要》 217
양지良知 269

양해梁楷 232
양현지楊衒之 40
어록語錄 93, 133 → 선어록禪語錄
어록의 왕 136
《어선어록御選語錄》 285
어풍語風 → 원신圓信
언계偃溪 → 광문廣聞
엄눌嚴訥 272
엄도철嚴道徹 → 엄징嚴澂
엄민경嚴敏卿 → 엄눌嚴訥
엄우嚴羽 188
엄정지嚴挺之 74
엄징嚴澂 272
업해業海 → 자청子淸
에가쿠[慧鶴] 281 → 하쿠인[白隱]
에교[慧曉] 212
에코[慧廣] 248
엔니[圓爾] 212, 232
엔닌[圓仁] 123
엔시[圓旨] 243
엔지[圓慈] 177
엔친[圓珍] 125
여경如罄 282
여공如珙 248
여래장 사상如來藏思想 31, 37, 49, 58, 99
여만如滿 138, 139
여보如寶 145
여본중本中 188, 210
여산廬山 28, 122, 198
여여 거사如如居士 228
《여여거사3교대전어록如如居士三教大全語錄》 228
여염如琰 210
여정如淨 213
《여주남원옹화상어요汝州南院顒和尙語要》 216
《여주섭현광교성선사어록汝州葉縣廣教省禪師語錄》 217

《여주수산염화상어요汝州首山
  念和尙語要》 217
여지如芝 212
여회如會 119, 126
역경원譯經院 163
《역대법보기歷代法寶記》 55,
  59, 83, 101, 102
《연등회요聯燈會要》→《종문
  연등회요宗門聯燈會要》
연밀緣密 144, 164
《연보전등록延寶傳燈錄》 175
연소延沼 142, 163, 218
연수延壽 127, 143, 146, 147,
  198
연수당주延壽堂主 189
연운16주燕雲十六州 160
《연종9조전략蓮宗九祖傳略》
  271
연종蓮宗의 시조 28
연종蓮宗 제6조 147, 178
연종蓮宗 제8조 271
연지蓮池 → 주굉袾宏
연화승회蓮華勝會 198
《열반경涅槃經》 38
《열반론涅槃論》 48
열반학涅槃學 31
《열자건재구의列子鬳齋口義》
  228
염고拈古 193, 194
염고 100칙拈古百則 196
염관塩官 → 제안齊安
염불念佛 60, 75, 76, 77, 83,
  84, 198, 270, 274, 280, 281
《염불경念佛鏡》 75
염불공안念佛公案 280, 281
염상念常 242, 245
염약거閻若璩 288
《염차사바원생정토찬厭此娑婆
  願生淨土讚》 76
《염팔방주옥집拈八方珠玉集》
  221

영각永覺 → 원현元賢
영녕사永寧寺 38, 40
영락제永樂帝 263, 264, 266
영명永明 → 연수延壽
영명사永明寺 146
영묵靈默 119, 123, 132
영석靈石 → 여지如芝
영안永安 → 도원道原
영안정사永安精舍 166
영여永璵 243
영우靈祐 120, 130, 131, 132
영원靈源 → 유청惟淸
영은靈隱 → 문승文勝
영은사靈隱寺 146, 243, 277
영은사지靈隱寺志 277
영은산靈隱山 166
영조사永祚寺 233
영종英宗 → 시디바라
영종(寧宗, 송나라) 230
영종(寧宗, 원나라) → 이린지바
  루
영참令參 146
영철靈澈 139
영훈靈訓 133
《예발탑기瘞髮塔記》 94
예종睿宗 69, 70
예찬倪瓚 250
오고타이 237, 238, 239, 241
오노[小野] → 겐묘[玄妙]
오대산五台山 101, 270
오명悟明 174, 195
오본 대사悟本大師 132 → 동
  산양개洞山良价
오설五洩 → 영묵靈默
《오성론悟性論》 44 →《달마화
  상오성론達摩和尙悟性論》
오신悟新 183, 198
오진吳鎭 250
오진悟眞 217
오참상당五參上堂 190
옥림玉林 → 통수通琇

옥천玉泉 → 승호承皓·신수神
  秀
옥천玉泉의 천태天台 72
옥천사玉泉寺 72, 87
온총蘊聰 163, 165, 167, 179,
  217
올암兀庵 → 보령普寧
옹정제擁正帝 271, 284
완공산完公山 33
《완릉록宛陵錄》 218
완안아골타完顔阿骨打 181
완안오걸매完顔吳乞買 181
왕간王艮 268
왕기王畿 268
왕몽王蒙 250
왕묵王墨 137
왕사정王士禎 287
왕상시王常侍 129
왕석王錫 105
왕수王隋 167
왕수인王守仁 268
왕심재王心齋 → 왕간王艮
왕심지王審知 142
왕안석王安石 180, 187
왕양명王陽明 → 왕수인王守仁
왕어양王漁洋 → 왕사정王士禎
왕용계王龍溪 → 왕기王畿
왕유王維 88, 138
왕자 5위王子五位 178
왕중양王重陽 251, 253
왕진王縉 74
왕학우파王學右派 269
요광효姚廣孝 → 도연道衍
요원了元 184, 185, 187, 188
요혜了惠 212
욕실浴室 189
욕주浴主 189 → 지욕知浴
용담龍潭 → 숭신崇信
용문사龍門寺 103
용산龍山 166
용상집경사龍翔集慶寺 264

용장龍藏 285
용천사湧泉寺 277
용흥사龍興寺 86
우두산牛頭山 84, 97, 98
우두종牛頭宗 71, 73, 84, 97, 98, 99, 100, 103, 106, 107, 117, 123, 124, 125, 126, 139
우두종의 계보 126
《우란분경소盂蘭盆經疏》 128
우암愚庵 → 지급智及
우익蕅益 → 지욱智旭
운거雲居 → 도응道膺·보지普智·도제道齊
운곡雲谷 → 법회法會
운림雲林 → 예찬倪瓚
《운문광진선사광록雲門匡眞禪師廣錄》 144, 146, 216, 217
운문 3구雲門三句 175
운문 3병雲門三病 175
운문雲門 → 문언文偃
운문산雲門山 144
운문암주雲文庵主 → 종고宗杲
운문종雲門宗 144, 149, 150, 164, 165, 166, 176, 177, 179, 183, 184, 192, 195, 209, 275
운문종의 중흥자 165, 166
운봉雲峰 → 문열文悅·묘고妙高
《운봉열선사어록雲峰悅禪師語錄》 217
운서雲棲 → 주굉袾宏
《운서법휘雲棲法彙》 271
운서산雲棲山 271
운수雲岫 243
운수雲水 191
운암사雲嚴寺 233
운와雲臥 → 기담紀談
운외雲外 → 자경自慶·운수雲岫

운황산雲黃山 233
원·밀·선·계圓·密·禪·戒 73
《원각경圓覺經》 31, 56, 282 → 《대방광원각수다라요의경大方廣圓覺修多羅了義經》
《원각경대소초圓覺經大疏鈔》 59, 83, 101
원경元鏡 274
원굉도袁宏道 280
원교原敎 172
《원도벽사설原道闢邪說》 283
원돈계圓頓戒 73
원래元來 274, 275, 276, 277, 283
원련元璉 163, 167, 186
원류송源流頌 276
원말 4대가元末四大家 250
원명 거사圓明居士 285 → 옹정제雍正帝
원묘原妙 177, 243, 245 → 고봉高峰
원문遠門 → 정주淨柱
원수圓修 273, 286
원신圓信 177, 277
원오圓悟 223, 273
원오圓悟 → 극근克勤
《원오불과선사어록圓悟佛果禪師語錄》 215
《원인론原人論》 127, 128
원장元長 243, 266
원조元照 76, 184, 199
원종도袁宗道 272
《원주양기회화상어록袁州楊岐會和尙語錄》 164, 217
원징圓澄 272, 273, 274, 275, 276, 277
원청源淸 168
원통 선사圓通禪師 → 법수法秀
《원통대응국사어록圓通大應國師語錄》 266

원판元版 219
원현元賢 274, 276, 277, 282
원희元熙 218, 230, 242, 248
위거韋璩 96
위경僞經 29, 31, 37, 54
위림爲霖 → 도패道霈
《위산경책潙山警策》 131
위산潙山 → 영우靈祐
위앙종潙仰宗 131, 145, 150, 163
위원魏源 290
위응물韋應物 139
유경惟敬 124
유관惟寬 120, 122, 137, 138
유교儒敎 127, 128, 162, 167, 171, 172, 182, 228, 230, 251, 264, 268, 269, 278
유기劉基 263
유나維那 189
유덕인劉德仁 251
《유마경維摩經》 38, 80
유면惟勉 246
유밀劉謐 228
유백惟白 147, 183
유선일치儒禪一致 171, 227, 228, 229
유식 사상唯識思想 58, 306
《유심결唯心訣》 146
유심정토唯心淨土 198
유엄劉崦 142, 144
유엄惟儼 122, 132, 137, 140, 179 → 약산藥山
유우석劉禹錫 137, 139
유일惟一 212
유장생劉長生 252
유종원柳宗元 137, 139
유청惟淸 183
유칙(惟則, 불굴佛窟) 124
유칙(惟則, 천여天如) 243, 247
육광조陸光祖 272
육긍陸亘 137

《육조단경六祖壇經》 60, 74, 94, 95, 96, 124, 166, 215, 216, 219 → 홍성사본법보단경興聖寺本法寶壇經·대승사본법보단경大乘寺本法寶壇經·돈황본
육오태릉六五台 → 육광조陸光祖
육왕산 → 아육왕산
《율원청규律苑淸規》 214
율종律宗 72, 184, 199, 214, 283
《율종등보律宗燈譜》 283
융기隆琦 275, 286
은원隱元 275 → 융기隆琦
은정隱靜 → 치유致柔
응부應夫 183
응진應眞 164
의공義空 131
의단疑團 222
의복義福 69, 74
의유義柔 165
의정義淨 75
의존義存 124, 130, 132, 135, 143, 144, 146, 148 → 설봉雪峯
의청義靑 184, 185, 194, 196, 220, 245
의현義玄 129, 130, 131, 135, 142 → 임제臨濟
의회義懷 165, 183, 186, 198
이경李璟 142
이계천李繼遷 160
이고李翺 140, 141
이구李覯 166
이길보李吉甫 125
이린지바루 239
이변李昪 142
이병李邴 210
이병산李屛山 240
이순 테무르 239
이심전심以心傳心 36

이엄利嚴 130
이옹李邕 74
이원호李元昊 160
이입理入 37
《이입사행론二入四行論》 35, 37, 40, 41, 42, 44, 45, 46, 49, 50, 62
〈이입사행론서二入四行論序〉 40, 41
《(이입사행론)장권자(二入四行論長卷子)》 37
이자성李自成 284
이종利蹤 217
이종理宗 212
이준욱李遵勗 167, 174
이지李贄 268, 269
이지상李志常 240, 252
이지조李之藻 283
이탁오李卓吾 → 이지李贄
이회李華 106, 137
인가印可 61, 149, 192
인가장印可狀 149, 192
인간印簡 240
인겐[印元] 244
인경원印經院 163, 214
인다라因陀羅 249
인순印順 293
인용仁勇 164
인욱仁郁 144
인종(仁宗, 베트남) 227
인종(仁宗, 원나라) → 아유르바르와다
《인천보감人天寶鑑》 223
《인천안목人天眼目》 177, 210
일관日觀 → 자온子溫
일녕一寧 213, 250
일류상승찰一流相承刹 276
일사인증一師印証 185
일암一庵 → 일여一如
일여一如 214
일품화가逸品畫家 137

일함亡咸 246
일행一行 72
일행삼매一行三昧 60
《일화오엽一華五葉》 244
《임간록林間錄》 176, 192, 199
임영소林靈素 181
《임제(혜조선사어)록臨濟(慧照禪師語)錄》 135, 136, 177, 218 → 《진주임제혜조선사어록鎭州臨濟慧照禪師語錄》
임제 3구臨濟三句 175
임제 4요간臨濟四料揀 175, 177
임제臨濟 → 의현義玄
임제원臨濟院 135
임제의 재흥 211
임제정종臨濟正宗 241
임제종臨濟宗 131, 135, 142, 150, 163, 176, 177, 178, 183, 184, 185, 192, 210, 211, 212, 213, 224, 240, 243, 273, 275, 276
임조은林兆恩 268
임천林泉 → 종륜從倫
임한소淋汗疏 231
임희일林希逸 228
《입도안심요방편법문入道安心要方便法門》 52
입사소入寺疏 231
입실入室 61
입실참청入室參請 190
입원入院 190
입장入藏 215

【ㅈ】

자각自覺 184
자경自慶 214
자득自得 → 혜휘慧暉
자명 선사慈明禪師 → 초원楚圓
《자명4가록慈明四家錄》 192
《자명선사어록慈明禪師語錄》

218
자민 삼장慈愍三藏 → 혜일慧日
자방子昉 168, 169
자백紫柏 → 진가眞可
《자백존자별집紫柏尊者別集》 270
《자백존자전집紫柏尊者全集》 270
자선子璿 168
자성사資聖寺 146, 233
자수慈受 → 회심懷深
자순子淳 184, 194, 196, 212, 245
자암者庵 → 혜빈惠彬
자온子溫 249
자응子凝 165
자재(自在, 복우伏牛) 119, 126
자재(自在, 태원太原) 81, 101
자정子庭 → 조백祖柏
자조 선사慈照禪師 → 온총蘊聰
《자지록自知錄》 271, 278, 279
자청子淸 179
《자치통감資治通鑑》 245
자호子湖 → 이종利蹤
《자호산제일대신력선사어록子湖山第一代神力禪師語錄》 217
장경章敬 → 회휘懷暉
장경長慶 → 혜릉慧稜
장구성張九成 210
장로長蘆 → 종색宗賾
장병린章炳麟 290
장사성張士誠 239
장산蔣山 → 법천法泉
장상영張商英 186, 199, 211, 228
장송의례葬送儀禮 190
장수長水 → 자선子璿
장열張說 70
장원莊園 189, 234
《장자莊子》 28

《장자건재구의莊子鬳齋口義》 228
《장자내편주莊子內篇註》 278
장재張載 182, 229
장전藏殿 189
장졸張拙 137, 270
장종章宗 240, 241
장주莊主 189
장주藏主 189
장즉지張卽之 232
장지화張志和 137
장횡거張橫渠 → 장재張載
《저주낭야산각화상어록滁州瑯琊山覺和尙語錄》 217
적사판 대장경磧砂版大藏經 215
전거全擧 217
전대흔錢大昕 288
전덕홍錢德洪 269
《전등록傳燈錄》 → 《경덕전등록》
《전등옥영집傳燈玉英集》 167, 175, 215
전법게傳法偈 124
《전법보기傳法寶紀》 33, 43, 52, 56, 60, 62, 77, 98, 173
《전법정종기傳法正宗記》 44, 123, 124, 166, 169, 172, 215
《전법정종론傳法正宗論》 166
전법총림傳法叢林 276, 277
전부錢鏐 289
전서산錢緖山 → 전덕홍錢德洪
《전심법요傳心法要》 215, 216 → 《황벽산단제선사전심법요黃檗山斷際禪師傳心法要》
전의설傳衣說 43, 86, 88, 102
전좌典座 189
전주前住 189
전진교全眞教 240, 251, 252

《전진청규全眞淸規》 251, 253
전체작용全體作用 268
전홍숙錢弘俶 142, 143
전활全豁 132, 133
《절관론絕觀論》 99, 100
절도사節度使 122, 129, 141, 160, 161
절옹斷翁 → 여염如琰
점오漸悟 94
정각正覺 196, 212, 214, 223, 224, 241, 245
정각淨覺 62
정강靖康의 변變 181, 207, 263, 266, 287
정계淨戒 218, 265
정명도淨明道 279
정명도程明道 → 정호程顥
《정법안장正法眼藏》(종고宗杲) 211, 220, 221
정복淨伏 243
정부淨符 220, 275
정사淨斯 275
정상頂相 185, 192
정선情善 223
정설情說 272
정수(正受, 송나라) 174, 209
정수鼎需 209
《정시비론定是非論》 → 《보리달마남종정시비론菩提達摩南宗定是非論》
정심淨心 61, 75
정암定嚴 → 정계淨戒
정이程頤 182
정이천程伊川 → 정이程頤
정자(보은광효)사淨慈(報恩光孝)寺 233, 277
정자淨慈 → 담밀曇密
《정자사지淨慈寺志》 277
정장淨藏 81
정전正傳 273
정종定宗 → 구육

정주淨柱 275, 276
정중사淨衆寺 74, 82, 101
정중종淨衆宗 82, 83, 84, 85,
　100, 101, 102, 103, 106,
　117, 138
정징正澄 250, 251
정토교淨土敎 49, 53, 75, 76,
　84, 137, 147, 196, 198,
　199, 271, 280
정토 사상淨土思想 198, 290
《정토자비집淨土慈悲集》 75,
　76, 184
〈정편5위송正偏五位頌〉 → 5위
　五位・동산 5위洞山五位
정혜淨慧 295
정혜등定慧等 107, 121
정혜사定慧寺 277
정호程顥 182
제기齊己 139
제륜齊崙 → 초영超永
제사帝師 62, 241
제산諸山 234
제산소諸山疏 231
제상際詳 277
제안齊安 120, 122, 131, 132
젯카이[絶海] → 츄신[中津]
젠큐[善玖] 248
조경祖慶 221
조계曹溪 86
《조계대사전曹溪大師傳》 55,
　118, 119
《조계원류송曹溪源流頌》 276
조계종曹溪宗 227
조광윤趙匡胤 → 태조(송나라)
조구趙構 207
《조당집祖堂集》 124, 146, 149,
　215
조동정종曹洞正宗 240
조동종曹洞宗 132, 145, 176,
　177, 178, 179, 184, 185,
　198, 209, 211, 212, 213,

　223, 224, 240, 243, 273,
　276, 286
조맹부趙孟頫 244, 249, 250
조백祖柏 249
조변趙抃 186
조산曹山 → 본적本寂
조선祖先 → 파암破庵
《조설祖說》 169
조심祖心 164, 183, 186, 187,
　188
조영금趙令衿 186
조원祖元 212, 213
《조정겸추록祖庭鉗鎚錄》 275
《조정사원祖庭事苑》 184
《조주(진제선사어)록趙州(眞際禪
　師語)錄》 132, 135, 216
조주趙州 → 종심從諗
조주감파趙州勘婆 164, 222
조주무자趙州無字 222, 226
조지祖智 212
조통祖統(설設) 36, 43, 173
《조통대통祖統大統》 286
조흠祖欽 212, 243
존장存奘 142, 218
졸암拙庵 → 덕광德光
《종감법림宗鑑法林》 286
종게宗憩 232, 247
《종경록宗鏡錄》 146
종고宗杲 178, 196, 208, 209,
　210, 217, 220, 222, 223,
　224, 229, 270 → 대혜大慧
종남산終南山 58, 128
종륜從倫 196, 240, 245
종륵宗泐 265, 266
종문宗門 제일의 책 196
《종문10규론宗門十規論》 145,
　150, 176
《종문연등회요宗門聯燈會要》
　174, 195, 220
《종문염고휘집宗門拈古彙集》
　220, 286

《종문통요宗門統要》 184, 195,
　220, 245
《종문통요속집宗門統要續集》
　195, 220, 245
종밀宗密 55, 56, 59, 83, 84,
　99, 101, 103, 107, 108,
　123, 124, 127, 128, 137,
　169
종본(宗本, 천의天衣) 280
종본(宗本, 혜림慧林) 170, 183,
　186, 198
종색宗賾 183, 184, 198, 246
종심從諗 130, 132, 135, 142,
　216, 226 → 조주趙州
종연宗演 135, 183, 216
종열從悅 183, 186
종영宗永 183, 195, 220
《종용록從容錄》 196, 241, 245
종용암從容庵 241
종의從義 169
종인宗印 214
종전從展 133, 143
종전鍾傳 129
종통복고宗統復古 185
〈종파도宗派圖〉 192
종풍宗風 149
종현宗顯 211
종효宗曉 198, 199
〈좌계대사비左溪大師碑〉 106
좌망坐亡 29
좌선坐禪 90, 91, 92, 93, 102,
　137, 224, 236, 251, 253
좌선세左善世 266
죠민[紹明] 212, 266
주굉袾宏 268, 269, 270, 271,
　272, 273, 278, 280, 282,
　283, 285 → 운서雲棲
주돈이周敦頤 182, 187, 229
《주반야바라밀다심경注般若波
　羅蜜多心經》 80
주시은朱時恩 277

331

주안사周安士 289
주약극朱若極 → 석도石濤
주여등周汝登 269, 272
주염계周濂溪 → 주돈이周敦頤
주원장朱元璋 239 → 홍무제洪武帝
주자朱子 → 주희朱熹
주자학朱子學 187, 227, 229, 230, 250, 252, 253, 264, 266, 267, 268, 288 → 송학宋學
주전충朱全忠 141
주지직의 매매 236
주지책周知冊 264
주탑朱耷 287 → 팔대산인八大山人
주태朱棣 263 → 영락제永樂帝
주해문周海門 → 주여등周汝登
《주화엄법계관문注華嚴法界觀門》 128
주희朱熹 182, 208, 211, 229, 268
죽림파竹林派 227
죽암竹庵 → 가관可觀·사규士珪
죽창竹窗 → 덕개德介
《죽창수필竹窗隨筆》 271
준식遵式 168
중국 물건[唐物] 219
《중국선종사中國禪宗史》 293, 294
중동산中洞山 149
중방仲方 → 천륜天倫
《중방화상어록仲方和尙語錄》 218
중봉中峰 → 명본明本
《중봉화상광록中峰和尙廣錄》 215, 244, 245
중온仲溫 209, 223 → 효형曉瑩
《중용직지中庸直指》 278
중원重元 183

중인仲仁 197
중종中宗 69, 70
중천축사中天竺寺 249
중천축산中天竺山 233
중현重顯 165, 179, 194, 195, 196, 218, 220 → 설두雪竇
즈이호[瑞方] 185
즉심즉불卽心卽佛 120, 268
즉휴卽休 → 계료契了
《증도가證道歌》 119
지知(의 사상) 47, 92, 93, 94, 121
지각 선사智覺禪師 → 연수延壽·명본明本
지각보명국사智覺普明國師 → 묘카[妙葩] 266
《지각보명국사어록智覺普明國師語錄》 266
지객知客 189
지거知炬 122
지경智境 221
지공志空 104
지관止觀 107
지관타좌只管打坐 224
지교知敎 48
지급知及 242, 265
지념志念 51
지눌(知訥, 고려) 227
지달志達 82
《지대청규至大清規》 246
지련知連 214
지례知禮 165, 168, 169, 199, 213
지론종地論宗 31
지론종 남도파地論宗南道派 31, 48, 49
지루가참支婁迦讖 28
지명志明 245
지문智門 → 광조光祚
《지문조선사어록智門祚禪師語錄》 217

지반志磐 271
지사知事 247
지사문의指事問義 78
지상智常 120, 122, 133
지선之善 242
지선智詵 59, 82, 83, 84
지선소(智詵疏, 반야심경소) 85
지소智昭 177, 210
지숭智嵩 217
지엄(智儼, 화엄종) 53, 58
지엄智嚴 97, 98
지여智如 95 → 법여法如
지온至溫 240
《지와止訛》 169
지욕知浴 189
지우智愚 211, 212, 214, 219, 220, 232 → 허당虛堂
지욱智旭 269, 280, 283
지원智圓 168
《지원변위록至元辨僞錄》 252
《지원청규至元清規》 246
《지월록指月錄》 276
지위智威 97
지의智顗 28, 50
지장智藏 119, 126, 130
지전知殿 189 → 전사(殿司, 전주殿主)
《지주남전보원화상어요池州南泉普願和尙語要》 216
지한智閑 130
지행합일知行合一 268
직세直歲 189
직옹直翁 → 덕거德擧
진가眞可 267, 269, 270, 272, 273 → 자백紫柏
진각 선사眞覺禪師 133 → 의존義存·설봉雪峯
진대도교眞大道教 251
진백사陳白沙 → 진헌장陳獻章
진성眞性 37, 253
진심眞心 61

진염陳琰 81, 82, 104, 134
진우량陳友諒 239
진원陳垣 291
진정 선사眞淨禪師 → 극문克文
진제 대사眞際大師 → 종심從
　諗・조주趙州
진제眞諦 40, 48
진종 대사眞宗大師 → 신회神
　會・하택荷澤 87
진종眞宗 166, 171
《진종론眞宗論》→《대승개심
　견성돈오진종론大乘開心見
　性頓悟眞宗論》
《진주임제혜조선사어록鎭州臨
　濟慧照禪師語錄》 135, 216,
　217 →《임제록》
진초장陳楚章 81, 101
진평晉平 95
진헌장陳獻章 268
진헐眞歇 → 청료淸了
진혜陳慧 28
진회秦檜 207
집운당集雲堂 → 성음性音
징관澄觀 106, 107, 128, 140
징원澄遠 144, 164, 165

【 ㅊ 】

착암錯庵 → 지명志明
착어著語 193
《창랑시화滄浪詩話》 188
채경蔡京 180
《채근담菜根譚》 278
처적處寂 72, 82, 83, 84
천계(선세선)사天界(善世禪)寺
　234
천녕만수영조사天寧萬壽永祚寺
　233
천동(경덕)사天童(景德)寺 235
천동天童 → 여정如淨・자응자
　凝・정각正覺

《천동사지天童寺志》 277
천동산 274, 277, 291 → 태백
　산
천력天曆 연간의 내란 239
천륜天倫 218
천복薦福 → 승고承古
천엄千嚴 → 원장元長
천여天如 → 유칙惟則
천연天然 122, 123, 126
천왕天王 → 도오道悟
〈천왕도오선사비天王道悟禪師
　碑〉 179
천왕사 179
천은天隱 → 원수圓修
천의天衣 → 의회義懷・종본宗
　本
천태天台 → 덕소德韶・지의智
　顗
천태교학 107, 140
천태산 233
천태종 50, 53, 54, 72, 73, 78,
　106, 123, 124, 144, 163,
　165, 168, 169, 171, 199
《천태지관통례天台止觀統例》
　140
천황天皇 → 도오道悟
철각鐵脚 → 응부應夫
청규淸規 129
청량淸涼 → 태흠泰欽
청량원淸涼院 144
청료淸了 198, 213, 223, 224,
　281
청림靑林 → 사건師虔
청무淸茂 195, 220, 243, 245,
　248, 251 → 고림古林
청수淸修 → 법구法久
청욕淸欲 243
청원淸遠 183, 217
청원靑原 → 행사行思
《청익록請益錄》 241, 245
《청초승쟁기淸初僧諍記》 291

청포명靑布明 → 혜명惠明
《초견고蕉堅稿》 266
초당사草堂寺 128
초산楚山 → 소기紹琦
초산焦山 277
초석楚石 → 범기梵琦
초영超永 286
초원楚圓 163, 178, 218, 222
초준楚俊 250 → 명극明極
《총림공론叢林公論》 223
《총림성사叢林盛事》 223
최군崔群 137
《최상승론最上乘論》→《수심
　요론修心要論》
축도祝禱 223
축리祝釐 246, 247
축성祝聖 148, 170, 190, 223,
　247
출판出版 215, 216, 219, 220,
　251, 270, 279, 289, 292
출판업出版業 215
충의왕忠懿王 142
충효忠孝 279
취암翠巖 → 영참令參
츄신[中津] 266
측천무후則天武后 69, 70, 81
《치문숭행록緇門崇行錄》 271
치양지致良知 268
치유致柔 228
치절癡絶 → 도충道冲 214
《칙규勅規》 246
《칙수백장청규勅修百丈淸規》
　242, 246, 247
칙판 대장경勅版大藏經 163
칭기스칸 237, 252
칭법행稱法行 37

【 ㅋ 】

카마라실라 105
카오[可翁] → 소넨[宗然]

카이두 239
카쿠묘[覺明] 243, 248
케쿠[寶眞] 린포체 105
코센[古先] → 인겐[印元]
코칸[虎關] → 시렌[師鍊]
코호[孤峰] → 카쿠묘[覺明]
쿠빌라이 208, 238, 241

【ㅌ】

탑원塔院 191
탕용동湯用彤 291
탕현조湯顯祖 273
태무제太武帝 38
태백太白 → 진현眞玄·관종觀宗 124
태백산太白山 233
태원太原 → 자재自在
태육太毓 119, 126, 137
태정제(泰定帝, 원나라) → 이순 테무르
태조(太祖, 금나라) 181, 283
태조(太祖, 명나라) → 홍무제洪武帝
태조(太祖, 서하) 160
태조(太祖, 송나라) 159, 161, 163, 214
태조(太祖, 원나라) → 칭기스칸
태종(太宗, 금나라) 181
태종(太宗, 송나라) 160, 161, 163
태종(太宗, 요나라) 160
태종(太宗, 원나라) → 오고타이
태종(太宗, 청나라) → 혼타이지
태평천국太平天國의 난 289
태평흥국사太平興國寺 233, 264
태허太虛 290, 293, 294
태흠泰欽 165
택산澤山 → 일함弌咸
테무르 239

테무진 237
텐간[天岸] → 에코[慧廣]
텟슈[鐵舟] → 토쿠사이[德濟]
토곤 테무르 239, 244, 246
토레[東嶺] → 엔지[圓慈] 177
토쿠사이[德濟] 248
토쿠 테무르 234, 239, 244
통수通琇 275, 286
통용通容 179, 192, 273, 274, 275, 276, 283, 286 → 비은費隱
퇴경退耕 → 덕녕德寧
투자投子 → 대동大同·의청義青
투자산投子山 185
《투자화상어록投子和尙語錄》 135, 216
티벳 82, 104, 105, 106
티벳 불교 105, 241
티벳의 종론宗論 104, 105, 106
티손디첸 왕 104

【ㅍ】

파릉巴陵 → 호감顥鑑
파상론破相論 79
파스파 241
파암破庵 211 → 조선祖先
파암파破庵派 243
팔대산인八大山人 287, 288
팔지두타八指頭陀 → 경안敬安
팽제정彭際靖 289
편정 5위偏正五位 178
편참遍參 149, 166
평상심시도平常心是道 120, 268
평창評唱 193, 195
《폐문운부佩文韻府》 284
폐불廢佛 38, 39, 40, 42, 45, 128, 129, 159, 168
포대布袋 145

《포박자抱朴子》 28
《포실집蒲室集》 242, 248, 249
풍개지馮開之 → 풍몽정馮夢禎
풍몽정馮夢禎 272
풍혈風穴 → 연소延沼
《풍혈선사어록風穴禪師語錄》 218

【ㅎ】

하진공何眞公 279
하쿠운[白雲] → 에교[慧曉]
하쿠인[白隱] → 에가쿠[慧鶴]
하택荷澤 → 신회神會
하택사荷澤寺 86
하택종荷澤宗 59, 88, 89, 93, 94, 95, 97, 99, 100, 102, 103, 106, 121, 127
학규學規 168
학림鶴林 → 현소玄素
《한거편閑居編》 171
한구韓駒 188, 199, 210
《한산시집寒山詩集》 197
한월漢月 → 법장法藏
《한위양진남북조불교사漢魏兩晉南北朝佛敎史》 291
한유韓愈 140, 141
한장교리원漢藏敎理院 293
한탁주韓侂冑 208
함걸咸傑 208, 211, 228
《함순청규咸淳淸規》 246
항마장降魔藏 91, 104
해운海雲 → 인간印簡
해회탑海會塔 191
행각行脚 126, 132, 136, 251, 253
〈행로난行路難〉 124
행사行思 119, 123, 146
행수行秀 184, 196, 240, 241, 245
행입行入 37

향 거사向居士 42, 45, 46
향광 거사香光居士 250
향림香林 → 징원澄遠
향수전香水錢 87
향신鄕紳 267
향엄香嚴 → 지한智閑
허당虛堂 → 지우智愚
《허당록虛堂錄》 219
《허당집虛堂集》 196, 245
허식許式 186
허운虛雲 291, 295
헌온獻薀 145, 154
헌종(憲宗, 명나라) 267
헌종(憲宗, 원나라) → 몽케
현각玄覺 119
현랑玄朗 106, 119
현사玄沙 → 사비師備
《현사광록玄沙廣錄》 135
현상玄爽 57
현색玄賾 59, 62
현소玄素 97, 125
현욱玄昱 130
현장玄奘 53
현종玄宗 69, 70, 75
《혈맥론血脈論》 44
형남장荊南張 128 → 남인南印
혜가慧可 32, 33, 34, 35, 36, 37, 38, 40, 41, 42, 43, 44, 45, 46, 47, 48, 49, 51, 57, 70, 95 → 승가僧可
혜가단비慧可斷臂 41, 44
혜각(惠覺, 형주荊州) 95
혜개慧開 212, 225
혜경慧經 273, 274
혜광(慧光, 《돈오진종론頓悟眞宗論》) 104
혜광(慧光, 《선문경禪門經》의 서문) 55
혜광(慧光, 광통 율사光統律師) 38
혜근慧勤 183, 221 → 불감 선사佛鑑禪師

혜남慧南 163, 164, 183, 187, 191, 222 → 황룡黃龍
혜능慧能 52, 59, 60, 69, 71, 73, 80, 81, 82, 86, 87, 88, 89, 94, 95, 96, 101, 102, 106, 118, 119, 123, 137, 175 → 육조六祖・조계曹溪
혜담慧曇 218, 265
혜릉慧稜 133, 143, 144
혜림慧林 → 종본宗本
혜만慧滿 45, 47
혜명(惠明, 삼론종三論宗) 57
혜민慧敏 149
혜변慧辨 80
혜빈惠彬 223
혜사慧思 57
혜섭慧涉 124
혜안慧安 59, 69, 70, 81, 82, 101, 104
혜엄慧嚴 → 종영宗永
혜연(慧然, 삼성三聖) 135, 142
혜연(慧然, 송宋) 223
혜옹慧顒 142, 178, 217
혜운惠雲 106
혜원慧苑 107
혜원(慧遠, 여산廬山) 28
혜원(慧遠, 정영사淨影寺) 50
혜육慧育 → 도육道育
혜일(慧日, 동명東明) 243
혜일(慧日, 자민삼장慈愍三藏) 72, 75, 76, 184
《혜일영명사지각선사자행록慧日永明寺智覺禪師自行錄》 146
혜적慧寂 130, 131, 145
혜정慧淨 84
혜정소(慧淨疏, 《반야심경소般若心經疏》) 84
혜조 선사慧照禪師 → 의현義玄・임제臨濟
혜진慧眞 72, 73

혜철慧徹 130
혜청慧淸 145
혜충(慧忠, 남양南陽) 119
혜충(慧忠, 우두牛頭) 97, 98, 106, 124, 126
혜포慧布 57
혜하慧霞 145, 178
혜해慧海 55, 120, 133
혜홍慧洪 176, 179, 183, 192, 197, 199, 216, 275 → 덕홍德洪
혜휘慧暉 223
호감顧鑑 150
호거인胡居仁 278
호경재胡敬齋 → 호거인胡居仁
호구虎丘 → 소륭紹隆 211
호구산虎丘山 233
호구파虎丘派 211
《호법록護法錄》 266
《호법론護法論》 215, 228
호성만수사護聖萬壽寺 233
호암虎巖 → 정복淨伏
호적胡適 291
혼타이지 283
홍건군紅巾軍 239, 263
홍경弘景 72, 73
《홍계법의弘戒法儀》 282
홍무제洪武帝 240, 263, 264, 265
홍수전洪秀全 289
홍인(딥깉潭흠) 274, 285
홍인弘仁 287
홍인(弘忍, 5조) 51
홍인의 10대 제자 58, 70
홍자성洪自誠 278
홍저弘儲 274
홍주종洪州宗 43, 89, 94, 96, 103, 119, 120, 122, 125, 126, 127
화광花光 → 중인仲仁
화두話頭 281 → 고칙古則・공

335

안공案
《화선실수필畵禪室隨筆》 272
화승畵僧 139, 143, 212
《화어록畵語錄》 288
《화엄경소華嚴經疏》 107
《화엄경행원품소초華嚴經行願品疏鈔》 55, 128
화엄종華嚴宗 49, 53, 54, 58, 106, 125, 128, 140, 168
화원畵院 232
화이 사상華夷思想 228
화정파華亭派 272
화조화花鳥畵 287
화주化主 189
화폐경제 182
확암廓庵 → 사원師遠
환계環溪 → 유일惟一
《환원집還源集》 125
환유幻有 → 정전正傳
환주幻住 → 명본明本·중봉中峰
《환주가훈幻住家訓》 244
환주도인幻住道人 243
환주암幻住庵 244
《환주암청규幻住庵淸規》 244
환주파幻住派 244
활대滑臺의 종론宗論 102
황공망黃公望 250, 287
황로 사상黃老思想 27
《황룡4가록黃龍四家錄》 164, 192
황룡黃龍 → 혜남慧南
《황룡남선사어록黃龍南禪師語錄》 164
황룡파黃龍派 164, 183, 192, 211
황벽黃檗 → 희운希運
황벽산(黃檗山, 강서) 131
황벽산(黃檗山, 복건) 275
《황벽산단제선사전심법요黃檗山斷際禪師傳心法要》 131, 133

황벽종黃檗宗 286
황산곡黃山谷 → 황정견黃庭堅
황정견黃庭堅 180, 186, 187, 188, 197
황종희黃宗羲 288
회기晦機 → 원희元熙
《회기선사어록晦機禪師語錄》 218
회당晦堂 → 조심祖心
회산晦山 → 계현戒顯
회소懷素 137
회실晦室 → 사명師明
회심懷深 183, 198
회암晦巖 → 지소智昭·법조法照
회양懷讓 73, 81, 119, 146, 218
회옹晦翁 → 오명悟明
《회정토시백편懷淨土詩百篇》 244
회창의 폐불 129
회태晦台 → 원경元鏡
회해懷海 33, 55, 119, 122, 129, 131, 218, 246
회휘懷暉 119, 122, 130
횡천橫川 → 여공如珙
효론孝論 173
효종孝宗 208
효총曉聰 166, 203
효형曉瑩 → 중온仲溫
후막侯莫 → 진염陳琰
《후막진대사수탑명侯莫陳大師壽塔銘》 82
후문[普門] 212
휘종徽宗 180, 181, 184
흠종欽宗 181, 207
홍선興善 → 유관惟寬
홍성만수사興聖萬壽寺 233
홍주興儔 286
홍화興化 → 존장存奬
《홍화선사어록興化禪師語錄》

218
희수希叟 → 소담紹曇
희운希運 130, 131, 133, 135, 137, 218 → 황벽黃檗
희천希遷 107, 111, 119, 122, 123, 179 → 석두石頭

새롭게 다시쓰는 중국 禪의 역사

초판발행 2011년 10월 27일
초판 2쇄 2018년 10월 10일

저   자 이부키 아츠시
역   자 최연식
펴 낸 이 김성배
펴 낸 곳 도서출판 씨아이알

책임편집 박영지, 최장미
디 자 인 송성용
제작책임 김문갑

등록번호 제2-3285호
등 록 일 2001년 3월 19일
주   소 (04626) 서울특별시 중구 필동로8길 43(예장동 1-151)
전화번호 02-2275-8603(대표)
팩스번호 02-2265-9394
홈페이지 www.circom.co.kr

ISBN 979-89-92259-82-8 03220
정   가 18,000원

ⓒ 이 책의 내용을 저작권자의 허가 없이 무단 전재하거나 복제할 경우 저작권법에 의해 처벌받을 수 있습니다.